Dieter Wunderlich

Vernetzte Karrieren

Friedrich der Große
Maria Theresia
Katharina die Große

Verlag Friedrich Pustet
Regensburg

Die Deutsche Bibliothek – CIP-Einheitsaufnahme

Ein Titeldatensatz für diese Publikation ist bei
Der Deutschen Bibliothek erhältlich.

ISBN 3-7917-1720-0
© 2000 by Verlag Friedrich Pustet, Regensburg
Umschlaggestaltung: Atelier Seidel, Altötting
Gesamtherstellung: Friedrich Pustet, Regensburg
Printed in Germany 2000

Inhalt

Der Sohn des Soldatenkönigs 13
Ein peinlicher Zwischenfall • Der Große Kurfürst und der erste König in Preußen • „Gold kann ich nicht scheißen" • Der „Soldatenkönig" • „Aus Dreckspatzen werden saubere Menschen" • Ein Sonntagskind • Prügel für den Lateinlehrer • Besuch in der Barockstadt Dresden • „Wenn mein Vater mich so behandelt hätte, so hätte ich mich längst umgebracht!"

Die Tochter Kaiser Karls VI. 26
Der Spanische Erbfolgekrieg • „Ein guter Vater, guter Gatte..." • Die Pragmatische Sanktion • Unbeschwerte Mädchenjahre

Ein Vater-Sohn-Zwist im Hause Hohenzollern 31
Der Fluchtversuch des Kronprinzen • Die Hinrichtung des Freundes • Verbannung • „Zum Teufel mit der Gans!"

Liebesheirat in Wien 40
Liebesbrief • Pflegesohn des Kaisers • Der Polnische Erbfolgekrieg • „Keine Abtretung, keine Erzherzogin" • Maria Theresia und Franz Stephan in Florenz

Prinzessin Sophie von Anhalt-Zerbst 46
Ein zorniges Mädchen • Der Fürst von Anhalt-Zerbst und seine junge Frau • „Der Fremdkörper, um den die Perle sich rundet" • „Madame, Sie kennen Ihr Kind nicht"

Peter der Große und seine Nachfolger 51
Ein unglücklicher Waisenknabe • Peter der Große • Herrschaft der Günstlinge • Zarin Elisabeth

Friedrich II. und Maria Theresia folgen ihren Vätern auf den Thron 58
> Glückliche Jahre in Rheinsberg • „Antimachiavell" • Versöhnung am Totenbett • Der erste Diener seines Staates • Der Tod Karls VI. • „Wir wollen nicht von einer Frau regiert werden!"

Der Raub Schlesiens 70
> „Sie finden meine Truppen schön?" • „Wenn betrogen werden muß, so seien wir Betrüger" • Überfall auf Schlesien • Maria Theresia gibt nicht auf

Krönungen im Krieg 78
> Maria Theresia als Bittstellerin in Ungarn • Die Stephanskrone • Von allen verlassen • Ein Kaiser ohne Land • Das „Narrenhaubl"

Eine deutsche Provinzprinzessin wird russische Großfürstin 84
> Post aus St. Petersburg • Winterreise • Am russischen Hof • Sophie wird Katharina • Verlobung und Hochzeit

Der Zweite Schlesische Krieg 96
> „Entweder werde ich meine Macht behaupten, oder ich will, daß alles zugrunde geht" • Glockengeläut und Kanonendonner • Friedrich „der Große"

Sanssouci 104
> Johann Sebastian Bachs „Musicalisches Opfer" • Sanssouci – sorgenfrei • Friedrichs Tafelrunde • Ärger mit Voltaire • Friedrich und die Frauen • „Philosoph aus Neigung, Staatsmann aus Pflicht"

Schönbrunn 112
> Wolfgang Amadeus Mozart hört einen falschen Ton • Schloß Schönbrunn • Die sechzehn Kinder der Königin • Erzherzog Joseph • Eine Orchidee im habsburgischen Hausgarten

Psychoterror im Zarenhaus 119
Der Großfürst, ein Held? • Spielzeugsoldaten statt Liebesspiel • Seitensprung einer Großfürstin • Geburt eines Stammhalters • Die Hand an der Wiege • Stanislaus August Poniatowski

Friedrich der Große beginnt erneut einen Krieg 127
Nasenstüber • „Weibermachwerk" • Angriff oder Verteidigung? • „Man muß sich auf Mord und Gemetzel einstellen"

Katharina – eine Agentin? 136
Schlaganfall • Hochverrat • Ehekrieg • Nächtliche Unterredung

Sieben Jahre Krieg 143
Opium als Ausweg? • Die Eroberung Kanadas auf den Schlachtfeldern Schlesiens • Das „Mirakel des Hauses Brandenburg" • Ein Hundeleben • „Wenige Kriege sind so unheilvoll wie dieser"

Ein Psychopath auf dem russischen Thron 151
Die Zarin ist tot; es lebe der Zar! • „Tot ist die Bestie!" • Eifrige Regierungsarbeit • Grigori Grigorjewitsch Orlow • Eklat beim Bankett

Eine Zarin und zwei Zarenmorde 156
Verschwörer • Umsturz • „Haben Sie doch Mitleid mit mir!" • Der Zar wird ermordet • Krönung • Noch ein Zarenmord

Atem schöpfen, Kraft sammeln 168
Das Ende des Siebenjährigen Krieges • Die Rückkehr des erschöpften Kriegshelden • Kühe, Korn und Katen • Grigori Orlows Größenwahn • Konsolidierung der Macht

Tradition und Neuerung 175
Alleinherrschaft • Zentralisierung der Macht • Ent-

machtung der Stände • Los der Leibeigenen • Wirtschaftsförderung • „Jetzt brauchen wir Truppen, Geld und einen guten General" • Rechtsreformen • Religionsfreiheit • Moralwächterin • Kulturleben • Schulreformen • Kampf gegen die Pocken • Die Pest in Moskau

Ansichten Friedrichs des Großen 192
Soldatenstaat • „Jeder Mensch hat ein wildes Tier in sich" • Moritat vom Müller und dem gerechten König • Lächerliche Farcen, abgeschmackte Plattheiten?

Maria Theresia und Joseph II. 197
Die Krone ist zu groß • „Mein Herz stimmt meiner Vernunft nicht zu" • Eine Hochzeit und ein Todesfall • Ein Mutter-Sohn-Zwist im Hause Habsburg • „Füße, Brust, Augen gehen zu Grunde"

Die Aufteilung Polens 205
Katharina II. zwingt einen ehemaligen Geliebten auf den polnischen Thron • „Um die Mäuse loszuwerden, wird das Haus in Brand gesteckt" • Joseph II. begegnet Friedrich II. • „Warum nicht okkupieren?" • Schachern um Polen

Katharina die Große 213
Kehrt Zar Peter III. zurück? • Der Pugatschow-Aufstand • Zum Abschied ein Diamant • Potjomkin • Der Thronfolger

Maria Theresias Lebensabend 221
„Kartoffelkrieg" • Marie Antoinette • Die Zarin trifft den Kaiser • „Sie hat ihrem Thron und ihrem Geschlecht Ehre gemacht"

Der „Alte Fritz" 230
„Wenn man um drei Uhr aufsteht..." • „Welch ein Leben, aus dem die Menschlichkeit verbannt ist!" • „Die Kräfte sind verbraucht"

Potjomkin 235
   Potjomkinsche Dörfer? • Das „griechische Projekt" •
   Das Leporello der Zarin • Potjomkins prunkvoller
   Abschied

Die letzten Lebensjahre der Zarin 244
   Angst vor einem Buch • Die Französische Revolution •
   Polen wird von der Landkarte gewischt • Geplatzte
   Verlobung • Die Zarin stirbt

Nachwort 252

Anhang 255
   Dank 257 • Zeittafel 258 • Literaturverzeichnis 265 •
   Quellenangaben und Anmerkungen 271 • Personen-
   register 283 • Bildnachweis 286

„Alles für das Volk,
nichts durch das Volk."

Der Sohn des Soldatenkönigs

Ein peinlicher Zwischenfall

Der preußische König Friedrich Wilhelm I. reißt sich die Serviette vom Hals, unterdrückt einen Rülpser und erhebt sein mit Rheinwein gefülltes Glas: „Auf das Wohl des exzellenten Gastgebers!" General Friedrich Wilhelm von Grumbkow und seine Besucher leeren ihre Gläser und stehen schwerfällig auf.
Der König wendet sich an seinen zwölfjährigen Sohn: „Fritz, denke an das, was ich dir sage." Dabei tippt er ihm mit dem Zeigefinger gegen die Brust. „Halte immer eine gute und große Armee; du kannst keinen besseren Freund finden und dich ohne sie nicht behaupten. Unsere Nachbarn wünschen nichts mehr, als uns über den Haufen zu werfen; ich kenne ihre Absichten, und du wirst sie noch kennenlernen." Er boxt Friedrich in die Seite. „Glaube mir, denke nicht an die Eitelkeit, sondern halte dich an das Reelle; achte immer auf eine gute Armee und aufs Geld, darauf beruhen der Ruhm und die Sicherheit eines Fürsten."
General von Grumbkow tritt hinzu und ermahnt den Kronprinzen: „Nehmen Sie sich solche wahrhaft väterlichen und königlichen Worte recht zu Herzen, Königliche Hoheit."
Der Monarch fährt fort, mit seiner schnarrenden Stimme auf Friedrich einzureden: „Folge dem Beispiel deines Vaters bei den Finanzen und der Armee, wenn du König bist. Aber hüte dich, mich in dem nachzuahmen, was Diplomatie heißt, denn davon hab' ich nie etwas verstanden."
Er haut dem kreidebleichen Jungen mit der flachen Hand auf den Hinterkopf und beginnt zu schreien. „Ich möchte wohl wissen, was in diesem kleinen Kopf vorgeht. Ich weiß, daß er nicht so denkt wie ich; es gibt Leute, die ihm andere Gesinnungen beibringen und ihn veranlassen, alles zu tadeln. Das sind Schufte." Er ohrfeigt Friedrich: „Schufte sind das!" Friedrich blickt zu Boden und wagt es nicht, die sich rötende

Wange zu betasten. Sein Vater tobt: „Mein Wahlspruch ist, niemandem etwas anzuhaben, aber mir auch nichts gefallen zu lassen." Er greift nach seinem abgegessenen Teller und wirft ihn auf den Parkettboden.

Reglos sehen die anderen Gäste zu, wie ihnen die klirrenden Scherben vor die Füße schlittern. General von Grumbkow tut plötzlich so, als habe er zu viel getrunken und halte das Benehmen des Königs für einen großen Spaß: er lacht schallend und zertrümmert ebenfalls ein paar seiner kostbaren Fayence-Teller. Dann nimmt er Friedrich am Arm, während der König und die anderen Gäste in den angrenzenden Salon gehen.

Auf der Türschwelle wendet sich Friedrich Wilhelm nochmals um. Alle bleiben stehen, während er sagt: „Ihr wißt noch nicht, was in Fritzchen steckt!"

Der Große Kurfürst und der erste König in Preußen

Preußen war bis 1656 ein Herzogtum unter polnischer Oberherrschaft, das der Hohenzollern-Kurfürst von Brandenburg ab 1618 in Personalunion regierte, obwohl er zwei Wochen lang mit der Kutsche durch Polen fahren mußte, um von seiner Berliner Residenz in die preußische Hauptstadt Königsberg zu gelangen.

Die Unabhängigkeit des Herzogtums an der Ostsee zwischen Weichsel und Memel errang der „Große Kurfürst" Friedrich Wilhelm – der Urgroßvater Friedrichs des Großen – während des schwedisch-polnischen Kriegs von 1655 bis 1660. Sein Nachfolger Friedrich – dem er 1688 eine aufstrebende Wirtschaft, eine solide Staatsverwaltung und ein gut gerüstetes Heer hinterließ – krönte sich am 18. Januar 1701 eigenhändig zum König. Die Zeremonie fand nicht in Berlin, sondern in Königsberg statt, und er durfte sich nur „König *in* Preußen" nennen, denn in Brandenburg mußte er sich weiterhin mit dem Rang eines Kurfürsten begnügen; die Königswürde konnte er lediglich in dem nicht zum Heiligen Römischen Reich Deutscher Nation gehörenden Territorium Preußen beanspruchen.

König Friedrich I. schritt nicht entschlossen wie sein robuster Vater durch die Säle, sondern kraftlos und gebeugt; er färbte seine blassen Wangen mit Rouge, und die Berliner nannten ihn den „schiefen Friedrich", weil sein Rücken verwachsen war. Anders als sein Vater demonstrierte er die neugewonnene Machtstellung des Hauses Hohenzollern durch Diamanten und barocke Zeremonien.

„Gold kann ich nicht scheißen"

König Friedrich I. stirbt am 25. Februar 1713 im Alter von fünfundfünfzig Jahren.
Sein vierundzwanzigjähriger Sohn Friedrich Wilhelm I., der ihn beerbt, läßt sich unverzüglich vom Oberhofmarschall das Verzeichnis der Höflinge und ihrer Gehälter vorlegen, fährt mit dem Zeigefinger über die Namen von Lakaien, Kammerherren und Hofdamen, Pagen, Köchen und Küchenmädchen, Kutschern, Stallknechten, Musikanten, nimmt schließlich einen Federkiel, taucht ihn ins Tintenglas und streicht die Aufstellung von oben bis unten durch. Sechs Tage lang schreibt und rechnet Friedrich Wilhelm, bis er zufrieden ist – und der Hofetat bloß noch ein Fünftel der ursprünglich geplanten Ausgaben vorsieht. Höflinge werden zum Militär geschickt, Gehälter gekürzt, Pferde, Kutschen, Kronleuchter, Tafelsilber, teure Weine verkauft und leerstehende Schloßtrakte zugesperrt.

Was keinen unmittelbaren Nutzen bringt, lehnt Friedrich Wilhelm ab; Kunst hält er für „Allotria", Schriftsteller sind für ihn „Schwarzscheißer", philosophische Aussagen dementsprechend „Furzereien", und Leibniz bespöttelt er als „närrischen Kerl".[1]

Zur Bestattung seines Vaters zieht König Friedrich Wilhelm I. noch einmal einen prächtigen Rock an, aber von da an trägt er bloß noch enge Jagdanzüge aus grobem Stoff oder die Uniform seines Leibregiments. „Sein spartanisches Erscheinungsbild ist für die damalige Zeit, die es liebt, sich in der spitzenumbauschten, goldglitzernden Galanteriemode des

Hofes von Versailles zu kostümieren, einfach schockierend; einen derart bäuerisch oder soldatisch gewandeten Potentaten hat man an den Höfen Europas noch nicht gesehen."[2]

Die staubigen Plüschsessel werden verkauft und weitgehend durch Holzstühle ersetzt, die sich naß abwischen lassen. Während sich die Aristokraten wie üblich mit süßlich duftendem Puder einstäuben, um den strengen Körpergeruch zu überdecken, wäscht sich Friedrich Wilhelm jeden Morgen mit kaltem Wasser.

Er ist mittelgroß, breitschultrig und kräftig, sein Gesicht voll und gerötet; es läuft dunkel an, wenn er jähzornig wird und mit stieren Augen auf jemanden losgeht. Von diplomatisch verklausulierten Formulierungen hält er ebensowenig wie von geziert-höfischem Benehmen; raffinierten Intrigen ist er nicht gewachsen. Am Rand eines Gesuchs um eine Gehaltserhöhung notiert er: „Gold kann ich nicht scheißen. Friedrich Wilhelm, König in Preußen."[3]

Friedrich Wilhelm ist „ein Berserker, ein glühender Vulkan von Heftigkeit, Jähzorn und Leidenschaft"[4]. Wenn er einen Beamten für nachlässig hält oder einen Lakaien schlafend antrifft, prügelt er ihn persönlich. Einmal steht er vor einem angetretenen Regiment und hebt seinen Stock gegen einen Major. Der zieht seine Pistole, schießt dem König vor die Füße und dann sich selbst in den Kopf.

Sebastian Haffner hält Friedrich Wilhelm I. für einen „derbfrommen, biederen, polternden, im Grunde gutmütigen Mann"[5]. Andere sehen in ihm einen Psychopathen.

Er verlangt von sich und seinen Untertanen Pflichterfüllung, fleißige Arbeit und Sparsamkeit. Seinem Freund Fürst Leopold von Anhalt-Dessau, dem „Alten Dessauer", schreibt er: „Parol auf dieser Welt ist nichts als Müh und Arbeit."[6] Jeder hat dem Staat zu dienen. Wozu? Das ist eine Frage, die Friedrich Wilhelm sich nicht stellt. Für ihn ist der Staat kein Instrument zur Erreichung eines bestimmten Zieles, sondern Selbstzweck.

Er steht im Sommer um fünf Uhr auf, manchmal schon um vier, im Winter zwei Stunden später, liest Depeschen, schreibt, empfängt Beamte und Generäle. Nach der Parade der

Regimenter vor dem Schloß setzt er sich pünktlich um zwölf Uhr zu Tisch. Wenn es Erbsen mit Speck, Weißkohl mit Hammelfleisch oder Eisbein mit Sauerkraut gibt, kaut er lustvoll, während die Königin, die Kinder und die Gäste auf ihren Tellern herumstochern. Sobald die Tafel aufgehoben ist, lehnt Friedrich Wilhelm ein, zwei Stunden laut schnarchend in einem Sessel. Dann verläßt er das Schloß, um spazierenzugehen oder auszureiten. Zwei weitere Stunden arbeitet er, aber pünktlich um achtzehn Uhr begibt er sich ins „Tabakkollegium".

Da sitzt der trinkfeste König mit sechs bis acht Männern auf Schemeln an einem ungedeckten Holztisch und verhält sich wie ein Offizier unter seinen Kameraden. Niemand braucht aufzustehen, wenn er eintritt. Jeder stopft seine holländische Tonpfeife mit billigem Tabak und trinkt Bier aus einem Steinkrug. Während die Männer über die Tagesereignisse schwadronieren, steht von Zeit zu Zeit einer auf, um sich Brot, geräucherten Schinken, kalten Braten oder Käse von einem Tisch im Nebenzimmer zu holen. Den Salat macht Friedrich Wilhelm selbst an. Offen sagt er seine Meinung und glaubt, auch die anderen

Friedrich Wilhelm I. (1688–1740) Nach einem Gemälde von Antoine Pesne

seien ehrlich; er ahnt nicht, wie ungeschickt er sich seine Freunde ausgesucht hat: „Der Dessauer hatte nur sein persönliches Interesse und das seines Fürstentums im Auge; listig und verschlagen, wie er war, setzte er dementsprechend seine Worte, immer mit der Miene und dem treuherzigen Blick des offenen, ehrlichen Feldsoldaten. Der österreichische Sondergesandte Graf Seckendorff war nichts anderes als ein durchtriebener, hinterlistiger Spion für den Kaiserhof in Wien, der jedes Wort, das im Tabakkollegium gesprochen wurde, seinen Auftraggebern hinterbrachte. Der intelligenteste und gebildetste dieser Runde, Generalleutnant von Grumbkow, war ein käuflicher Schuft, der seinen königlichen Gönner laufend betrog und hinterging..."[7]

Spätestens um zweiundzwanzig Uhr kehrt Friedrich Wilhelm in seine Privatgemächer zurück und geht zu Bett.

Wenn er durch ein Dorf kommt und es aus einem der Häuser nach einem deftigen Eintopf riecht, tritt er mitunter ein, fragt die Hausfrau nach den Zutaten, hebt selbst den Deckel vom Kochtopf, probiert und erkundigt sich nach den Preisen auf dem Markt (nicht zuletzt, um die Abrechnungen seiner eigenen Köche überprüfen zu können).

Bauern und Handwerker, die ihm begegnen, mustert er streng, fragt sie über ihre Arbeit aus, und wenn sie ihm unbekümmert antworten, schwatzt er ein wenig mit ihnen. Einen Juden, der ihm auszuweichen und in eine Seitengasse zu entkommen versucht, holt er ein und fragt ihn, warum er davonlaufe. „Ich fürchte mich, Majestät." Da drischt Friedrich Wilhelm mit dem Stock auf ihn ein und brüllt: „Fürchten? Lieben sollt Ihr Euren König!"

Verheiratet ist er mit Sophie Dorothea, einer Tochter des Kurfürsten Georg Ludwig von Hannover, der nach dem Tod der letzten Stuartkönigin Anna als König Georg I. den englischen Thron bestiegen hat.[8]

Sophie Dorothea haßt es, wenn ihr um ein Jahr jüngerer Gemahl sie „Fiekchen" nennt. Sie verabscheut ihren Mann, weil er ihr nicht das erwünschte prunkvolle Hofleben bietet, muß es jedoch hinnehmen, daß er sie vierzehn Mal schwängert.

Friedrich Wilhelm liebt weder seine noch eine andere Frau; richtig wohl fühlt er sich nur im Tabakkollegium, und seine Zuneigung gilt den Soldaten, insbesondere der Garde der "langen Kerle", für die dem Pfennigfuchser nichts zu teuer ist.

Der „Soldatenkönig"

Wehrfähige Männer, die nicht aus Not, Abenteuerlust oder aufgrund einer Straftat ihr Dorf verlassen und in die als „Kloake der Nation" verschriene Armee geraten wollen, gehen den Werbern aus dem Weg, wenn diese zu ihren Razzien ausschwärmen. Das Volk haßt nicht nur die feindlichen, sondern auch die eigenen Soldaten, denn sie zertrampeln die Getreidefelder und schlachten die Hühner.

König Friedrich Wilhelm zieht Soldaten nicht nur ein, wenn Krieg droht, sondern er stellt eines der ersten stehenden Heere der Geschichte auf. Ab 1733 läßt er jeden männlichen Untertan registrieren, teilt das Land in Kantone ein und ordnet diese den einzelnen Regimentern zur Rekrutenaushebung zu.

Der kriegserfahrene Feldmarschall Leopold Fürst von Anhalt-Dessau führt den Gleichschritt ein. Das sieht bei Truppenparaden eindrucksvoll aus, aber viel bedeutsamer sind Drill und Gleichschritt in der Schlacht, wenn die Einheiten sich rasch formieren und die Soldaten trotz feindlichen Feuers wie Roboter weitermarschieren, Lücken durch rasches Aufschließen füllend. Nicht in wilden Haufen, sondern in kompakten Linien greifen die preußischen Truppen an, feuern, rücken vor, feuern, rücken vor, bis sie mit gefälltem Bajonett auf die Gegner einstechen können.

Sechzig bis achtzig Prozent der Staatseinahmen verwendet der „Soldatenkönig" für die preußische Armee, die er von 30 000 auf 83 000 Mann vergrößert und zur viertstärksten Militärmacht Europas entwickelt.

Aber nur zögernd setzt der Schöpfer „der berühmtesten Armee des Jahrhunderts"[9] seine Streitmacht ein, weil er sie nicht gefährden mag. Der Soldatennarr „liebte seine Soldaten wie ein Geizhals sein Gold; sie waren ihm zu kostbar, als daß er sie dem schwankenden Glück des Krieges aussetzen wollte."[10]

"Aus Dreckspatzen werden saubere Menschen"

König Friedrich Wilhelm I. folgt dem Beispiel seines Großvaters, der 12 000 in Frankreich wegen ihres hugenottischen Glaubens verfolgte Handwerker, Kaufleute, Offiziere, Ärzte, Lehrer aufnahm: Als der Salzburger Erzbischof – ein seniler Fanatiker – den Protestanten in seiner Diözese das Leben zur Hölle macht, lädt Friedrich Wilhelm sie ein, in seinem Staat eine neue Existenz zu gründen. Am 30. April 1732 kommen die ersten 843 Salzburger Einwanderer in Berlin an. 30 000 weitere folgen. Der preußische König streckt ihnen das Geld für die Reise vor, verpachtet ihnen Land – meistens in (Ost-)Preußen – leiht ihnen Saatgut und Ackergerät und befreit sie für einige Jahre von den Abgaben.

Die preußische Bevölkerung vermehrt sich in Friedrich Wilhelms Regierungszeit um 600 000 Menschen auf mehr als 2,2 Millionen. (Aber damit gehört Preußen immer noch zu den kleineren Staaten: Rußland und Frankreich haben zehnmal soviele Einwohner.)

Brandenburg-Preußen ist weder ein altes Stammesgebiet noch ein Nationalstaat; einige über die europäische Landkarte verstreute Flecken bildeten das Königreich, als Friedrich Wilhelm I. seinen Vater beerbte. „Preußen entstand und wuchs empor als ein Wille seiner Könige zur Macht"[11] – und zwar als effektivster Militärstaat des 18. Jahrhunderts.

Niemand kann sich in diesem Staat dem Eingreifen des unumschränkten Alleinherrschers entziehen, der überzeugt ist, das Bestmögliche für seine Untertanen zu tun.

„Mit dem Knüppel in der Hand bahnte sich dieser Mann einen Pfad mitten durch den Dschungel mittelalterlicher Adelsprärogativen und frühkapitalistischer Bourgeoisprivilegien. Auf der Lichtung, die er schlug, errichtete er seinen Wirtschafts- und Wohlfahrtsstaat. ... Aus Dreckspatzen wurden saubere Menschen, aus Analphabeten wurden Volksschüler und Wollproduzenten; habgierige, rohe Junker wandelten sich in ehrpusselige, eitle Offiziere; aus notorischen Faulpelzen wurden pflichteifrige Beamte; Franzosentümler wurden wieder zu Deutschen; der Klassenegoismus der einzelnen Stände wurde nicht gebrochen, aber doch geduckt und gemodelt zum gemeinverbindlichen Staatsbürgertum."[12]

Ein Sonntagskind

Am 24. Januar 1712, einem Sonntag, scheint die Sonne auf die zugefrorene Spree und das Berliner Schloß. Friedrich Wilhelm – er ist noch Kronprinz – hat soeben mit dem Mittagessen begonnen, als sein Leibarzt mit der Nachricht hereinplatzt: „Majestät! Ihre Majestät, die Kronprinzessin ist soeben von ihrem dritten Prinzen genesen!"

Friedrich Wilhelm springt auf; tapsig schleicht er sich in das Geburtszimmer. Die Amme hält ihm das Neugeborene hin. Endlich wieder ein Thronfolger! Seine beiden anderen Söhne wurden nämlich nur wenige Monate alt. Er geht mit dem Säugling zum hell lodernden Kaminfeuer, um ihn besser betrachten zu können. „Um Gottes willen! Vorsicht Majestät!" Drei Frauen zugleich stürzen auf ihn zu; eine ergreift das Kind und wiegt es behutsam in den Armen.

Eine Woche später wird Friedrich getauft. Die Paten Kaiser Karl VI. und Zar Peter der Große lassen sich durch ihre Gesandten vertreten, aber König Friedrich I. trägt seinen Enkel persönlich durch das Spalier der Leibgarde zu dem goldenen Taufbecken in der Schloßkapelle. Ihm folgen sechs Gräfinnen mit der Schleppe des Täuflings.

Prügel für den Lateinlehrer

Friedrich wächst bis zu seinem siebten Lebensjahr in der Obhut einer hugenottischen Gouvernante auf. Auch seine Mutter und seine ältere Schwester Wilhelmine sprechen französisch; nur der inzwischen als König regierende Vater redet Deutsch wie die Kutscher.

Friedrich Wilhelm I. übergibt seinen Sohn den Erziehern General Albrecht Konrad Graf Finck von Finckenstein und Oberst Christoph Wilhelm von Kalckstein, die mit dem Zögling sogar im gleichen Zimmer schlafen müssen. Ausdrücklich verlangt er von den beiden Offizieren, seinem Sohn Furcht vor Gott und Achtung vor den Eltern beizubringen, Begeisterung für das Militär bei ihm zu wecken, ihn jedoch von Künstlern und Gelehrten fernzuhalten.

Auch den Tagesablauf Friedrichs reglementiert der König und ordnet beispielsweise an: „Am Sonntag soll Er des Morgens um sieben Uhr aufstehen; sobald Er die Pantoffeln anhat, soll Er vor dem Bette auf die Knie niederfallen und zu Gott kurz beten, und zwar laut, daß Alle, die im Zimmer sind, es hören können... Dann soll Er sich geschwinde und hurtig anziehen und sich propre waschen, schwänzen und pudern, und muß das Anziehen, wie auch das Frühstück ... in einer Viertelstunde fix und fertig sein, alsdann es ein Viertel auf acht Uhr ist."[13]

Mit der Bildung seines Sohnes beauftragt Friedrich Wilhelm Jacques Egide Duhan de Jandun, den 1700 in Berlin geborenen Sohn eines hugenottischen Kaufmanns. Bestimmt täte er das nicht, wenn er von Anfang an durchschaute, daß dieser Schöngeist Friedrich für die französische Sprache, Musik und Literatur gewinnt und ihm sogar heimlich eine Bibliothek zusammenstellt.

Sobald Friedrich Wilhelm ein französisches Buch herumliegen sieht, läßt er es zu einem Buchhändler tragen, „denn er war mehr fürs Verkaufen als fürs Verbrennen"[14].

Wütend reagiert er, wenn er merkt, daß Duhan de Jandun seinem Schüler Latein beibringt. Friedrich erinnert sich später an einen solchen Vorfall: „Ich war ein Kind und lernte ein wenig Latein; ich deklinierte mit meinen Lehrer..., als plötzlich mein Vater ins Zimmer trat. ‚Was machst du da?' ‚Papa, ich dekliniere...', sagte ich in kindlichem Ton, der ihn hätte rühren müssen. ‚O du Schurke, Latein für meinen Sohn! Geh mir aus den Augen!', und er verabreichte meinem Lehrer eine Tracht Prügel und Fußtritte..."[15]

Besuch in der Barockstadt Dresden

Für Januar 1728 ist Friedrich Wilhelm zu einem mehrwöchigen Besuch bei August dem Starken in Dresden eingeladen.

Prinzessin Wilhelmine, die achtzehn Jahre alte Tochter des preußischen Königs, erbittet vom sächsischen Gesandten in Berlin eine Einladung für ihren Bruder, den Kronprinzen, und Friedrich Wilhelm erlaubt tatsächlich, daß sich sein sechzehnjähriger Sohn einen goldbetreßten Rock schneidern läßt und Mitte Januar nachkommt.

Friedrich meint in einer anderen Welt zu sein. Gegen die sächsische Residenzstadt, in der Matthäus Daniel Pöppelmann prächtige Barockbauten wie den Zwinger errichtet, wirken Berlin und Potsdam provinziell. August der Starke veranstaltet für seine preußischen Gäste prächtige Bälle, zeigt ihnen seine kostbaren Gemälde- und Porzellansammlungen und lädt sie zu Konzerten, Ballett- und Theateraufführungen ein.

Nach einer Redoute führt er einige seiner Gäste in ein anderes Gemach, und auf sein Zeichen fällt ein Vorhang: Die Männer starren auf eine kaum bekleidete Venus, eine betörende Schönheit, hingestreckt auf einer Chaiselongue. Nach einer Schrecksekunde hält der preußische König seinem Sohn den Dreispitz vors Gesicht und schiebt ihn fort.

Offenbar verliebt sich Friedrich in eine Mätresse Augusts des Starken, die den sächsischen Kurfürsten und polnischen König (der vielleicht auch ihr leiblicher Vater ist) bei seinem Gegenbesuch im Mai nach Berlin begleitet.

*„Wenn mein Vater mich so behandelt hätte,
so hätte ich mich längst umgebracht!"*

Der calvinistische Soldatenkönig versteht seinen französisch sprechenden Sohn nicht. Er weiß nicht, daß Friedrich die Uniform auszieht und in eine Ecke schleudert, sobald der Vater das Schloß verläßt, aber als er ihn einmal im Brokat-Schlafrock ertappt, reißt er ihm das Kleidungsstück herunter und wirft es ins Kaminfeuer. Er sieht in Friedrich einen verweichlichten jungen Mann, der sein Haar in Locken trägt wie ein Franzose, der Flöte spielt und in französischer Sprache dichtet, der sich über die Religion lustig macht und das Militärische verabscheut. Während der Sohn die Jagd als Vergnügen abtut,

„das den Leib stählt, den Geist aber brach und ungepflegt läßt"[16], beteiligt sich der Vater jedes Jahr im Herbst an Reiherbeizen, Sauhatzen, Rebhuhn- und Parforcejagden in Wusterhausen südwestlich von Berlin.

Im September 1728 schreibt Friedrich seinem Vater einen Brief: „Mein lieber Papa! Ich habe mich lange nicht entschließen können, meinen lieben Papa aufzusuchen. Teils, weil man mir es abgeraten hat, vornehmlich aber, weil ich einen noch schlechteren Empfang als den üblichen erwartete. So habe ich mich denn zu einem Brief entschlossen. Ich bitte also meinen lieben Papa, mir gnädig zu sein. Nach langem Nachdenken kann ich versichern, daß mein Gewissen mir nicht das mindeste zeigt, worin ich gefehlt haben sollte. Hätte ich aber wider Wissen und Willen doch etwas getan, was meinen lieben Papa gekränkt haben könnte, so bitte ich hiermit untertänigst um Vergebung. Ich hoffe inständig, daß mein lieber Papa den grausamen Haß, den ich aus all seinem Tun zur Genüge kennengelernt habe, wird fahren lassen. Ich könnte es sonst gar nicht verstehen, da ich doch immer gedacht habe, einen gnädigen Vater zu haben, und nun das Gegenteil feststellen müßte. So fasse ich denn das beste Vertrauen und hoffe, daß mein lieber Papa dies bedenken und mir wieder gnädig sein wird."[17]

Ein kriecherischer Brief? Nein, der „liebe Papa" spürt, daß es nur beim ersten Lesen so aussieht. Er antwortet: „Sein eigensinniger, böser Kopf, der nit seinen Vater liebt; denn wann man nun alles thut, absonderlich seinen Vater liebt, so thut man, was er haben will, nit wenn er dabei steht, sondern wenn er nit alles sieht. Zum anderen weiß er wohl, daß ich keinen efeminirten [weibischen] Kerl leiden kann, der keine menschlichen Inclinationen [Neigungen] hat, der sich schämt, nit reiten noch schießen kann, und dabei malpropre [unsauber] an seinem Leibe, seine Haare wie ein Narr sich frisiret und nit verschneidet, und ich alles dieses tausendmal reprimandiret [zurechtgewiesen], aber alles umsonst und keine Besserung in nits ist. Zum anderen hoffärtig, recht bauernstolz ist, mit keinem Menschen spricht, als mit welschen [französischen], und nit popular und affabel [leutselig] ist, und mit dem Gesichte

Grimmassen macht, als wenn er ein Narr wäre, und in nits meinen Willen thut, als mit der Force [Gewalt] angehalten; nits aus Liebe, und er alles dazu nits Lust hat, als seinem eigenen Kopf folgen, sonsten alles nits nütze ist. Dieses ist die Antwort. Friedrich Wilhelm."[18]

Nach seinem achtzehnten Geburtstag erzählt Friedrich seiner Schwester Wilhelmine, der Vater habe versucht, ihn mit einer Gardinenschnur zu erdrosseln: „Er läßt mich des Morgens rufen; sowie ich eintrete, faßt er mich bei den Haaren, wirft mich zu Boden, und nachdem er seine starken Fäuste auf meiner Brust und meinem ganzen Leibe erprobt hatte, schleppt er mich an das Fenster und legt mir den Vorhangstrang um den Hals."[19] Ein Lakai, behauptet Friedrich, habe ihn gerettet.

Nachdem er seinen Sohn wieder einmal verprügelt hat, schreit Friedrich Wilhelm: „Wenn mein Vater mich so behandelt hätte, so hätte ich mich längst umgebracht. Aber du hast keinen Mut und bist ein bloßer Schurke."[20]

Die Tochter Kaiser Karls VI.

Der Spanische Erbfolgekrieg

Als der Habsburger Kaiser Karl V. 1556 abdankte und sich in das Kloster von San Jéronimo de Yuste zurückzog, wurde das Reich, in dem die Sonne nicht unterging, geteilt: Sein Sohn Philipp II. bekam Spanien mit den Kolonien in der Neuen Welt, die Niederlande und die italienischen Territorien; Karls Bruder Ferdinand regierte ohnehin bereits in den fünf österreichischen Herzogtümern Ober- und Niederösterreich, Steiermark, Kärnten und Krain sowie in den Königreichen Ungarn und Böhmen. Ungarn gehörte zwar seit 1526 zur Habsburger Monarchie, allerdings nicht zum Heiligen Römischen Reich Deutscher Nation, dessen Kaiserkrone Ferdinand I. nun erbte.

Am 3. Oktober 1700 setzte der geisteskranke König Karl II. von Spanien einen Enkel des französischen Königs Ludwig XIV. aus dem Hause Bourbon als Universalerben ein. Weil weder Österreich noch England eine solche Machtballung zulassen wollten, bildeten sie zusammen mit anderen Gegnern der Bourbonen eine „Große Allianz", die im Spanischen Erbfolgekrieg gegen Frankreich kämpfte und Erzherzog Karl – also einen Sproß der österreichischen Linie der Habsburger – zum spanischen König proklamierte.

König Karls Vater, Kaiser Leopold I., starb 1705. Als dessen ältester Sohn und Nachfolger Joseph I. sechs Jahre später im Alter von zweiunddreißig Jahren den Pocken erlag und außer seiner Witwe lediglich zwei Töchter hinterließ, eilte Karl aus Barcelona nach Wien, um seinen Bruder zu beerben und als Karl VI. den Kaiserthron zu besteigen.

Weil aber die erneute Vereinigung Spaniens und Österreichs in der Hand eines habsburgischen Kaisers das europäische Gleichgewicht noch ärger gefährdet hätte als eine bourbonische Herrschaft in Frankreich und Spanien, wechselte England abrupt die Fronten.

Durch die Friedensverträge in den Jahren 1713 und 1714 wurde Spanien samt seinen Kolonien dem Bourbonen Philipp V. zugesprochen, aber zugleich die Bildung einer spanisch-französischen Doppelmonarchie ausgeschlossen. Neapel, Sizilien, Mailand und die Niederlande trat Spanien an Österreich ab. Frankreich, dessen hegemoniale Stellung in Europa durch den Krieg zusammengebrochen war, verlor überdies nordamerikanische Kolonialgebiete an England – den eigentlichen Sieger im Spanischen Erbfolgekrieg.

„Ein guter Vater, guter Gatte..."

Nachdem sie weinend vom protestantischen zum katholischen Glauben konvertiert war, wurde die welfische Prinzessin Elisabeth Christine von Braunschweig-Wolfenbüttel 1708 in Wien mit dem habsburgischen König Karl von Spanien verheiratet. Der Bräutigam war allerdings bei der Eheschließung nicht anwesend; er wurde durch Kaiser Joseph I., seinen Bruder, vertreten. Seine sechzehnjährige Gemahlin sah er ein halbes Jahr später in Mataro nördlich von Barcelona zum ersten Mal. „Niemals hätte ich mir träumen lassen, daß Sie so schön sein könnten!"[1], rief der Zweiundzwanzigjährige bei ihrer Ankunft erfreut.

Als Karl 1711 nach Wien reiste, um die Nachfolge seines verstorbenen Bruders anzutreten, ließ er Elisabeth Christine in Barcelona zurück, weil er noch hoffte, sich auf dem spanischen Thron behaupten zu können. Aber zwei Jahre später folgte sie ihm in die österreichische Hauptstadt.

Ihre Schönheit welkte bald; sie begann zu kränkeln, wurde dick und vernachlässigte ihr Aussehen.

Zur Niedergeschlagenheit Kaiser Karls VI. paßte die schwarze spanische Hoftracht, die er mit nach Wien gebracht hatte, und das von der spanischen Etikette vorgeschriebene steif-gemessene Auftreten entsprach seiner Schwerfälligkeit. Allerdings galt das spanische Zeremoniell nur bei offiziellen

Anlässen. Während er in der Öffentlichkeit unnahbar wirkte und nie lächelte, zeigte er in der Familie hinter dem würdevollen Antlitz mitunter ein weiches Herz.

Die einzige Leidenschaft seines Lebens war die Musik. Von Johann Joseph Fux in Kompositionslehre ausgebildet, spielte der Kaiser nicht nur hervorragend auf dem Klavichord, sondern er dirigierte auch immer wieder höchstpersönlich eine Opernaufführung.

Ein bedeutender Herrscher war er gewiß nicht; einigen Historikern gilt er sogar als politischer Versager. Es mangelte ihm an Entschlußkraft. Wenn er sich aber erst einmal für einen Plan entschieden hatte, hielt er stur daran fest, ohne sich um die Wirklichkeit zu kümmern, denn er war mehr ein Träumer als ein Realpolitiker.

Friedrich der Große meinte über ihn: „Karl VI. besaß von Natur aus die Eigenschaften zu einem guten Bürger, aber keine von jenen, die einen großen Mann bilden; er war freigebig, aber ohne Unterschied; er war ein beschränkter Kopf, ohne Scharfblick; er war fleißig, aber ohne Geist, so daß er viel tat und wenig leistete; er verstand sich gut auf deutsches Recht, sprach mehrere Sprachen – vorzüglich Latein, worin er sich sehr gewandt ausdrückte –, war ein guter Vater, guter Gatte, aber frömmelnd und abergläubisch wie alle österreichischen Fürsten. Er war zum Gehorchen und nicht zum Befehlen erzogen worden."[2]

Die Pragmatische Sanktion

Den Familienpakt Kaiser Leopolds I. über die habsburgische Erbfolge ersetzte Karl VI. durch die „Pragmatische Sanktion". Siebenundzwanzig Jahre war er alt, seit fünf Jahren verheiratet, aber noch kinderlos, als der Hofkanzler die Neuregelung am 19. April 1713 vor den Ministern und Geheimräten in der Wiener Hofburg verlas. Um die Unteilbarkeit des habsburgischen Gesamtbesitzes in jedem Fall sicherzustellen, ordnete er an, daß immer nur eine Person alles erben sollte und zwar in folgender Reihenfolge: zuerst Karls Söhne vom Ältesten bis zum Jüngsten, dann seine Töchter und schließlich die beiden Töchter seines verstorbenen Bruders Joseph und deren Nachkommen.

Drei Jahre später gebar die Kaiserin einen Sohn, aber noch im gleichen Jahr mußten die Hoffnungen auf einen männlichen Thronfolger mit dem Kind zu Grabe getragen werden.

In der Nacht zum 13. Mai 1717 warteten zahlreiche Menschen vor der Wiener Hofburg. Gegen sechs Uhr traf der von einer Stafette im Jagdschloß Laxenburg alarmierte Kaiser ein. Eineinhalb Stunden später läutete die große Glocke des Stephansdoms; das Palasttor öffnete sich, und ein Herold verkündete, daß Kaiserin Elisabeth Christine soeben ihr zweites Kind geboren habe. Eine Tochter: Maria Theresia. Still und enttäuscht zerstreute sich die Menge.

Der einunddreißig Jahre alte Kaiser Karl VI. ließ daraufhin im Schlafzimmer erotische Bilder aufhängen, von denen er annahm, daß sie die Zeugung eines Sohnes stimulierten, aber es folgten zwei weitere Töchter: 1718 Maria Anna und 1724 Maria Amalie (die nur sechs Jahre alt wurde).

Elf Jahre dauerte es, bis Karl VI. auch im letzten Landesteil das Plazet der Stände für sein „Zauberpapier"[3] erhielt und die Pragmatische Sanktion damit zum Grundgesetz über die Unteilbarkeit und Untrennbarkeit der österreichischen Monarchie wurde. Um das Erreichte nicht zu gefährden, verzichtete Karl VI. auf jede Provokation der Aristokratie – etwa durch soziale Reformen.

Er glaubte noch an die Heiligkeit von Verträgen.

Unbeschwerte Mädchenjahre

Geboren wurde Maria Theresia in der Wiener Hofburg, aber die schönsten Kindertage verbringt sie mit ihrer Schwester Maria Anna in der Sommerresidenz Favorita außerhalb der Stadt.

Das Kind ist gesund, fröhlich und ungemein lebhaft. Als Maria Theresia im Alter von sechs Jahren von einem Balkon am Wiener Graben der Fronleichnamsprozession zusieht und hinter dem Bischof mit der Monstranz ihren Vater in einer farbenprächtigen Robe und mit einem federgeschmückten Hut entdeckt, winkt sie begeistert und ruft: „Papi, Papi, wie schön Sie sind!"[4]

Ein paar Monate später debütiert sie als Tänzerin in einer von ihrem Vater dirigierten Oper, mit dreizehn singt sie vor dem höfischen Publikum eine Kantate, und noch einmal zwei Jahre später tritt sie in einer italienischen Komödie auf.

Von ihrem elften Lebensjahr an wird Maria Theresia von Charlotte Gräfin Fuchs erzogen, einer klugen und gütigen Dame, die nie das Vertrauen ihres Schützlings verliert.

In der Familie des Kaisers wird wienerisch und französisch gesprochen; Maria Theresias Schriftdeutsch wirkt später „barock verschnörkelt"[5]. Sie lernt auch Italienisch, Spanisch und Latein, doch Grammatik und Orthographie bleiben unorthodox. Jesuiten vermitteln ihr Kenntnisse in Religion, Geschichte und Mathematik. Musik- und Kunstunterricht bekommt sie von dem Wiener Komponisten Georg Christoph Wagenseil und der venezianischen Malerin Rosalba Giovanna Carriera. Von Recht und Verwaltung, Finanzen und Nationalökonomie, Politik und Kriegsführung erfährt sie nichts, denn Kaiser Karl VI. betrachtet es zwar als seine Lebensaufgabe, die Anerkennung der Pragmatischen Sanktion durchzusetzen, doch er unternimmt nichts, um seine älteste Tochter auf die Thronfolge vorzubereiten. Zuerst hofft er noch auf einen männlichen Erben, später glaubt er wohl, die Regierungsarbeit werde sowieso nicht Maria Theresia erledigen, sondern deren zukünftiger Gemahl.

Ein Vater-Sohn-Zwist
im Hause Hohenzollern

Der Fluchtversuch des Kronprinzen

Lange spricht Kronprinz Friedrich am 16. Juni 1730 mit dem englischen Gesandten, dann übergibt er ihm ein Schreiben an seinen Onkel König Georg II., in dem er ihm mitteilt, daß er über Frankreich nach London fliehen wolle. Gut drei Wochen später trifft die Antwort ein. Der englische König rät ihm ab, erklärt sich jedoch bereit, seinen nicht zuletzt durch den Kauf von inzwischen fast viertausend Büchern angehäuften Schuldenberg zu übernehmen. Ebenso dreist wie geistesgegenwärtig nennt Friedrich dem Diplomaten die doppelte Summe seiner tatsächlichen Verbindlichkeiten.

Friedrich hat Hans Hermann von Katte schon früher in seine Absichten eingeweiht, weil dieser ihm Geld und Wertsachen nach Den Haag bringen soll.

Das Gesicht des acht Jahre älteren Offiziers ist von Blatternarben entstellt. Aber mit guten Manieren, heiterem Lachen und von Intelligenz und Belesenheit zeugenden Gesprächsbeiträgen macht er in Gesellschaft auf sich aufmerksam. Er malt und zeichnet, spielt Flöte und Klavier. Die französische Sprache beherrscht er so gut wie sein Freund, der Kronprinz.

Der bricht am 15. Juli 1730 mit seinem Vater und einem kleinen Gefolge in Potsdam auf, um über Leipzig, Bamberg und Nürnberg nach Ansbach zu reisen. Dort treffen sie nach sechs Tagen ein und besuchen Friedrichs fünfzehnjährige Schwester Friederike Luise, die vor einigen Monaten mit dem zwei Jahre älteren Sohn des Markgrafen verheiratet wurde. Am 31. Juli verabschieden sich die Gäste von ihren Verwandten und wählen für die Rückfahrt den Weg über Heilbronn.

Am 4. August läßt der König bei ein paar Scheunen kurz vor

*Kronprinz Friedrich (1712–1786) mit einem farbigen Diener
Gemälde von Wenzeslaus v. Knobelsdorff, um 1730*

Sinsheim halten. Statt wie üblich um drei Uhr will er am nächsten Morgen erst zwei Stunden später aufbrechen.

In der Nacht erhebt sich der Thronfolger aus dem Stroh. Sein Kammerdiener Carl Gummesbach fragt, was los sei. Friedrich behauptet, er wolle zum König gehen. Mitten in der Nacht? Das kann Gummesbach nicht glauben. Sobald Friedrich die Scheune verlassen hat, läßt er Oberst Friedrich Wilhelm Freiherr von Rochow wecken, der seit dem Vorjahr als Erzieher für den Kronprinzen verantwortlich ist.

Friedrich lehnt an einem Wagen – nicht in Uniform, sondern mit einem eleganten roten Rock bekleidet. „Um Gottes willen!", flüstert der Oberst: „Kleiden Sie sich um, mein Prinz! Was würde der König sagen?"

In diesem Augenblick kommt ein Page mit zwei Pferden. Friedrich gibt vor, nur kurz ausreiten zu wollen, aber von Rochow hält ihn zurück und zwingt ihn, wieder die Uniform anzuziehen.

Am Nachmittag sehen sich Friedrich Wilhelm und sein Sohn in Mannheim um.

Der nächste Tag ist ein Sonntag. Als der König vom Gottesdienst zurückkehrt, wirft sich ihm der Page, der die Pferde für die Flucht des Kronprinzen besorgte, zu Füßen und beichtet, was vorgefallen ist. Niemand unterrichtet Friedrich über diese Wendung, und sein Vater setzt die Reise zunächst fort, als sei nichts geschehen.

Am Morgen des 8. August erreichen sie Frankfurt am Main. Während der König im Römer[1] die Honoratioren empfängt, muß der Kronprinz mit einem Teil des Gefolges auf einem Schiff warten. Als die Reisegesellschaft am 10. August in Bonn von Bord geht, hört Friedrich, wie sein Vater Oberst von Rochow befiehlt, ihn nach dem Empfang beim Kölner Kurfürsten tot oder lebendig wieder zurückzubringen. Seine Angst wächst.

Tatsächlich wird Friedrich sofort verhaftet, als er mit seiner Begleitung preußisches Gebiet erreicht. Friedrich Wilhelm läßt ihn auf der Festung Wesel arretieren. Er behandelt die mißglückte Flucht seines Sohnes nicht als Familienaffäre, sondern als Desertion und ordnet ein kriegsgerichtliches Verfahren an.

Als Friedrich Wilhelm am 27. August in Berlin ankommt und die Königin ihm entgegeneilt, behauptet er, ihr Sohn sei bereits hingerichtet.

Die Kinder treten ein – Wilhelmine, Charlotte Albertine, Sophie, Luise Ulrike, August Wilhelm und Heinrich. Sofort stürzt sich Friedrich Wilhelm auf die einundzwanzigjährige Wilhelmine und prügelt sie mit dem Stock: „Infame Canaille! Sie wagt es, vor mir zu erscheinen?! Sie hat doch ständig mit Fritz zusammengesteckt. Bestimmt hat ihr der Schurke erzählt, was er vorhatte!" Ein Schlag trifft Wilhelmine so heftig, daß sie taumelt. Der vierjährige Heinrich umklammert schreiend die Knie seines Vaters. Die Königin weint. Ihre Oberhofmeisterin stellt sich vor die Kinder: „Sire, bis jetzt haben Sie Ihren Ruhm darin gesehen, ein gerechter König zu sein, der Gott fürchtet. Fürchten Sie nun aber auch Gottes Zorn, wenn Sie von seinen Geboten abweichen! Die beiden Monarchen, welche ihre eigenen Söhne töteten, Philipp II. und Peter I., sind ohne Nachkommen gestorben."[2] Mit offenem Mund blickt Friedrich Wilhelm die Oberhofmeisterin der Königin an: „Sie sind sehr dreist, Madame, so mit mir zu sprechen. Ich bin Ihnen aber nicht böse. Sie haben es gut gemeint. Ich achte Sie, weil Sie freimütig mit mir reden."[3]

Die Hinrichtung des Freundes

Hans Hermann von Katte wird in Berlin verhaftet. Friedrich ist seit Anfang September in der Festung Küstrin eingekerkert.

Ende Oktober ernennt der König das Kriegsgericht, das im Köpenicker Schloß zusammentritt. Für den Kronprinzen erklärt sich das Gericht unzuständig, über ihn könne nur der Kaiser richten. Hans Hermann von Katte wird zu lebenslanger Festungshaft verurteilt. Doch Friedrich Wilhelm besteht darauf, daß beide hingerichtet werden.

Generalfeldmarschall Hans Heinrich Graf von Katte bittet den König in einem Brief für seinen Sohn um Gnade, aber

Friedrich Wilhelm antwortet ihm: „Sein Sohn ist ein Schurke, meiner auch, also was können die Vaters davor?"[4]

An den Schluß des Todesurteils schreibt er: „Wenn das Kriegsgericht dem Katten die Sententz publiciret [das Urteil verkündet], soll ihm gesagt werden, daß es Sr. Königl. Majestät leydt thäte; es wäre aber besser, daß er stürbe als daß die Gerechtigkeit aus der Welt käme."[5]

In der Nacht zum 6. November 1730 wird Hans Hermann von Katte nach Küstrin gefahren.

Um fünf Uhr weckt man Friedrich. Auf ausdrücklichen Befehl seines Vaters muß er von einem Fenster aus zusehen, wie sein Freund auf dem Hof hingerichtet wird: Um sieben Uhr bilden hundertfünfzig Wachsoldaten einen Kreis, in den sich der Sechsundzwanzigjährige stellen muß. Friedrich schluchzt hemmungslos und ruft: „Mein lieber Katte, ich bitte tausendmal um Verzeihung! In Gottes Namen – Verzeihung, Verzeihung!" Der Freund antwortet: „Süß ist der Tod für einen so liebenswürdigen Prinzen!"[6] Ein Offizier verliest das Urteil, während der Henker mit dem Schwert in der Hand bereitsteht. Katte lehnt es ab, sich die Augen verbinden zu lassen, kniet nieder und senkt den Kopf.

Erst am Nachmittag kommen Männer, die den toten Körper und den abgetrennten Kopf aus dem blutigen Sand heben und in einen Sarg legen.

Verbannung

Den Tagesablauf in Friedrichs Kerker hat der König bis auf die Minute reglementiert: Um acht Uhr erhält er einen sauberen Nachttopf und eine Schüssel mit kaltem Wasser. Nach siebeneinhalb Minuten wird die Zelle wieder verschlossen. Vier Minuten bleibt sie geöffnet, wenn sein vorgeschnittenes Mittagessen und ein Löffel gebracht werden. Auf keinen Fall dürfen die Wachen mit ihm sprechen; auch Tinte und Feder, Flöte und Bücher sind verboten – aber der Küstriner Kammerpräsident schmuggelt das eine oder andere mit Hilfe seines siebenjährigen Sohnes in die Zelle.

Im November 1730 schwört Friedrich, daß er sich dem väterlichen Willen unterwirft. Daraufhin darf er zwar die Festung, nicht aber die Stadt verlassen und mit Hofmarschall Gerhard von Wolden und neun Bediensteten in ein kleines Haus ziehen, das der König für ihn hat einrichten lassen. Den Wachsoldaten wird ausdrücklich befohlen, vor dem Kronprinzen nicht zu salutieren.

Wie vom Vater angeordnet, arbeitet Friedrich täglich von sieben bis halb zwölf und von fünfzehn bis siebzehn Uhr an einem Tisch im Sitzungssaal der Küstriner Kriegs- und Domänenkammer: Er hört den Kammerräten zu, studiert Akten, prüft Rechnungen, kopiert Dokumente – und erwirbt dabei Grundkenntnisse der Verwaltung.

Am 15. August 1731, einen Tag nach seinem dreiundvierzigsten Geburtstag, kommt der König auf einer Dienstreise durch Küstrin. Die Menschen strömen auf der Straße zusammen. Friedrich wirft sich seinem Vater zu Füßen. Der befiehlt ihm aufzustehen, hält ihm eine Strafpredigt, malt ihm aus, was er mit seiner Mutter und mit seiner älteren Schwester getan hätte, wenn Friedrichs Flucht geglückt wäre: „Eure Mutter würde in das größte Unglück geraten sein ... Eure Schwester hätte ich lebenslang an einen Ort gesetzt, wo sie weder Sonne noch Mond beschienen hätten."[7] Dann vergibt er ihm die „Missetaten". Als der König schon wieder in der Karosse sitzt, küßt Friedrich ihm weinend die Füße und wird von ihm umarmt, während die Menge jubelt.

Ein paar Tage später erhält Hofmarschall Gerhard von Wolden neue Instruktionen: Friedrich darf ab sofort in Begleitung erfahrener Beamter Güter und Manufakturen auch außerhalb der Stadt inspizieren. Aber: „Der Kronprinz soll mit keinem korrespondiren als mit des Königs und der Königin Majestäten. Sonst wird dem Kronprinzen permittiret [erlaubt], zu allen Mahlzeiten zwei Gäste zu bitten. Es muß aber der von Wolden verhüten, daß kein Frauenzimmer mit dabei zugegen ist, sondern lauter Mannspersonen. Französische Bücher, auch deutsche weltliche Bücher und Musik bleiben scharf verboten..."[8]

Bei einer seiner ersten Inspektionen außerhalb von Küstrin kommt Friedrich nach Tamsel, wo der dreiundvierzigjährige

Oberst Adam Friedrich von Wreech mit seiner um zwanzig Jahre jüngeren Frau Luise Eleonore lebt.

Im Herbst und im darauffolgenden Winter kehrt Friedrich mehrere Male wieder. Er widmet der schönen Frau galante französische Verse, aber es bleibt vermutlich bei einer platonischen Schwärmerei des Neunzehnjährigen.

Friedrichs Lieblingsschwester Wilhelmine heiratet am 20. November 1731 auf Geheiß des Vaters den Erbprinzen von Bayreuth. Mehrere Tage dauert die für preußische Verhältnisse glanzvolle Hochzeitsfeier.

Bei einem Ball am vierten Tag taucht unvermittelt ein junger Kavalier im grauen Rock auf. Die Musik bricht ab. Erstaunt halten die Gäste inne. Und der König freut sich über die gelungene Überraschung: Vor zwei Tagen schickte er einen Geheimkurier nach Küstrin und befahl dem Kronprinzen, zur Hochzeitsfeier seiner Schwester nach Berlin zu kommen.

Mit dem geliebten Bruder an der Hand tritt Wilhelmine vor den König und umarmt ihn. Friedrich Wilhelm führt seinen Sohn zur Königin: „Nun, Madame, da ist unser Fritz wieder."[9]

Einige Tage später überreicht der König seinem Sohn eine Uniform und nimmt ihn erneut in die preußische Armee auf. Aber er muß nach Küstrin zurückkehren.

„Zum Teufel mit der Gans!"

Am 4. Februar 1732 – eineinhalb Wochen nach seinem zwanzigsten Geburtstag – erhält Kronprinz Friedrich einen Brief seines Vaters: „Ich habe die Prinzessinnen des Landes durch andere examinieren lassen, was sie für Conduite und Education [Betragen und Erziehung]; da sich denn die Prinzessin, die älteste von Bevern, gefunden, die da wohl aufgezogen ist, modeste und eingezogen [bescheiden und zurückhaltend], so müssen die Frauen sein. Ihr sollt mir cito [rasch] Euer Sentiment [Ansicht] schreiben. Die Prinzessin ist nicht häßlich, auch nicht schön. Sie ist ein gottesfürchtiger Mensch..."[10]

Friedrich läuft im Zimmer auf und ab: „Ich liebe das schöne Geschlecht, doch meine Liebe ist flatterhaft. Ich will nur den

Genuß. Der Rest ist Widerwille."[11] Aber er weiß, daß er sich unterwerfen muß. Nach zwei Wochen antwortet er: „Sie mag sein, wie sie will. Ich werde jederzeit meines allergnädigsten Vaters Befehlen nachleben. Mir kann nichts Lieberes geschehen, als meinem allergnädigsten Vater Gehorsam zu erweisen. Und so erwarte ich denn untertänig meines allergnädigsten Vaters weitere Order."[12]

König Friedrich Wilhelm lädt Herzog Ferdinand Albrecht II. und Herzogin Antoinette Amalie von Braunschweig-Bevern zu einem Besuch ein und bietet ihnen an, den Kronprinzen mit ihrer ältesten Tochter Elisabeth Christine zu verheiraten. (Friedrichs Schwester Philippine Charlotte, die in zwei Wochen ihren sechzehnten Geburtstag feiert, ist bereits mit Prinz Karl von Braunschweig-Bevern verlobt.)

Am 9. März 1732 – am Vorabend seiner Verlobung – trifft Friedrich im Berliner Schloß ein und sieht zum ersten Mal seine Braut: Sie ist drei Jahre jünger als er, einen halben Kopf größer; ein fügsames Mädchen, das kaum etwas zu sagen wagt. Die Königin schreibt ihrer Tochter Wilhelmine: „Die Prinzessin ist schön, aber strohdumm und ohne jegliche Erziehung. Weiß der Himmel, wie mein Sohn sich mit diesem Grasaffen vertragen wird."[13]

Dreihundert Gäste verfolgen im Berliner Schloß, wie Friedrich und Elisabeth Christine die Verlobungsringe tauschen, der Kronprinz in Uniform, die Braut in einem türkisfarbenen Kleid, das ihre gleichnamige Tante, die Kaiserin, mit einer Stafette aus Wien geschickt hat.

Der König ernennt Friedrich zum Oberst und vertraut ihm ein Infanterieregiment an, das in Neuruppin stationiert ist, vierzig Kilometer nordwestlich von Berlin.

In dem märkischen Städtchen führt Friedrich eine übermütige Gruppe junger Offiziere an, die den Bürgertöchtern nachstellt und nach ihren Saufgelagen Fenster einwirft. Jahre später – nachdem er seinem Vater auf den Thron gefolgt ist – hört Friedrich bei einem Besuch in Neuruppin, wie sich die Bürger an diese Zeit erinnern: „Gewiß ist unser guter König der größte Narr in seinen Staaten. ... Gottlob haben wir jetzt endlich ganze Fenster, seit dieser Narr sich aufgemacht hat, um der Königin von Ungarn [Maria Theresia] die Fenster einzuwerfen."[14]

Am 12. Juni 1733 werden im eigens renovierten Salzdahlumer Lustschloß bei Wolfenbüttel die Eheverträge ausgetauscht. Am späten Nachmittag versammeln sich die Damen bei der Braut, die Herren beim Kronprinzen, um das Paar vor den Altar der Schloßkapelle zu führen. Als der Bräutigam das Jawort spricht, rollt ihm eine Träne über die Wange. Er hört kaum, daß auf ein Trompetensignal hin vierundzwanzig Kanonen Salut schießen.

Nach einem festlichen Essen im Familienkreis und einigen Tanzvorführungen wird das Brautpaar zum Schlafgemach geleitet. Um Mitternacht schreibt Friedrich seiner Schwester Wilhelmine: „Gott sei Dank, daß alles vorüber ist."[15]

Zwei Wochen später reisen die Neuvermählten und ihre Familien nach Berlin, wo Friedrichs Schwester Philippine Charlotte mit seinem Schwager Karl von Braunschweig-Bevern verheiratet werden soll. Auch Wilhelmine ist aus Bayreuth gekommen. Ihr überläßt Friedrich seine von der Reise mitgenommene Gemahlin, die es teilnahmslos über sich ergehen läßt, daß Wilhelmine ihr die Frisur richtet und sie mit Eau de Cologne zu erfrischen versucht. Verärgert schimpft Friedrich: „Zum Teufel mit der Gans!"[16]

Liebesheirat in Wien

Liebesbrief

„Durchleüchtigster Herzog, villgeliebter Bräutigamb. Eüer liebden schreiben hat mich sehr erfreüt, bin auch gantz persudadirt [überzeugt], das Sie lieber selbes persönlich als schrifftlich versichert hätten, wie nicht zweiffle Eüer liebden ein gleiches von mir auch glauben werden. Ist wohl gutt, das nicht auf lange ist, und hoffe, das es ins künftige zu einer beständigeren und gewüntschtern einigkeit dienen wird, die versichere das zeit meines lebens verbleiben werde Eüer liebden getreüeste braut Maria Theresia. Wien dem 8ten Februarij 1736

Caro viso. Je vous suis infiniment obligée pour votre attention de m'ecrire de vos nouvelles, car j'etois en peine comme une pauvre chienne; aimez moi un peu et me pardonnez, si je ne vous repons pas assez, mais c'est 10 heure et herbeville attende pour ma lettre. Adieu mäusl, je vous embrasse de tout mon coeur, menagez vous bien, adieu caro viso je suis la votre sponsia dilectissima.[1]

Pflegesohn des Kaisers

Als Maria Theresia sechs Jahre alt ist, stirbt der ihr zugedachte Bräutigam Clemens von Lothringen in Lunéville an Pocken.

Sein jüngerer Bruder Franz Stephan – er ist fünfzehn – kommt im Sommer 1723 mit fünf vollgestopften Reisewagen nach Wien und wird dort von der kaiserlichen Familie wohlwollend aufgenommen. Er richtet sich in zwei Etagen eines Trakts der Hofburg ein; seine lothringischen Begleiter werden heimgeschickt und er bekommt statt dessen ein österreichisches Gefolge: Beichtvater, Erzieher, Lehrer, Ärzte, Pagen,

Diener, Türsteher, Läufer, Kutscher, Pferdewärter, Stallmeister, Heizer – insgesamt dreiundvierzig Männer.

Franz Stephans Eltern – Herzog Leopold von Lothringen und Elisabeth Charlotte von Orléans – haben ihm eingeschärft, sich in Wien gut zu betragen und im Beisein des Kaisers nur etwas zu sagen, wenn dieser sich an ihn wendet.

Franz Stephan soll in Wien erzogen werden. Tatsächlich ist noch viel für seine Bildung zu tun. Um sieben Uhr muß er aufstehen. Aber er braucht nicht pausenlos zu lernen, denn selbst bei schlechtem Wetter reitet der Kaiser mit ihm zur Entenjagd oder Falkenbeiz. Karl VI. mag den lebhaften, offenen und ungezwungenen Sohn seines Cousins. Mit der Bildung Franz Stephans nimmt er es nicht so genau – auch wenn dessen Rechtschreibung vom Vater bemängelt wird.

Herzog Leopold von Lothringen stirbt am 27. März 1729. Als die Nachricht in Wien eintrifft, umarmt der Kaiser seinen Schützling, verspricht, wie ein Vater für ihn zu sorgen und ordnet Hoftrauer an.

Als ältester Sohn beerbt Franz Stephan seinen Vater und wird Herzog von Lothringen. Er muß nun für seine Mutter und die drei jüngeren Geschwister sorgen: Elisabeth Theresia, Karl und Anna Charlotte. Doch er klammert sich noch ein halbes Jahr lang an das Leben in Wien, bevor er nach Lunéville fährt.

Nach knapp zwei Jahren in Lothringen überläßt er seiner Mutter die Regentschaft und bricht im September 1731 zu einer Reise nach Paris, London und Den Haag auf. In Potsdam lernt er den preußischen Kronprinzen kennen und wird auch zu dessen Verlobung eingeladen.

Begeistert schreibt Friedrich seiner Schwester Wilhelmine über den Besucher: „Er ist der reizendste Prinz, den ich je gesehen habe. Er hat allen erdenklichen Geist und ein edles freies Benehmen. Wir sind sehr gute Freunde, und wenn wir beisammen sind, muß man uns beide für närrisch halten, denn wir tun nichts als lachen und scherzen."[2]

Rechtzeitig zu Maria Theresias fünfzehnten Geburtstag ist Franz Stephan wieder in Wien.

Der Polnische Erbfolgekrieg

Am 1. Februar 1733 stirbt August der Starke, der König von Polen und Kurfürst von Sachsen. Kaiser Karl VI. möchte Kurfürst Friedrich August II., den Sohn des Verstorbenen und Gemahl seiner Nichte Maria Josepha, als Nachfolger auf dem polnischen Thron sehen, während sich König Ludwig XV. von Frankreich für seinen Schwiegervater Stanislaus Leszczynski einsetzt, der bereits von 1704 bis 1709 König von Polen war.

Obwohl sich Preußen und Rußland auf die Seite Sachsens und Österreichs stellen, wittert die spanische Regierung eine Gelegenheit, italienische Territorien von Österreich zurückzuerobern und unterstützt deshalb Frankreich im Polnischen Erbfolgekrieg. Österreich verliert Neapel und Sizilien an Spanien, erhält aber dafür Parma und Piacenza.

Stanislaus Leszczynski wird durch russische Truppen aus Polen vertrieben und muß endgültig zugunsten König Augusts III. (Kurfürst Friedrich August II. von Sachsen) auf die polnische Krone verzichten. Dafür wird er im Frieden von Wien entschädigt, und zwar mit dem Herzogtum Lothringen, das Herzog Franz Stephan gehört! Der Pflegesohn des Kaisers soll auf sein Stammland an der Ostgrenze Frankreichs verzichten und statt dessen nach dem bald zu erwartenden Aussterben der Medici das Großherzogtum Toskana übernehmen.

Die entsetzte Herzogin Elisabeth Charlotte bestürmt ihren Sohn, Lothringen nicht herzugeben: „Dieser Tausch bedeutet nichts anderes, als daß man Ihnen die Kehle durchschneidet, Ihnen und Ihrem ganzen Haus."³

„Keine Abtretung, keine Erzherzogin"

Karl VI. hat dieser Regelung zugestimmt. Franz Stephan müßte sich also gegen den Mann stellen, dem er so viel verdankt – und an eine Eheschließung mit Maria Theresia wäre dann auch nicht mehr zu denken. Der schroffe österreichische Staatssekretär Johann Christoph Freiherr von Bartenstein warnt ihn: „Keine Abtretung, keine Erzherzogin."⁴

Zu diesem Zeitpunkt wissen alle, daß das Scheitern seines

Heiratsplans für Franz Stephan ein noch größeres Opfer bedeuten würde als der Verlust Lothringens: Franz Stephan hat sich in die achteinhalb Jahre jüngere lebenslustige Maria Theresia verliebt.

Aber die Eheschließung der österreichischen Thronfolgerin ist keine Frage von Gefühlen, sondern eine politische Angelegenheit.

Aus einer Geheimabsprache über eine Doppelhochzeit Maria Theresias und ihrer Schwester Maria Anna mit zwei Söhnen des Königs von Spanien wurde nichts, als andere europäische Höfe davon erfuhren und protestierten. Friedrich Heinrich Graf von Seckendorff, der österreichische Sondergesandte in Berlin, schlug eine Verbindung von Maria Theresia mit dem preußischen Kronprinzen Friedrich vor, aber weder die preußische noch die österreichische Regierung gingen darauf ein. Prinz Eugen riet zu einer österreichisch-bayrischen Hochzeit, doch auch dagegen verwahrte sich England aus Sorge um die europäische Machtbalance. Die Londoner Regierung besteht darauf, daß die habsburgische Thronfolgerin mit einem unbedeutenden Fürsten verheiratet wird.

Dieses Kriterium erfüllt Franz Stephan.

Er befürchtet, daß er sein Herzogtum Lothringen so oder so gegen den Willen Frankreichs nicht behalten kann. Er willigt in den Tausch ein und hält am 31. Januar 1736 um die Hand Maria Theresias an. Gleich darauf muß er nach Preßburg[5], denn der Kaiser hat ihn zum Statthalter in Ungarn ernannt. Aber schon nach weniger als zwei Wochen traut der Nuntius das Paar in der Augustiner-Hofkirche in Wien. Gräfin Fuchs – sie ist inzwischen dreiundsechzig Jahre alt – trägt die Schleppe des Brautkleides. Nachdem sich Franz Stephan und Maria Theresia das Jawort gegeben und die Ringe angesteckt haben, erschallt in der Kirche ein Tedeum, und draußen donnern Salutschüsse.

Beim Hochzeitsmahl speist nur die kaiserliche Familie, während die Höflinge in gebührendem Abstand um die Tafel herumstehen und zusehen. Franz Stephan hätte seinem Rang entsprechend ans Ende des Tisches gehört, aber dieses eine Mal darf er ausnahmsweise neben Maria Theresia sitzen.

*Maria Theresia im Alter von 15 Jahren
Ölgemälde im Schloß Hetzendorf bei Wien*

Maria Theresia und Franz Stephan in Florenz

Als Franz Stephan das Großherzogtum Toskana als Ersatz für sein Herzogtum Lothringen angeboten wurde, gingen die Verhandlungspartner vom baldigen Tod des letzten Medici-Herzogs aus. Tatsächlich stirbt Gian Gastone am 9. Juli 1737. Vereinbarungsgemäß wird Franz Stephan sein Nachfolger. Aber er setzt eine Regentin ein und zieht mit seinem Bruder Karl in den Krieg gegen die Türken.

Kaiser Karl VI. hat gerade an der Seite Rußlands einen neuen Krieg gegen das Osmanische Reich begonnen, das sich seit der erfolglosen Belagerung Wiens im Jahr 1683 und der Eroberung Belgrads durch Prinz Eugen vor zwanzig Jahren in der Defensive befindet. Er vertraut seinem Schwiegersohn den Oberbefehl an, aber nach Anfangserfolgen müssen sich die Österreicher 1738 zurückziehen, und Franz Stephan kommt noch vor dem Ende des Krieges krank nach Hause.

Die Wiener halten den Lothringer ohnehin eher für einen Salonlöwen als für einen Kriegshelden; durch das Debakel fühlen sie sich in ihrem Urteil bestätigt – und daß Maria Theresia keinen Sohn, sondern 1737 und 1738 Mädchen zur Welt bringt, ruiniert Franz Stephans Ansehen vollends.

Um das Paar dem Unwillen der Wiener zu entziehen, schickt Karl VI. die beiden mit ihren Töchtern und einem Gefolge von dreihundertsechzig Personen in ihr Großherzogtum Toskana. Sieben Tage vor Weihnachten 1738 brechen sie auf, und treffen Ende Januar in Florenz ein, wo die Bevölkerung zur Begrüßung bunte Tücher in die Fenster hängt, weil noch keine Blumen blühen. Mehr noch als der charmante Landesherr gefällt den Florentinern dessen schöne Gemahlin, die ihnen unbefangen zuwinkt.

Der Jubel der Florentiner tut gut, aber Franz Stephan und Maria Theresia können nur drei Monate lang bleiben, dann müssen sie zurück nach Wien, denn Franz Stephans Aufgaben als Großherzog von Toskana sind unbedeutend im Vergleich zur Rolle Maria Theresias als habsburgische Thronfolgerin.

Prinzessin Sophie
von Anhalt-Zerbst

Ein zorniges Mädchen

König Friedrich Wilhelm I. besucht 1733 Stettin. Im Schloß macht ihm der soeben vom preußischen Regimentskommandeur zum Gouverneur beförderte Fürst Christian August von Anhalt-Zerbst seine Aufwartung. Vor ihm und seiner viel jüngeren Gemahlin trippelt die vierjährige Tochter Sophie zum König. Der trägt einen blauen Uniformrock mit scharlachroten Aufschlägen, Hosen aus Sämischleder und weiße Stiefel. Auf den ersten Blick bemerkt der Fürst, daß Friedrich Wilhelm kräftig zugenommen hat und sein Gesicht stark gerötet ist.

Wie es sich gehört, versucht das kleine Mädchen, den Rockschoß des Königs zu küssen: Sophie stellt sich auf die Zehenspitzen, streckt sich und zieht an dem Stoff, aber sie schafft es nicht. Zornig stampft sie mit dem Fuß auf den Boden: „Seine Jacke ist so kurz, daß ich nicht herankomme. Ist Er nicht reich genug, um sich eine längere zu kaufen?" Selbst am Rand des Saals ist die Mädchenstimme klar zu verstehen. Friedrich Wilhelm I. ist durch ein Gespräch abgelenkt, stutzt aber, als alle den Atem anhalten. „Was hat die Kleine gesagt?" fragt er und deutet mit seinem gefürchteten Stock auf das Kind.

Unter tausend Verbeugungen und Entschuldigungen wiederholt einer der Umstehenden die Worte. Da lacht der König und meint: „Die Kleine ist sehr keck."

Der Fürst von Anhalt-Zerbst und seine junge Frau

Das Minifürstentum Anhalt-Zerbst lag zwischen Sachsen und Preußen. Die Weiden und Wälder warfen nicht genügend ab, um allen Familienangehörigen ein standesgemäßes Leben zu ermöglichen. Deshalb meldete sich der achtzehnjährige Christian August von Anhalt-Zerbst – „einer jener Fürsten ohne Geld und Glanz"[1] – 1708 in die preußischen Armee. Als Friedrich Wilhelm I. die von den Schweden übernommene Stadt Schwerin zu einer mächtigen Festung ausbauen ließ, kommandierte Christian August dort ein Infanterieregiment.

1727 heiratete er Prinzessin Johanna Elisabeth von Holstein-Gottorf. Die Hochzeit fand zwei Wochen nach ihrem fünfzehnten Geburtstag statt, und zwar in Vechelde am Hof ihres Vormunds, des Herzogs August Wilhelm von Braunschweig-Lüneburg. In dieser prunkvollen Umgebung war die Tochter des Lübecker Fürstbischofs Christian August von Holstein-Gottorf aufgewachsen.

Obwohl Johanna in Vechelde als verarmte Verwandte gelebt hatte, verfügte ihre Familie über weitreichende Beziehungen. Ihr Cousin Karl Friedrich von Holstein-Gottorf war seit zwei Jahren mit Anna Petrowna verheiratet, der älteren der beiden Töchter Peters des Großen, und deren Schwester Elisabeth Petrowna hätte Johannas Bruder Karl August geheiratet, wenn er nicht an Pocken gestorben wäre.

In Stettin bewohnten Christian August und Johanna Elisabeth ein bescheidenes Haus. Der sparsame Fürst stellte seine um zweiundzwanzig Jahre jüngere Gemahlin wiederholt wegen ihrer verschwenderischen Geschenke und Anschaffungen zur Rede; mindestens ebenso häufig beklagte sich die hübsche und kokette, lebhafte, ruhelose und ehrgeizige Frau über das von Offizieren geprägte Gesellschaftsleben, das ihr provinziell und langweilig vorkam. Während sie sich im gesellschaftlichen Mittelpunkt und umringt von Bewunderern wohlfühlte, zog sich ihr „ernster und sittenstrenger"[2] Gemahl lieber zurück.

Am 2. Mai 1729 brachte die sechzehnjährige Fürstin eine Tochter zur Welt, die auf den Namen Sophie Auguste Friederike getauft wurde. Johanna war enttäuscht, denn sie hatte sich einen Sohn gewünscht, und von der schwierigen Geburt erholte sie sich erst nach Monaten.

"Der Fremdkörper, um den die Perle sich rundet"

Sophie wird einer Amme überlassen und im Alter von zwei Jahren einer Gouvernante anvertraut: Madeleine Cardel stammt aus einer Hugenottenfamilie, die in Brandenburg-Preußen Zuflucht gefunden hat. Sie verhält sich „einnehmend und schmeichlerisch", gilt aber als „ein wenig falsch".[3]

Als Madeleine Cardel nach zwei Jahren heiratet und die Fürstenfamilie verläßt, übernimmt ihre einundzwanzigjährige Schwester Elisabeth – „Babette" – Sophies Erziehung. Sophie dreht sich weg, wenn Babette sie anspricht, denn bei ihr gibt es weder Bonbons noch Konfekt und auch keine Schmeicheleien. Aber bald schließt das vierjährige Mädchen die sanfte und geduldige, gerechte und stets heitere Erzieherin ins Herz. Babette erweist sich als „Muster von Tugend und Klugheit"[4].

Mit Babette spricht Sophie französisch. Von Hauslehrern lernt sie Lesen und Schreiben in deutscher und französischer Sprache, etwas Geschichte und Geographie, auch ein wenig Zeichnen; am schwersten tut sie sich mit Singen und Tanzen. Unangenehm ist ihr auch der Religionsunterricht: Der pietistische Pfarrer Friedrich Wagner unterstreicht Absätze in der Bibel, die sie auswendig lernen muß, und wenn sie beim Aufsagen steckenbleibt, schlägt er zu. Das tut er auch, wenn ihm keine Erwiderung einfällt, etwa auf Sophies Frage, ob es gerecht sei, wenn ein verdienter Kaiser wie Marc Aurel in der Hölle schmore, weil er es für notwendig hielt, Christen zu verfolgen.

Die Mutter redet wenig mit Sophie, umsorgt jedoch unermüdlich deren einundhalb Jahre jüngeren Bruder Wilhelm Christian Friedrich, der aufgrund einer Verkrüppelung hinkt. Als Sophie fünf Jahre alt ist, bekommt sie einen zweiten Bruder – Friedrich August –, der ebenfalls verhätschelt wird.

Sophie fügt sich, aber der Mangel an Zärtlichkeit und die Erfahrung, als Mädchen benachteiligt zu werden, wirkt wie „der Fremdkörper, um den die Perle sich rundet"[5].

Das ungestüme Mädchen, das vor dem Einschlafen oft bis zur Besinnungslosigkeit auf einem Kopfkissen im Bett herumreitet, muß mit sieben Jahren wegen einer Brustfellentzündung drei Wochen lang liegen, mit rasselndem Atem, Fieber, von Hustenanfällen geschüttelt und von Schmerzen wachgehalten. Als Sophie wieder aufstehen kann, ist ihre rechte Schulter drei Zentimeter höher als die linke: Das Rückgrat ist verkrümmt. Es hilft auch nichts, daß man ihren Rücken jeden Morgen mit dem Speichel einer Jungfrau einreibt.

Um die Heiratschancen ihrer Tochter nicht zu beeinträchtigen, verpflichten die Eltern ihre Bediensteten zum Schweigen. Heimlich lassen sie den Stettiner Henker holen. Der kennt sich aufgrund der verschiedenen Foltermethoden besser als jeder Arzt mit Verrenkungen aus. Er empfiehlt ein Korsett, das Sophie vier Jahre lang tragen muß, bis ihr Rücken wieder gerade ist.

Mehrmals wird ihr der Kopf kahlgeschoren, damit skrofulöse Exzeme abtrocknen können.

Sophie meint, ihre Nase sei zu lang, der Mund zu schmal, das Kinn zu spitz; kurz: sie hält sich für häßlich. Um diese quälende, am Selbstvertrauen nagende Überzeugung zu verdrängen, verzichtet sie darauf, durch ihr Aussehen zu gefallen, vernachlässigt sogar ihr Äußeres und liest statt dessen viel, um andere durch ihr Wissen zu beeindrucken. Dabei muß sie aber erst noch lernen, ihre Gesprächspartner nicht ständig herauszufordern und ihre Vorstellungen auch einmal für sich zu behalten.

„Madame, Sie kennen Ihr Kind nicht"

Um dem öden Leben in Stettin für eine Weile zu entkommen, reist Johanna jedes Jahr für drei, vier Monate zu ihrer Patin Elisabeth Sophie Maria von Braunschweig-Wolfenbüttel. Die kinderlose und verwitwete Herzogin sorgt für das gesellschaftliche Treiben, bei dem sich Johanna wohlfühlt: Bälle und Bankette, Konzerte und Opernaufführungen, Spazierfahrten und Jagdveranstaltungen.

Schon als kleines Kind darf Sophie ihre Mutter nach Braunschweig begleiten, auch nach Hamburg, wo sie die verwitwete Großmutter Herzogin Albertine Friederike besuchen.

Im Alter von acht Jahren kommt Sophie erstmals nach Berlin. Von da an macht Johanna mit ihrer Tochter der preußischen Königsfamilie in jedem Winter ihre Aufwartung. Dem Kronprinzen Friedrich gefällt Sophie, und zwischen seinem Bruder Heinrich und der drei Jahre jüngeren Prinzessin von Anhalt-Zerbst entwickelt sich eine Kinderfreundschaft.

Ende 1742 stirbt der regierende Fürst des Hauses Anhalt-Zerbst, Johann August. Seine Cousins Johann Ludwig und Christian August teilen sich die Regierung und richten sich im Schloß Dornburg in Zerbst ein.

Johanna bringt etwa zur gleichen Zeit die Tochter Elisabeth zur Welt. (Eine weitere Tochter wurde 1736 nur zwölf Tage alt, und im letzten Sommer hat sie ihren abgöttisch geliebten Sohn Wilhelm Christian Friedrich verloren.)

Am 4. Juli 1743 wird Sophies Onkel, Adolf Friedrich von Holstein-Gottorf, der Fürstbischof von Lübeck und Administrator von Holstein, zum schwedischen Thronerben gewählt. Um sich von ihrem Bruder vor seinem Aufbruch nach Stockholm zu verabschieden, fährt Johanna mit ihrer vierzehnjährigen Tochter nach Hamburg.

Dort wird Sophie dem schwedischen Grafen Henning Adolf von Gyllenborg vorgestellt. Der Dreißigjährige läßt sich auf ein Gespräch mit dem Mädchen ein – und staunt über Sophies Verstand und Belesenheit. In ihrem Beisein wendet er sich an Johanna: „Madame, Sie kennen Ihr Kind nicht; ich versichere Sie, es hat mehr Geist und Vorzüge, als Sie ihm zutrauen; ich bitte Sie darum, sich mehr mit dem Mädchen zu beschäftigen als bisher. Ihre Tochter verdient das in jeder Hinsicht."[6]

Peter der Große
und seine Nachfolger

Ein unglücklicher Waisenknabe

Als Sophie zehn Jahre alt ist, lädt Adolf Friedrich von Holstein-Gottorf seine Verwandten – darunter auch seine Schwester Johanna und deren Familie – zu einem Fest in sein Schloß Eutin ein, um ihnen sein Mündel vorzustellen: Karl Peter Ulrich von Holstein-Gottorf.

Es handelt sich um einen Enkel Peters des Großen! Der russische Kaiser verheiratete seine Tochter Anna mit Herzog Karl Friedrich von Holstein-Gottorf – einem Neffen des schwedischen Königs Karl XII. –, aber nach dem Tod des Zaren und einem erneuten Machtwechsel im September 1727 mußten Karl Friedrich und Anna Petrowna von St. Petersburg nach Kiel ziehen, wo im Februar des folgenden Jahres Karl Peter Ulrich geboren wurde. Wehmütig dachte Anna Petrowna an ihre glanzvolle Heimatstadt und grämte sich über das Leben an der Seite ihres kleinen, häßlichen und kränkelnden Gatten.

Sie starb drei Monate nach der Geburt ihres Sohnes im Alter von zwanzig Jahren an Schwindsucht. Einige Monate vor dem Familientreffen in Eutin verlor der inzwischen elf Jahre alte Karl Peter Ulrich auch noch den Vater.

Sophie hört, wie die Gäste tuscheln, der magere Waisenknabe habe Chancen, aufgrund seiner Abstammung den schwedischen oder den russischen Thron zu erben. Aber sie kann nicht ahnen, daß er in ihrem Leben eine entscheidende Rolle spielen wird.

Karl Peter Ulrich wächst unter lauter Männern auf, und sein Vormund kümmert sich so wenig um ihn, wie es der Junge von seinem Vater gewohnt war. Der ungebildete schwedische Erzieher Otto Friedrich Graf von Brümmer schikaniert ihn je nach Laune mit willkürlichen Verboten, und wenn Peter sie übertritt, wird er ausgepeitscht oder muß stundenlang auf getrockneten Erbsen knien.

Spielkameraden hat er keine. Er darf lediglich mit der Tochter von Brümmers Mätresse das Tanzen üben, weil ein junger Aristokrat das nun einmal können muß. Aber wenn seine Tanzpartnerin weinend zu ihrer Mutter läuft, weil er ihr auf den Fuß getreten ist, läßt ihn die Mätresse von einem Lakaien verprügeln. Deshalb haßt er die Tanzstunden bald ebenso wie die Lateinlektionen.

Nur an einen einzigen schönen Tag erinnert sich Peter: den Tag, als er im Alter von neun Jahren vom Vater zum Leutnant ernannt wurde und an der Offizierstafel sitzen durfte.

Peter der Große

Peter der Große formte 1689 bis 1725 aus dem Fürstentum Moskau das Kaiserreich Rußland. Slawen, Finnen, Mongolen und Tataren bildeten dessen neunzehn Millionen Einwohner und verteilten sich über ein Gebiet, in dem Melonen und Weintrauben reiften, während andere Teile noch von Schnee bedeckt waren.

Als Sünde und Hochverrat galt es, wenn jemand das „heilige Rußland" verlassen wollte – bis Peter der Große seine Leute zur Ausbildung nach Venedig schickte und selbst als Zimmermann inkognito auf einer Werft in Holland arbeitete. Seine Töchter Anna und Elisabeth vertraute Peter der Große einer französischen Gouvernante an und ermutigte sie, sich wie Pariserinnen zu kleiden.

Ein Fenster zum Meer wollte er für Rußland aufstoßen. Als er es im Krieg gegen die Türken im Süden nicht schaffte, erkämpfte er sich im Norden den Zugang zur Ostsee und löste dabei nach dem Sieg bei Poltawa im Jahr 1709 auch gleich noch den schwedischen König als mächtigsten Herrscher in Nordosteuropa ab.

Bewußt verlegte Peter der Große die Hauptstadt von Moskau an den Finnischen Meerbusen und ließ dort St. Petersburg aus dem sumpfigen Boden stampfen.

Er hing keiner abstrakten Ideologie nach, sondern er war ein Mann der Tat; wenn er eine Verbesserungsmöglichkeit entdeckte, konnte er gar nicht anders: er mußte handeln. Während alle um ihn herum Besitz zusammenrafften, kümmerte sich der Zar um Rußland und setzte durch, was er für nötig hielt, obwohl ihm die Russen nur widerwillig gehorchten – wie aus dem Bericht eines Diplomaten vom 14. Februar 1718 hervorgeht: „Petersburg, die Schiffe, das Meer, die deutschen Moden und die Bartabschneider[1], alle fremden Sitten und Sprachen sind für die meisten ein Alptraum. Alle, die sich in St. Petersburg ansiedeln mußten, sehnen sich nach ihrer Heimat wie nach dem verlorenen Paradies zurück und wünschen nichts sehnlicher herbei als die Rückkehr ihres russischen Reiches von ehedem und das Zurücksinken in den Schlamm..."[2]

Zar Peter der Große (1672–1725)
Gemälde Mitte des 18. Jhs.
Kopie nach I. N. Nikitin
Moskau, Staatl. Historisches Museum

Peter war über zwei Meter groß, breitschultrig und konnte angeblich ein Hufeisen mit bloßen Händen verbiegen. Andere Männer mußten laufen, um Schritt mit ihm zu halten. Als er bei einem seiner Besuche in Berlin erfuhr, daß man Mörder auch aufs Rad flocht, wollte er diese ihm unbekannte Hinrichtungsmethode gleich vorgeführt bekommen, und weil kein zum Tod Verurteilter greifbar war, deutete er auf einen seiner Diener – während sich die Gastgeber beeilten, sein Interesse auf ein anderes Thema zu lenken. Nach einem Essen im Berliner Schloß notierte ein Teilnehmer: „Peter I. hat weder gerülpst noch gefurzt, noch in den Zähnen gestochert."[3] Aber bei einer feierlichen Ansprache zur Begrüßung des hohen Besuchers in Magdeburg hörte dieser kaum zu, legte statt dessen den beiden neben ihm stehenden Damen seine Arme um die Schultern und betastete ihre Dekolletés.

Seine erste Frau hatte Peter der Große in ein Kloster gesperrt. Später heiratete er die muntere, vollbusige Tochter eines aus Litauen eingewanderten Bauern, die nach ihrer Konvertierung den Namen Katharina angenommen hatte.

Peters aus erster Ehe stammender Sohn Alexej floh 1716 im Alter von sechsundzwanzig Jahren mit seiner Mätresse. Anders als dem preußischen Kronprinzen vierzehn Jahre später gelang ihm die Flucht. Aber sein Vater lockte ihn mit falschen Versprechungen aus Neapel zurück, ließ ihn einkerkern und zum Tod verurteilen. Der Zarewitsch verschied, bevor das Urteil vollstreckt werden konnte – vermutlich an inneren Verletzungen durch Knutenhiebe.

Herrschaft der Günstlinge

Am 8. Februar 1725 starb Peter der Große.

Auf dem russischen Thron folgten ihm Katharina I., seine analphabetische Witwe (1725 – 1727); Peter II., der Sohn des im Kerker zu Tode gequälten Alexej (1727 – 1730); seine Nichte Anna Iwanowna (1730 – 1740) und schließlich deren Großneffe Iwan VI. (1740/41), ein Urenkel des Zaren Iwan V.[4]

Für Katharina I. regierte faktisch Alexander Danilowitsch Menschikow, ein skrupelloser Emporkömmling, der im September 1727 unter dem noch keine zwölf Jahre alten Zaren Peter II. entmachtet und nach Sibirien verbannt wurde. (Zu diesem Zeitpunkt mußten sich Herzog Karl Friedrich von Holstein-Gottorf und Anna Petrowna nach Kiel absetzen.) Zarin Anna Iwanowna leitete mit ihrem Günstling Ernst Johann Biron ein Terrorregime. Als sie im Oktober 1740 starb, hinterließ sie den Thron einem zwei Monate alten Kind: Iwan Antonowitsch. Dessen Mutter Anna Leopoldowna, eine geborene Prinzessin Elisabeth Katharina Christine von Mecklenburg-Schwerin, übernahm zwar offiziell die Regentschaft, tatsächlich aber zogen der aus Hessen stammende Burkhard Christoph Graf von Münnich und der Bochumer Pastorensohn Heinrich Johann Friedrich Graf von Ostermann die Fäden.

Zarin Elisabeth

Elisabeth, die jüngere Tochter Peters des Großen, war in der Thronfolge ständig übergangen worden.

Als ihr Leibarzt Johann Hermann Lestocq befürchtete, Graf von Ostermann werde sie wegen ihrer wachsenden Beliebtheit festnehmen lassen, hielt er ihr ein Blatt Papier hin. Auf die Vorderseite hatte er eine Krone gezeichnet, auf die Rückseite eine Nonne: „Ihre Hoheit müssen zwischen diesen beiden Alternativen wählen – jetzt!"[5]

Da stellte sich die Zweiunddreißigjährige in der Nacht auf den 6. Dezember 1741 an die Spitze eines der traditionsreichen Garderegimenter, ließ die Familie des fünfzehn Monate alten Zaren festnehmen und verbannte die eigentlichen Machthaber nach Sibirien.

Elisabeth putschte nur, weil sie es nicht ertragen hätte, in einem Kloster eingesperrt zu leben. Nun aber regierte sie auch selbst! Sie war keine Operettenkaiserin, sondern entwickelte sich trotz ihrer fehlenden Bildung und ihrer Ungeschliffenheit zu einer einflußreichen Herrscherin. Sie sprach russisch, französisch, deutsch und italienisch. In grundsätzlichen Fragen beriet sie sich mit dem erfahrenen Politiker Alexej Petrowitsch Bestushew-Rjumin. Rasch verstand sie, worauf es ankam, entschied allerdings oft erst nach Wochen. Bestushew klagte: „Wenn die Kaiserin bloß den hundertsten Teil der Zeit, die ihnen Maria Theresia widmet, den Regierungsgeschäften widmen wollte, wäre ich der glücklichste Mensch von der Welt."[6]

Elisabeth lebte mit dem um ein Jahr älteren ukrainischen Bauernsohn Alexej Rasumowski zusammen, der ihr als Vorsänger in ihrer Privatkapelle aufgefallen war. Sie ernannte ihn zum Kammerherrn, erhob ihn zum Grafen, und vermutlich heiratete sie den „Kaiser der Nacht" auch heimlich.

Das hielt sie allerdings nicht davon ab, den einen oder anderen Lakaien mit ins Bett zu nehmen.

Im Alter von vierzig Jahren wurde sie die Geliebte eines Zweiundzwanzigjährigen: Iwan Iwanowitsch Schuwalow war ein Cousin von Alexander Iwanowitsch und Peter Iwanowitsch Schuwalow, zwei Drahtziehern des Umsturzes von 1741.

Peter Iwanowitsch Schuwalow nutzte die gewonnene Macht, um sich skrupellos zu bereichern. Sein ein Jahr älterer Bruder Alexander leitete später die berüchtigte Geheime Kanzlei, die offiziell für die innere Sicherheit des Landes zu sorgen hatte, tatsächlich aber durch ihre Spitzel alle Ämter kontrollierte und nach eigenem Ermessen dafür sorgte, daß mißliebige Personen eingesperrt, gefoltert und aus dem Weg geschafft wurden.

Das Volk bejubelte Zarin Elisabeth, aber um ihre Stellung weiter zu festigen, holte sie den einzigen noch lebenden Enkel ihres Vaters von Kiel nach St. Petersburg: ihren Neffen Karl Peter Ulrich von Holstein-Gottorf.

Anfang 1742 drückte sie den Vierzehnjährigen lachend und weinend an ihren üppigen Busen. Dann schaute sie ihn genauer an: Der verlegen herumstehende Knabe war blaß und schmächtig; mißtrauisch wich er ihrem Blick aus. Das war alles andere als ein strahlender Prinz! Wie sollte man aus ihm einen würdigen Thronfolger machen?

Zunächst mußte er von der lutherischen in die orthodoxe Kirche übertreten. Er hieß nun Peter Fjodorowitsch und trug den Titel eines Großfürsten.

Anfang 1743 wurde Peter nach Stockholm eingeladen, um sich dort auf die schwedische Thronfolge vorzubereiten. Aber die Zarin zwang ihren Neffen, darauf zu verzichten und schlug seinen ehemaligen Vormund Adolf Friedrich von Holstein-Gottorf als schwedischen Thronfolger vor.

Peter wäre viel lieber dem Ruf nach Stockholm gefolgt, denn er haßte alles Russische ebenso wie die orthodoxe Kirche. Um ihn gefügig zu machen, schlug ihm Graf von Brüm-

Bitte Absender nicht vergessen:
(mögl. in Druckschrift)

(Name)

(Vorname)

(Straße/Hausnr.)

(PLZ/Ort)

(Beruf)

Diese Karte habe ich dem nachstehend aufgeführten Buch entnommen:

Postkarte – Antwortkarte

VERLAG
FRIEDRICH PUSTET
Briefanschrift

93008 Regensburg

Bitte
frankieren
wenn
Briefmarke
zur Hand

Liebe Leserin, lieber Leser,

aus der unübersehbaren Fülle von Büchern haben Sie sich treffsicher für ein Pustet-Buch entschieden. Für die Lektüre wünschen wir Ihnen viel Freude. Wenn Sie auch in Zukunft gute Bücher aussuchen wollen, können wir Sie zielgenau in Ihren Interessengebieten informieren, selbstverständlich kostenlos und unverbindlich.
Dazu brauchen Sie hier nur anzukreuzen:

Religion/Theologie

☐ Gottesdienst / Verkündigung / geistliches Leben
☐ Pastoral / Katechese / Religionsunterricht
☐ Handbücher / Wissenschaft
☐ Ökumene / Systematische Theologie
☐ Kirchengeschichte

Geschichte

☐ Gesamtdarstellungen
☐ Biografien
☐ Ost- und Südosteuropa
☐ Ratisbonensia

Sie können das Programm auch online „treffen" unter
www.pustetverlag.de (Geschichte) oder
www.engagementbuch.de (Religion/Theologie).
Wir freuen uns auf Ihr Interesse

VERLAG
FRIEDRICH PUSTET
REGENSBURG

mer – der nach St. Petersburg mitgekommen war – mit der Faust ins Gesicht. Peter rannte aus dem Zimmer, kam mit gezücktem Säbel zurück und schrie: „Sobald Sie es wagen, noch einmal die Hand gegen mich zu erheben, werde ich Sie niederstechen."[7]

Danach wurde er apathisch, und im Herbst erkrankte er so, daß die Zarin um sein Leben fürchtete. Aber er erholte sich wieder.

Nun suchte Zarin Elisabeth eine Braut für den Großfürsten und hoffte, durch einen Stammhalter die Thronfolge bis in die übernächste Generation regeln zu können.

Friedrich II. und Maria Theresia folgen ihren Vätern auf den Thron

Glückliche Jahre in Rheinsberg

Ende 1733 kauft König Friedrich Wilhelm I. für seinen Sohn und seine Schwiegertochter das verfallene Renaissanceschloß Rheinsberg in der Nähe von Neuruppin. Im August 1736 ziehen der Kronprinz und die Kronprinzessin dort mit einem kleinen Hofstaat ein, obwohl die Renovierung noch nicht abgeschlossen ist.

Elisabeth Christine schwärmt in einem Brief an ihre Großmutter: „Will man Kunst, wahre und richtige Philosophie und Geist finden, so muß man sicherlich hierher kommen. ... Unser Herr hier [Friedrich] ist allen voran, ich habe niemals jemanden gesehen, der so fleißig ist wie er. Früh von sechs Uhr an ... beschäftigt er sich mit philosophischen und anderen schönen Studien ... So geht die Zeit rasch dahin, und indem er sie auf diese Weise anwendet, kann man in Wahrheit sagen, daß er der größte Fürst seiner Zeit ist, er ist weise, er ist so geistvoll, wie man es nicht genug ausdrücken kann, er ist gerecht, er will keinem Menschen etwas Böses, er ist großmütig, gutgelaunt..."[1]

„Seine Königliche Hoheit sind lustig wie ein Buchfink", schreibt ein Kammerherr.[2] Und ein anderer berichtet: „Alle, die auf dem Schlosse wohnen, genießen die ungezwungenste Freiheit. Sie sehen den Kronprinzen und dessen Gemahlin nur bei der Tafel, beim Spiel, auf dem Ball, im Konzert oder bei anderen Festen, an denen sie teilnehmen können. Jeder denkt, liest, zeichnet, schreibt, spielt ein Instrument, ergötzt oder beschäftigt sich in seinem Zimmer bis zur Tafel. Dann kleidet man sich sauber, doch ohne Pracht und Verschwendung an und begibt sich in den Speisesaal. Alle Beschäftigungen und

Vergnügungen des Kronprinzen verraten den Mann von Geist. Sein Gespräch an der Tafel ist unvergleichlich. Er duldet den Widerspruch und versteht die Kunst, die guten Einfälle anderer zutage zu fördern."[3]

„Antimachiavell"

Die Philosophen der Aufklärung schieben die Vorstellung von der göttlichen Schöpfungsordnung beiseite und konstruieren ein mechanistisches Weltbild. Den Kosmos verstehen sie als Maschine, deren Räderwerk aufgrund ewig geltender Gesetze funktioniert, die der Mensch mit Hilfe seiner Vernunft erfassen kann. Sie glauben, die Menschheit schreite auf dem Weg zu einem immer klarer werdenden Erkennen der Welt voran. Der Mensch urteile mit seiner Vernunft nicht nur über die Methoden und Erkenntnisse wissenschaftlicher Forschung, sondern entscheide damit auch über die Normen ethischen, sozialen und politischen Handelns. Wenn nur möglichst viele Menschen durch das Bildungswesen ermutigt würden, ihren Verstand kritisch zu gebrauchen, müsse dies zu einer besseren Gesellschaft führen.

Die Ideen der Aufklärung werden vor allem von französischen Philosophen vertreten. Friedrich, der fast ausschließlich französische Bücher liest und im Alter von sechzehn Jahren einen Brief an seine Schwester Wilhelmine mit „Frédéric le Philosophe" unterzeichnet, übernimmt diese Überzeugungen.

Er glaubt nicht an die göttliche Berufung der Monarchen, sondern sieht sich durch den „blinden Zufall der Geburt"[4] in der Rolle des Thronfolgers. Den Staat betrachtet er nicht als Bestandteil einer göttlichen Schöpfung, sondern er befürwortet die Theorie vom Gesellschaftsvertrag, die der englische Philosoph Thomas Hobbes 1651 im „Leviathan" formuliert hat. (Hobbes behauptet, daß im Naturzustand jeder gegen jeden kämpfe, vernünftige Menschen jedoch bereit seien, einen Teil ihrer Rechte in einem Gesellschaftsvertrag einem Herrscher zu übertragen, wenn dieser sich verpflichte, den zerstörerischen Kampf zu verhindern, Ordnung zu schaffen und das Gemeinwohl zu sichern.)

Zu den bedeutendsten Vorreitern der Aufklärung – und infolgedessen zu den aktivsten Gegnern des Absolutismus – zählt Voltaire. Er wird eingesperrt und muß wiederholt Paris verlassen, weil er gegen die Kirche polemisiert, die er als eine mit dem absolutistischen Staat verbündete Bastion reaktionärer Macht bekämpft.

Am 8. August 1736 schreibt Friedrich erstmals an Voltaire: „Die Milde und Förderung, die Sie allen denen erweisen, welche sich den Künsten und Wissenschaften widmen, läßt mich hoffen, daß Sie mich nicht aus der Zahl derer ausschließen werden, welche Sie Ihrer Unterweisung würdig finden."[5] Der französische Philosoph, der sich durch die Worte des gut siebzehn Jahre jüngeren Kronprinzen geschmeichelt fühlt, antwortet zweieinhalb Wochen später. Es ist der Beginn einer wunderbaren Freundschaft.

Inspiriert von der Aufklärung verfaßt Friedrich in Rheinsberg die „Réfutation du Prince de Machiavel", den „Antimachiavell", eine leidenschaftliche Zurückweisung der rücksichtslosen Machtpolitik, die der Florentiner Niccolò Machiavelli 1513 in „Il Principe" propagiert hatte. Friedrich bevorzugt zwar die absolute Monarchie gegenüber allen anderen Staatsformen, aber er befreit den Herrscher nicht – wie Machiavelli – von ethischen Normen, sondern er verlangt von ihm, für seine Untertanen zu sorgen und stets ehrenhaft zu handeln. „Die Gerechtigkeit ... muß also das oberste Ziel eines Souveräns sein; das Wohl der Völker, die er regiert, muß er jedem anderen Handlungsmotiv vorziehen. ... Es ergibt sich, daß der Souverän, weit entfernt davon, der absolute Herr über die Völker zu sein, die ihm anvertraut sind, selbst nur ihr erster Diener ist."[6]

Versöhnung am Totenbett

König Friedrich Wilhelm I. ißt und trinkt zu viel; mit fünfzig Jahren wiegt der 1,65 m große Mann mehr als zweieinhalb Zentner. Er leidet an Porphyrie, einer Stoffwechselstörung, die Gicht, Koliken und Migräne hervorruft.

Nach einem besonders harten Winter zieht der Hof im April 1740 – wie in jedem Jahr – von Berlin nach Potsdam, um dort den Sommer zu verbringen. Friedrich Wilhelm ist jetzt einundfünfzig Jahre alt.

Da sich sein Gesundheitszustand weiter verschlechtert, schickt Königin Sophie Dorothea in der Nacht auf den 27. Mai einen reitenden Boten zum Kronprinzen nach Rheinsberg.

Als dieser am nächsten Tag um die Mittagszeit am Potsdamer Stadtschloß vorfährt, trifft er den König in einem Lehnstuhl im Freien an. Weinend umarmen sich Vater und Sohn.

Die Aufregung ist zu viel für Friedrich Wilhelm; er verliert das Bewußtsein und wird ins Bett zurückgebracht, aber am Nachmittag hat er sich soweit erholt, daß er trotz seiner schweren Atemnot in der Lage ist, den Kronprinzen flüsternd und keuchend in einige wichtige Staatsgeheimnisse einzuweihen.

Und er gibt ihm folgenden wohlgemeinten Rat: „Fritz, wenn Du der Herr bist, wirst Du sie betrügen, denn Du kannst nicht anders. Du bist von Natur falsch und betrügerisch. Darum betrüge sie beim ersten Mal gründlich."[7]

Als die Türen wieder geöffnet werden, sagt Friedrich Wilhelm zu den das Bett Umstehenden: „Tut Gott mir nicht viel Gnade, daß er mir einen so braven und würdigen Sohn gegeben?"[8] Friedrich beugt sich über den Kranken, greift nach dessen Hand und küßt sie laut schluchzend.

In der Nacht vom 30./31. Mai 1740 betet Friedrich Wilhelm bis um vier Uhr morgens mit einem Geistlichen.

Am Vormittag läßt sich der Todkranke in einem Sessel ans Fenster tragen und befiehlt, draußen seine besten Reitpferde vorzuführen, damit sich der Alte Dessauer eines aussuchen kann. Als er beobachtet, wie die Stallknechte aus Versehen eine falsche Schabracke auflegen, jammert er: „Wenn ich bloß gesund wäre, wie wollte ich die Schurken durchprügeln! Geh' doch jemand hinunter und hau' ihnen die Hucke voll ..."⁹

Man bringt in wieder ins Bett. Als ihm einer der Ärzte sagt, daß der Puls schon fast nicht mehr zu fühlen sei, murmelt er: „Ich will aber nicht, daß er stille steht!" Unvermittelt läßt er sich einen Spiegel bringen und betrachtet sein aufgedunsenes Gesicht: „Hm, nicht so schlimm, wie ich dachte."¹⁰

Kurz darauf fällt er in Ohnmacht. Friedrich führt seine Mutter aus dem Zimmer und kehrt sofort zurück, um in der Sterbestunde bei seinem Vater zu sein.

Siebzehn oder achtzehn Jahre später sagt Friedrich über seinen Vater: „Welch schrecklicher Mann! Aber auch welch gerechter, kluger und sachkundiger Mann! Sie können sich nicht vorstellen, welche Ordnung er in alle Verwaltungszweige gebracht hat. Kein Fürst erreichte ihn in der Fähigkeit, in die geringsten Einzelheiten einzudringen. Und er drang in sie ein, um, wie er sagte, alle Teile der Staatsverwaltung auf den höchsten Grad der Vollkommenheit zu bringen. Nur durch seine Sorgen, seine unermüdliche Arbeit, seine von peinlichster Gerechtigkeit erfüllte Politik, seine große und bewundernswerte Sparsamkeit und die strenge Manneszucht, die er in dem von ihm geschaffenen Heer einführte, nur dadurch sind meine bisherigen Leistungen ermöglicht worden."¹¹

Der erste Diener seines Staates

Was hat der junge intellektuelle König jetzt vor? Holt er Voltaire? Wetteifert er als Bauherr mit August dem Starken? Sicher wird er die Ära des geizigen Soldatenkönigs beenden, die als „Sterbekittel" geschmähte Uniform ausziehen und zum prunkvollen Hofleben seines Großvaters zurückkehren.

Als einer der Höflinge gegen einen Tisch stößt und sich bückt, um die zu Boden geklirrten Münzen aufzulesen, spottet Georg Wenzeslaus von Knobelsdorff: „Jetzt Groschen aufklauben, wo es Dukaten regnen wird?"¹² – Aber da täuscht sich der Baumeister!

Am Tag nach dem Tod seines Vaters reitet Friedrich II. nicht

König Friedrich II.
Kupferstich von G. F. Schmidt nach einem Gemälde von Antoine Pesne, 1746

wie erwartet zum Berliner Stadtschloß, sondern in den Vorort Charlottenburg – wo er das Personal des nach seiner hochgebildeten Großmutter Sophie Charlotte benannten Barockschlosses überrascht. Hier will er residieren.

Weder in Potsdam noch in Charlottenburg möchte Friedrich die Königin sehen. Im Berliner Schloß erhält Elisabeth Christine eine eigene Hofhaltung, und im Schloß Schönhausen, das er ihr als Landsitz zuteilt, empfängt sie im August 1740 die ersten Gäste.

Sofort nimmt der Achtundzwanzigjährige die Zügel der Regierung in die Hand. Jede Entscheidung behält er sich selbst vor: „Alles für das Volk, nichts durch das Volk!"[13]

Einmal schreibt er: „Das gemeine Volk verdient nicht, daß man es aufklärt ... Wenn die Philosophen eine Regierung bildeten, so würde das Volk sich ein halbes Jahrhundert später einen neuen Aberglauben erfinden und sich einen neuen Gegenstand, der seine Sinne fesselt, für seinen Kult suchen."[14] Dann wieder fühlt er sich wie ein Patriarch für das Wohl seiner Untergebenen verantwortlich: „Das ist meine Hauptbeschäftigung, daß ich... die Unwissenheit und die Vorurteile bekämpfe, die Köpfe aufkläre und die Sitten kultiviere und die Leute so glücklich zu machen suche, als die menschliche Natur dies erlaubt und die Mittel, die ich darauf verwenden kann, es gestatten."[15]

Er untersagt, Angeklagte zu foltern, wenn es sich nicht um Fälle von Massenmord, Landesverrat oder Majestätsverbrechen handelt. Überführte Kindsmörderinnen, die bisher einen Ledersack nähen mußten, in dem sie ertränkt wurden, richtet nun der Henker mit dem Schwert hin.

Die Berliner Zeitungen sollen bei ihrer Berichterstattung über inländische Ereignisse nicht länger zensiert werden.

An den Rand einer Anfrage notiert er den vielzitierten Satz: „Die Religionen müßen alle tolerieret werden und muß der Fiscal [Staat] nuhr das auge darauf haben daß keine der anderen abbruch tuhe, den hier muß ein jeder nach seiner Fasson selich werden."[16]

Den von seinem Vater des Landes verwiesenen Philosophen Christian von Wolf ruft er zurück und gewinnt ihn – ebenso wie den französischen Physiker Pierre-Louis Moreau de Maupertuis und den italienischen Schriftsteller Francesco Algarotti – für einen Neuanfang der von seinem Großvater gegründeten, aber von seinem Vater vernachlässigten Preußischen Akademie der Wissenschaften.

Mit Voltaire trifft er sich erstmals vom 11. bis 14. September 1740 im Schloß Moyland bei Kleve.

Im Generaldirektorium[17] läßt er eine fünfte Abteilung einrichten, die sich um die Gründung neuer und die Verbesserung bestehender Manufakturen zu kümmern hat.

Die Garde der „langen Kerle" löst er auf, aber die Armee vergrößert er um sechzehn Bataillone und fünf Husaren-Schwadronen: „Meine Herren, Truppen müssen nicht nur gut aussehen, sondern auch nützlich sein."[18]

Weil die Territorien, über die Friedrich herrscht, nicht zusammenhängen, wäre sein Staat im Fall eines Krieges leicht angreifbar. Aber sein Vater hinterließ ihm Fässer mit acht Millionen Talern und eine gut gedrillte Armee.

Was wird Friedrich aus diesem Erbe machen? Ein österreichischer Diplomat meinte bereits drei Jahre vor dessen Thronbesteigung: „Sein Grundsatz ist, mit einem großen Schlage zu beginnen."[19]

Der Tod Karls VI.

Fünf Monate nach Friedrich II. übernimmt auch Maria Theresia die Regierung.

Das Jahr 1740 beginnt für sie mit der Geburt ihrer dritten Tochter. Das ist kein besonders freudiges Ereignis, denn noch immer warten alle auf einen Sohn. Das Mädchen wird nur ein Jahr alt; aber vorher sterben noch die erstgeborene Tochter und Maria Theresias Vater.

Im Herbst 1740 hält sich Karl VI. in Schloß Halbthurn östlich des Neusiedler Sees auf, um zu jagen. Nachdem er durchnäßt und frierend von einem Jagdausflug zurückgekehrt ist und ein Pilzgericht zu sich genommen hat, übergibt er sich und beginnt zu fiebern. Eilig heben ihn seine Begleiter deshalb in eine Karosse und fahren ihn nach Wien. Am 20. Oktober 1740, knapp drei Wochen nach seinem fünfundfünfzigsten Geburtstag, stirbt Kaiser Karl VI. in der Favorita.

Maria Theresia, die zum vierten Mal schwanger ist, bricht am Totenbett zusammen. Obwohl die Ärzte aufgrund der Aufregung eine Fehlgeburt befürchten, empfängt sie blaß und schwarz gekleidet die hohen Beamten, um Anordnungen über die Aufbahrung und Bestattung des Toten zu treffen.

König Friedrich II. versichert Franz Stephan seines Mitgefühls: „Ich habe aufrichtig Anteil genommen an dem Verlust, den Eure Königliche Hoheit durch den Tod des Kaisers erlitten haben. Es ist ein Ereignis, das ganz Europa in Bewegung setzen und furchtbare Folgen nach sich ziehen wird..."[20]

„Wir wollen nicht von einer Frau regiert werden!"

Am 22. Oktober 1740 besteigt Maria Theresia feierlich den Thron. Sie ist nun Königin von Ungarn und Böhmen, Herzogin von Schlesien, Ober- und Niederösterreich, Steiermark, Kärnten und Krain. Die Kaiserkrone des Heiligen Römischen Reiches Deutscher Nation bleibt allerdings einem Mann vorbehalten.

Das Habsburger Reich ist ein bunter Flickenteppich aus Völkern, die sich in Herkunft und Geschichte, Sprache und Religion unterscheiden. Unter Karl VI. hat es international an Macht und Einfluß verloren. Er hinterließ eine frustrierte Armee, ein Chaos in der Verwaltung, eine zerrüttete Wirtschaft und leere Kassen. – Kein leichtes Erbe für eine unvorbereitete junge Frau.

„In diesen Umständen fand ich mich ohne Geld, ohne Credit, ohne Armee, ohne eigene Experianz [Erfahrung] und Wissenschaft und endlich auch ohne allen Rat",[21] klagt Maria Theresia. Sie habe den Thron unter so ungünstigen Voraussetzungen übernommen wie kaum ein Monarch vor ihr: „Die Truppen, einstmals als die besten Europas betrachtet und der Schrecken ihrer Feinde, hatten ihren Ruf fast völlig verloren.

Maria Theresia um 1745
Florenz, Galleria Uffizi

Die Pest wütete im größten Teil meiner Länder; die Grenzen waren überall ungeschützt. Einige tausend Gulden waren alles, was ich in den Kassen vorfand... Die Schwierigkeiten schienen unüberwindlich."[22]

Trotz der Unpäßlichkeiten aufgrund ihrer vierten Schwangerschaft verzichtet Maria Theresia auf Schlaf, um Berichte zu lesen, Referate anzuhören, Ratschläge einzuholen und Rechenschaft zu verlangen.

Diplomatie zählt allerdings nicht zu ihren Stärken, denn sie ist kaum fähig, sich in die Gedanken und Gefühle anderer zu versetzen, redet zu offenherzig und handelt zu impulsiv. Es fällt ihr schwer, mit einer Entscheidung zu warten, bis sie verschiedene Meinungen gehört und Argumente abgewägt hat.

Maria Theresia ist beliebt, doch kaum jemand traut der leutseligen dreiundzwanzigjährigen Wienerin zu, die Regierung führen zu können. Die höfischen Speichellecker verbeugen sich devot, aber sobald sie sich unbeobachtet glauben, tuscheln sie über die gefährliche Wendung der österreichischen Geschichte. Die Wiener singen in den Straßen: „Vivat! Der Kaiser Karl ist tot. Wir bekommen jetzt größeres Brot. Der Lothringer ist uns zu schlecht. Der Bayernfürst ist eben recht."[23] Und an einer Mauer lesen die Passanten: „Wir wollen nicht von einer Frau regiert werden!"[24]

Die Höflinge erwarten, daß nicht Maria Theresia, sondern Franz Stephan die Regierung führen wird, zumal er bereits die Sitzungen der Geheimen Konferenz leitete, wenn der Kaiser verhindert war. Nun aber sitzt er in diesem obersten Beratergremium der Habsburger Monarchie neben Maria Theresia, die sofort klarstellt, daß sie sich in Regierungsangelegenheiten alle Entscheidungen vorbehält und ihren Gemahl nur in der Rolle eines Beraters akzeptiert, auch wenn sie ihn offiziell zum Mitregenten ernennt.

„... Der Bayernfürst ist eben recht." – Kurfürst Karl Albrecht von Bayern – einer der beiden Schwiegersöhne des 1711 gestorbenen Kaisers Joseph I. – weist seinen österreichischen Gesandten in Wien sogleich an, gegen die Thronfolge einer Frau zu protestieren und aufgrund eines zweihundert Jahre alten Dokuments bayrische Erbansprüche anzumelden.

Wird sich die Pragmatische Sanktion, das Lebenswerk Karls VI., als wertlos erweisen? Wäre es besser um Österreich bestellt, wenn der Kaiser seiner Erbin statt eines Papiers eine tüchtige Armee und eine gefüllte Staatskasse vererbt hätte?

König Friedrich II. in Preußen schreibt an Voltaire: „Der Kaiser ist tot. Dieser Todesfall zerstört alle meine friedlichen Gedanken. Ich glaube, im nächsten Jahr wird mehr die Rede von Pulver, Soldaten und Laufgräben sein als von Schauspielerinnen und Komödien. Jetzt ist die Zeit da, wo das alte politische System eine völlige Änderung erfahren muß."[25]

Der Raub Schlesiens

„Sie finden meine Truppen schön?"

Der österreichische Sondergesandte von Botta steht vor König Friedrich II.: „Sire, es ist möglich, daß Sie das Haus Österreich zugrunde richten. Aber sicherlich stürzen Sie sich selbst ins Verderben! Sie haben schöne Truppen, gewiß. Die unseren nehmen sich nicht so prächtig aus; aber sie haben dem Feinde ins Auge gesehen. Ich beschwöre Sie, Sire, bedenken Sie, was Sie unternehmen."

Friedrich tritt nah an in heran: „Sie finden meine Truppen schön? Nun, ich werde Ihnen zeigen, daß sie auch gut sind!"[1]

„Wenn betrogen werden muß,
so seien wir Betrüger"

Maliziös bezeichnet Friedrich II. die Habsburgerin als „Königin von Ungarn": Königin eines nicht zum Heiligen Römischen Reich Deutscher Nation gehörenden Territoriums. Als ihn der englische Gesandte daran erinnert, daß sein Vater die Pragmatische Sanktion anerkannte, erwidert er: „Ich selbst, mein Herr, bin eine solche Verpflichtung nicht eingegangen."[2]

Im November 1740 bietet Friedrich II. der unerfahrenen Königin an, ihr gegen bayrische Erbansprüche beizustehen – wenn sie ihm dafür das zum Königreich Böhmen gehörende reiche Herzogtum Schlesien überläßt.

Was hat er vor? Die in Berlin akkreditierten Diplomaten versuchen es herauszufinden. Mehrere Regierungen schicken Sondergesandte: Aus Österreich kommt der genuesische Marchese de Botta; Voltaire reist im Auftrag des leitenden Ministers aus Frankreich an. (Der Dichter verlangt auch noch Reisespesen; Friedrich II. schreibt verärgert an den Rand:

„...er soll die dreitausend Taler haben. Auf diese Weise wird mir sein sechstägiger Besuch fünfhundert Taler pro Tag kosten; das heißt einen Hanswurst etwas teuer bezahlen. Wohl niemals hat ein Hofnarr eine so hohe Gage bezogen."[3] – Die Verstimmung ist jedoch nur von kurzer Dauer.)

Als Oberst Christoph Wilhelm von Kalckstein versucht, mehr zu erfahren: „Ehrwürdige Majestät, ich vermute, es wird Krieg geben ...", entgegnet der König: „Es kann sein, es kann auch nicht sein." Der Oberst versucht es andersherum: „Die Deichsel scheint nach Schlesien gerichtet zu sein ..." Da beugt sich Friedrich II. zu ihm und ergreift seinen Arm: „Kann Er schweigen, Kalckstein?" „O ja, Ehrwürdige Majestät!" „Ich auch!"[4]

Franz Stephan glaubt nicht, daß Friedrich Schlesien mit Gewalt an sich reißen will, denn ein solcher Verstoß gegen das Völkerrecht und die Satzungen des Reichs wäre unfaßbar. Er wird es nicht wagen, sich mit dem österreichischen Doppeladler anzulegen.

Dreimal schickt Friedrich Unterhändler zu Franz Stephan, weil er meint, dieser werde seine Gemahlin zum Kompromiß überreden. Aber Maria Theresia belauscht die Gespräche, und wenn sie eine kritische Wendung befürchtet, tritt sie unvermittelt ins Zimmer, tut so, als suche sie etwas und stört auf diese Weise die Unterredung.

Sie ist überzeugt, „daß niemand weniger als Preußen zu trauen ist"[5].

Am 6. Dezember 1740 versichert Friedrich dem österreichischen Sondergesandten in Berlin, er werde nichts unternehmen, was gegen die österreichischen Interessen verstoße, und in einem persönlichen Brief an Maria Theresia schreibt er: „Meine Frau Schwester, Marchese de Botta hat mir Eurer Majestät Schreiben übergeben, und ich war entzückt, einer Person zu begegnen, der ich meinen hohen Respekt für die Person Eurer Majestät aussprechen konnte. Ich habe meinem Gesandten Borke die nötigen Instruktionen erteilt, um Eure Majestät von der Reinheit meiner Absichten zu überzeugen. ... Ich bin mit allen Empfindungen der vollkommensten Achtung, meine Frau Schwester, Euer Majestät guter Bruder."[6]

Drei Tage später läßt er de Botta rufen und teilt ihm mit: „Ich werde in Schlesien einmarschieren. Nehmen Sie aber zur Kenntnis, daß ich es als guter Freund tun werde, weniger um meine eigenen Rechte geltend zu machen, als um die Erbrechte der Königin [Maria Theresia] gegen alle ihre Feinde, besonders gegen Sachsen und Bayern, zu verteidigen, die bereit stehen, sie anzugreifen. Ich werde die Kaiserkrone dem Großherzog [Franz Stephan] aufs Haupt setzen!"[7]

Seinem Minister Heinrich von Podewils gegenüber meint Friedrich II.: „Wenn es als ehrlicher Mann zu gewinnen gilt, so werden wir ehrlich sein, und wenn betrogen werden muß, so seien wir Betrüger."[8]

Der preußische König rechnet damit, daß die Situation günstig für ihn ist, weil Österreich ausgelaugt und durch den Tod Karls VI. zusätzlich geschwächt ist. Von Rußland, wo ein Säugling (Iwan VI.) auf dem Zarenthron sitzt und verschiedene Cliquen um die Macht kämpfen, befürchtet er nichts. Angesichts der Gelegenheit, die ertragreiche Provinz Schlesien zu erobern, wirft Friedrich seine Bedenken gegen den Machiavellismus über Bord. Seinem Sekretär Charles Etienne Jordan gesteht er: „Meine Jugend, die Glut der Leidenschaft, der Ruhmesdurst, ja selbst die Neugier, um Dir nichts zu verhehlen, kurz ein geheimer Instinkt hat mich den Freuden der Ruhe entrissen. Die Genugtuung, meinen Namen in den Zeitungen und später in der Geschichte zu sehen, hat mich verführt."[9]

Überfall auf Schlesien

In der Nacht vom 12./13. Dezember 1740 tanzt König Friedrich II. auf einem Maskenball seiner Gemahlin im Berliner Schloß. Unauffällig verläßt er um zwei Uhr das Fest. Am frühen Vormittag besteigt er eine Kutsche, mit der er seinen bereits in Richtung Schlesien marschierenden Truppen „zum Rendezvous des Ruhms"[10] nachreist.

Als er am Tag darauf in Krossen nordwestlich von Luckau eine Parade abnimmt, schlägt ein Blitz in der Stadtkirche ein. Mit dem Donner mischt sich ein Dröhnen, Krachen und

Splittern, als die Glocke herabstürzt und den Dachstuhl durchschlägt. Ein schlechtes Vorzeichen? Geistesgegenwärtig reißt Friedrich den Säbel hoch und ruft: „Ein gutes Omen für uns und unsere Waffen. Das Hohe soll erniedrigt werden! Das Haus Habsburg wird fallen."[11] Am 16. Dezember überschreitet Friedrich mit seiner Streitmacht die schlesische Grenze.

Während der Soldatenkönig mit der von ihm und seinen Vorgängern aufgebauten Militärmacht kein Risiko einging, setzt Friedrich sie sogleich aufs Spiel, um das preußische Territorium zu erweitern und Preußen als Großmacht zu etablieren. Illusionslos schreibt er Voltaire: „Freilich ist es im Grunde eine Torheit, aber eine Torheit, von der man sich sehr schwer wieder befreien kann, wenn man sie sich einmal in den Kopf gesetzt hat."[12]

Ein preußischer Sondergesandter erklärt Franz Stephan: „Ich halte in der einen Hand das Heil des Hauses Österreich und in der anderen die Kaiserkrone für Eure Hoheit."[13] Erneut bietet Preußen Geld und militärischen Beistand, falls Österreich auf Schlesien verzichtet. Doch Franz Stephan antwortet mit einem von seiner Gemahlin aufgesetzten Schreiben: „Kehren Sie zu Ihrem Herrn zurück und sagen Sie ihm, daß Wir, solange er auch nur einen Mann in Schlesien stehen hat, eher zugrunde gehen wollen als mit ihm unterhandeln!"[14] Und am 5. Januar 1741 läßt Maria Theresia dem preußischen König mitteilen: „Die Königin hat nicht die Absicht, ihre Regierung mit der Zerstückelung ihrer Staaten zu beginnen."[15]

Zwei Tage nach dem Einmarsch in Schlesien setzt winterliches Regenwetter ein: Bis über die Knöchel waten die preußischen Soldaten im Schlamm. Immer wieder müssen sie in die Speichen steckengebliebener Fuhrwerke greifen, wenn die Pferde es allein nicht mehr schaffen.

Verwundete und Gefallene haben die Preußen zunächst kaum zu beklagen; nur ein paar Festungen leisten Widerstand – und der ist aussichtslos, weil den 30 000 Mann starken preußischen Truppen in ganz Schlesien gerade einmal 3000 österreichische Garnisonsoldaten gegenüberstehen.

Wo die Preußen durchziehen, schlagen sie eine Proklamation an, in der Friedrich II. alle Schlesier – gleich welchen Standes und welcher Konfession – seiner königlichen Protektion in privaten und öffentlichen Angelegenheiten versichert. Außerdem achtet er darauf, daß seine Truppen weder die Bauern ausplündern noch deren Frauen oder Töchter vergewaltigen und läßt einzelne, die gegen diese Verbote verstoßen, unnachsichtig bestrafen.

Die Protestanten in der schlesischen Bevölkerung jubeln König Friedrich II. zu, denn sie hoffen, daß er ihre Benachteiligung aufhebt. Aber auch unter den reichen Katholiken gibt es viele, die sich schon lange darüber ärgern, daß Wien den Großteil der Einkünfte aus Schlesien abgezogen hat; sie zeigen auf den preußischen Wappenadler und raunen sich zu: „Der hat nur einen Kopf und kann deshalb gar nicht so viel fressen wie der österreichische Doppeladler!"[16]

Als die preußischen Grenadiere an Silvester 1740 Breslau erreichen, hat die Reichsstadt zwar die Haupttore geschlossen, aber durch Nebenpforten kommen Bewohner heraus und verkaufen den Belagerern Bier und Wein, Brot, Fisch und Fleisch. Friedrichs Emissäre versichern den Stadtvätern, daß keine preußische Garnison eingerichtet wird, wenn sich Breslau zur Neutralität verpflichtet und auch keine österreichischen Streitkräfte aufnimmt. Obwohl es schneit, läßt sich König Friedrich II. nach der Vertragsunterzeichnung von dreißig Reitern eskortiert in einer offenen Karosse durch die von jubelnden Menschen gesäumten Straßen der Stadt fahren.

Beim Raub Schlesiens verläßt sich Friedrich II. darauf, daß vollendete Tatsachen nicht so leicht aus der Welt zu schaffen sind. Er ahnt nicht, daß es die entscheidende Handlung seines Lebens ist und ihm eine Zerreißprobe bevorsteht, in der Preußen unterzugehen droht.

Mit dem Schlesischen Krieg beginnt ein mehr als hundert Jahre dauerndes Ringen zwischen Habsburg und Hohenzollern, zwischen Österreich und dem ehrgeizig aufstrebenden Preußen, das den Hautgout des Aggressors nie mehr los wird.

Maria Theresia gibt nicht auf

Die junge Königin Maria Theresia steht ihrem Feind allein gegenüber; nur von England erhält sie wenigstens finanziellen Beistand – und den wohlfeilen Rat, sich mit Preußen zu arrangieren. Aber diesen Gedanken weist sie schroff zurück. Sie hat zwar noch keine Zeit gehabt, mit ihren Beratern die europäischen Kräfteverhältnisse zu analysieren und auf dieser Grundlage eine außenpolitische Strategie zu konzipieren, aber sie will ihr Recht auch gegen eine Übermacht verteidigen. Maria Theresias Kampfgeist und Durchhaltewillen nähren sich von ihrer Empörung und basieren auf ihrer Überzeugung, das Recht zu verteidigen.

Mit dieser Entschlossenheit hat Friedrich II. nicht gerechnet. Schon gar nicht bei einer Frau!

Schlesien versinkt Ende März und Anfang April 1741 im Schnee. Unbemerkt nähert sich das von Wilhelm Reinhard Graf Neipperg in Mähren aufgestellte österreichische Heer der preußischen Hauptmacht in Schlesien. Als Friedrich die Gefahr erkennt, zieht er sich hastig zurück, aber südöstlich von Breslau versperren ihm die Österreicher den Übergang über die Neiße. Bei Mollwitz treffen die Armeen am 10. April 1741 um die Mittagszeit aufeinander: 8000 Reiter und 11 000 Infanteristen auf der österreichischen, 4000 Reiter und 16 000 Infanteristen auf der preußischen Seite.

Die Preußen stellen sich für die bevorstehende Schlacht auf: die Infanteristen in Linien quer zur Front, an den beiden Flügeln die Kürassiere, Dragoner und Husaren. Die Uniformen in leuchtendem Blau und Rot. Fahnen flattern im Wind, Pfeifer und Trommler spielen Marschmusik.

Während die Preußen noch ihre Formationen bilden, galoppiert die österreichische Kavallerie los. Die preußischen Reiter können den Attacken nicht standhalten; immer mehr von ihnen reißen ihre Pferde herum und sprengen davon.

Die preußische Infanterie wird von dem fünfundfünfzig Jahre alten Feldmarschall Kurt Christoph Graf von Schwerin geführt. Während die Kavallerie flieht, befiehlt er seinen Soldaten anzugreifen: die Linien rücken vor, schnurgerade wie auf dem Exerzierplatz, schießen, rücken im Gleichschritt vor und feuern wie Automaten – bis sich die Österreicher entnervt zurückziehen.

Friedrich erfährt von seinem Sieg erst am anderen Morgen in Löwen von einem Offizier, der ihn die ganze Nacht über gesucht hat: Der König war nämlich ebenfalls geflohen.

Beschämt und begeistert zugleich, reitet Friedrich zu seinen in der Nähe des Schlachtfeldes biwakierenden Truppen zurück. Bestürzt zählt er die Gefallenen und die Verwundeten beider Seiten: es sind mehr als 7000. Seinem Bruder August Wilhelm schreibt er: „Wir haben den Feind geschlagen. Aber jedermann trauert; der eine um seinen Bruder, der andere um seinen Freund. Kurz, wir sind die betrübtesten Sieger, die Du Dir denken kannst. Gott behüte uns vor einer zweiten blutigen und mörderischen Schlacht wie der bei Mollwitz! Mir blutet das Herz, wenn ich daran denke."[17]

Maria Theresia erhält die Nachricht von der österreichischen Niederlage im Kindbett. Eine einsatzbereite Armee steht ihr nun nicht mehr zur Verfügung.

Frankreich verbündet sich im Mai 1741 mit Bayern gegen Österreich und schließt einige Wochen später einen Geheimvertrag mit Preußen.

Bayern schielt auf Tirol, Oberösterreich und Böhmen, Sachsen auf Mähren, Preußen auf Schlesien. Das ergäbe zusammen mit einem entsprechend verkleinerten Österreich vier etwa gleich starke deutsche Staaten, die sich wahrscheinlich gegenseitig in Schach hielten und Frankreich nicht gefährlich werden könnten. So spekuliert die Regierung in Versailles.

Der bayerische Kurfürst Karl Albrecht rückt im Sommer 1741 von Passau aus entlang der Donau vor, um seine Ansprüche gegen Maria Theresia durchzusetzen. Der Wiener Hof flieht nach Preßburg. Doch sechzig Kilometer vor Wien verlassen die Aggressoren plötzlich das Donautal und marschieren in Richtung Prag, denn Kurfürst Karl Albrecht will verhindern, daß die Sachsen Böhmen an sich reißen.

Am 9. Oktober 1741 trifft sich Friedrich mit Wilhelm Reinhard Graf Neipperg auf dem Schloß der Fürsten Starhemberg bei Klein-Schnellendorf in der Nähe der böhmisch-schlesischen Grenze. Mit Zustimmung Maria Theresias („mit meinem größten Herzeleid"[18]) tritt der österreichische Truppenführer Niederschlesien an Preußen ab. Im Gegenzug stimmt Friedrich einem Waffenstillstand zu, damit die Österreicher ihre ungeteilte Schlagkraft gegen das Heer der von Sachsen und Franzosen unterstützten Bayern einsetzen können. Also gegen Friedrichs Verbündete! Der preußische König lehnt einen schriftlichen Vertrag ab und erklärt, er werde die mündlichen Absprachen leugnen, wenn seine Verbündeten davon erführen.

Österreich befindet sich in einer hoffnungslosen Lage: England verpflichtete sich am 30. September 1741 in einem Vertrag mit Frankreich, Österreich nicht länger zu unterstützen und statt dessen für den bayrischen Kurfürsten einzutreten, der sich zum Kaiser wählen lassen möchte. Außerdem kann Graf Neipperg nicht verhindern, daß die bayerisch-sächsisch-französischen Truppen Prag erobern und die Böhmen Karl Albrecht am 19. Dezember zum König krönen.

Bevor Maria Theresia aus Preßburg zurückkehrt, schreibt sie Philipp Joseph Graf Kinsky: „So ist denn nun Prag verloren... Jetzt endlich, Kinsky, ist der Augenblick gekommen, in welchem man Mut zeigen muß, um sich das Land [Böhmen] zu erhalten, und mit ihm die Königin, denn ohne dasselbe wäre ich nur eine arme Fürstin. Mein Entschluß ist gefaßt, alles aufs Spiel zu setzen und zu verlieren, um mir Böhmen zu retten, und auf dieses Ziel müssen Eure Bemühungen, Eure Maßregeln gerichtet sein. Alle meine Heere, alle Ungarn sollen eher vernichtet werden, als daß ich irgend etwas abtrete..."[19]

Krönungen im Krieg

Maria Theresia als Bittstellerin in Ungarn

In ihrer Not beruft Maria Theresia den ungarischen Reichstag ein: Die beiden Kammern versammeln sich am 18. Mai 1741 in Preßburg.

Das Haus Habsburg als Bittsteller in Ungarn! Das hat es noch nie gegeben. Sollen die Magnaten der Enkelin Kaiser Leopolds I. beistehen, obwohl er ihnen angestammte Rechte weggenommen hat? Tagelang debattieren Fürsten und Grafen, Geistliche und Richter: Meldet sich einer zu Wort, fallen die anderen über ihn her und schreien ihn nieder. Schmähschriften gegen das Herrscherhaus und feindliche Parolen gegen Wien kursieren. Einige glauben, die Zeit sei reif, um die Herrschaft der Habsburger abzuschütteln, andere geben zu bedenken, ob Ungarn den immer noch gefährlichen Türken allein widerstehen könnte.

Maria Theresia sucht in schlaflosen Nächten vergeblich eine Antwort auf die Frage, wie sie den Feinden standhalten soll, wenn ihr die Ungarn nicht helfen. Sie bestätigt den vom Landtag gewählten Vizekönig, sichert den Grundbesitzern Steuerfreiheit zu und garantiert die Autonomie Ungarns: „Wenn ich oder wenn irgendeiner meiner Nachfolger zu irgendeinem Zeitpunkt Eure Privilegien antasten sollte, sei es Euch und Euren Nachkommen erlaubt, Euch zu verteidigen, ohne deshalb als Rebellen behandelt zu werden!"[1]

Einen höheren Preis können die Ungarn nicht fordern. Endlich gewähren sie Maria Theresia eine Kontribution; zwar nicht die erbetene Summe, doch immerhin dreiviertel davon.

Die Stephanskrone

Nun sind sowohl Maria Theresia als auch die ungarischen Stände bereit für die Krönungszeremonie.

Bei strahlendem Sonntagswetter begibt sich der Festzug am

25. Juni 1741 vom Preßburger Schloß zum gotischen Dom Sankt Martin, der Krönungsstätte der ungarischen Könige seit 1563. Mit einer goldverzierten und pelzverbrämten ungarischen Tracht bekleidet sitzt die Königin allein in einer achtspännigen Karosse. Die Magnaten reiten auf Schimmeln und tragen weiße Federbüsche zu ihren Festgewändern. Die Fassaden sind mit Blumen und Fahnen geschmückt, die Glocken läuten, und die Menschen jubeln.

An der Kirchentreppe warten die kirchlichen Würdenträger auf Maria Theresia, und der Primas führt sie vor den Altar – während es vor dem Portal beinahe zum Handgemenge kommt, weil sowohl die Ungarn als auch die Österreicher den Vortritt beanspruchen und gleichzeitig in die Kirche drängen.

Maria Theresia kniet nieder, verspricht mit der rechten Hand auf der Bibel, die Kirche zu verteidigen und die Gesetze zu achten. Der Primas salbt sie, legt ihr den Mantel des heiligen Stephan um und krönt sie. Das Gewicht der Stephanskrone und die goldbestickten Brokatgewänder drücken sie nieder, während ihr der Oberrichter, der Großsiegelbewahrer, der Ban von Kroatien und der Woiwode von Transsylvanien nacheinander Kreuz, Kelch, Zepter, Reichsapfel und Schwert reichen.

Nach einem Umzug durch die Stadt verläßt Maria Theresia ihre Karosse, steigt auf einen Vollblutrappen – immer noch mit der schweren Krone auf dem Kopf –, trabt einen künstlich aufgeschütteten Hügel hinauf und bringt das Pferd dort zum Stehen. Sie richtet sich in den Steigbügeln auf und zeichnet mit dem langen Schwert feierlich ein Kreuz in die Luft, dreht sich zur Seite und wiederholt die Geste: ein Kreuz in jeder Himmelsrichtung als Symbol für ihren Schwur, Ungarn gegen alle Feinde zu verteidigen. – Dabei ist sie es im Augenblick, die Hilfe benötigt.

Vergeblich späht sie nach Franz Stephan. Es schmerzt sie, daß er nur von weitem zusehen kann, weil es die Ungarn strikt abgelehnt haben, ihn als Mitregenten in ihrem Land anzuerkennen. Erst beim Festbankett darf er an der Tafel seiner Gemahlin sitzen. Jetzt nimmt die Königin die Krone ab und stellt sie ungeniert vor ihrem Teller auf den Tisch.

Von allen verlassen

Als sich die bayrische Armee im Sommer 1741 Wien nähert, bringt sich Maria Theresia in Sicherheit und sucht erneut bei den Ungarn Unterstützung.

Im Trauerkleid – und angeblich mit dem sechs Monate alten Thronfolger Joseph auf dem Arm – fleht sie den Reichstag in Preßburg an: „Von allen verlassen, finden wir Hilfe nur in der Treue dieser erlauchten Ständeversammlung und in der Tapferkeit, die man zu allen Zeiten den Ungarn nachgerühmt hat." Tränen rinnen über ihre Wangen. „Wir bitten die Stände dieser erlauchten Versammlung, keinen Augenblick zu verlieren, sondern sofort die Maßnahmen zu beschließen und durchzuführen, die in dieser äußersten Not für unsere Person, unsere Kinder, das Königreich selbst und unsere Krone notwendig sind."[2]

Die Magnaten reißen ihre Säbel hoch und schwören: „Vitam et sanguinem consecramus! Moriamur pro rege nostro Maria Theresia! – Leben und Blut opfern wir! Wir sterben für unseren König [sic!] Maria Theresia!"

Dann ringen sie zäh um neue Zugeständnisse der Königin. Schließlich versprechen sie weiteres Geld und erklären sich zum ersten Mal in der Geschichte bereit, das Habsburgerreich mit einem Truppenkontingent zu verteidigen.

Ein Kaiser ohne Land

Als Friedrich II. merkt, daß Frankreich von dem Geheimabkommen von Klein-Schnellendorf erfahren hat, betrachtet er den Waffenstillstand für aufgehoben und führt seine während der Atempause regenerierten Truppen durch Böhmen und Mähren, um sobald wie möglich gemeinsam mit bayrischen, sächsischen und französischen Verbänden nach Wien vorzudringen.

Am 24. Januar 1742 wird Kurfürst Karl Albrecht in Frankfurt am Main als Nachfolger von Maria Theresias Vater zum Kaiser gewählt; am 12. Februar krönt ihn sein Bruder Klemens

August, der Kurfürst und Erzbischof von Köln, im Frankfurter Dom. Zum zweiten und letzten Mal in der Geschichte sitzt ein Wittelsbacher auf dem Kaiserthron.

Kaiser Karl VII. schreibt in sein Tagebuch: „Meine Krönung ist gestern vor sich gegangen, mit einer Pracht und einem Jubel ohnegleichen, aber ich sah mich zur gleichen Zeit von Stein- und Gichtschmerzen angefallen. Krank, ohne Land, ohne Geld, kann ich mich wahrlich mit Job, dem Mann der Schmerzen, vergleichen..."[3]

Ohne Land? Ja, denn inzwischen hat sich eine paradoxe Situation ergeben: Während der bayerische Kurfürst in Frankfurt am Main aufs Schild gehoben wurde, marschierten die Österreicher mit ungarischen Hilfstruppen und rasch aus Italien herangeholten eigenen Einheiten in München ein.

„Der Kaiser war ohne jede Macht, ohne jeden Rückhalt und mußte untätig zusehen, wie sich die politische Lage weiterentwickelte, ein Zaungast der Weltgeschichte."[4]

Den mit Karl VII. bereits vereinbarten Feldzug muß Friedrich II. absagen, weil er nicht über genügend Nachschub verfügt.

Andererseits drängt Maria Theresia darauf, die Preußen anzugreifen. Obwohl sie hochschwanger ist und am 13. Mai 1742, vier Tage vor Pfingsten, von einer weiteren Tochter entbunden wird, gibt sie nicht nach. Wütend kritisiert sie das Zaudern ihres Schwagers Karl von Lothringen, dem sie das Oberkommando über die österreichischen Truppen in Böhmen übertragen hat.

Am Pfingstsonntag überraschen die Österreicher die in drei Lager aufgeteilte preußische Armee achtzig Kilometer östlich von Prag, aber Karl von Lothringen manövriert so umständlich, daß Friedrich II. Zeit findet, seine Einheiten bei Chotusitz zur Schlacht aufzustellen. Obwohl die Österreicher in der Überzahl sind, siegen die Preußen.

Als Maria Theresia einsieht, daß Österreich nicht an mehreren Fronten erfolgreich Krieg führen kann, stimmt sie englischen Vermittlungsbemühungen zu und überläßt ihrem Erzfeind am 11. Juni 1742 im Präliminarfrieden von Breslau nahezu das gesamte Schlesien.[5] Endgültig besiegelt wird der

Frieden am 28. Juli in Berlin. Damit scheidet Preußen aus der Koalition mit Frankreich, Sachsen, Bayern und dem Kaiser aus. Als sich kurz darauf auch Sachsen dem Berliner Frieden anschließt, hat Karl VII. zwei wichtige Verbündete verloren.

Friedrich II. beteuert: „Von dem Augenblick, als alles abgeschlossen und unterzeichnet sein wird, soll keine Betrachtung und kein Vorwand der Welt imstande sein, mich zu einem Bruche der getroffenen Verabredung zu vermögen. Sie wird vielmehr, was auch immer geschehen möge, von meiner Seite als heilig angesehen und unverbrüchlich beobachtet werden."[6]

Das „Narrenhaubl"

Während Friedrich nun wieder die Wirtschaft und die Verwaltung seines Staates ausbauen kann, geht für Maria Theresia der Krieg weiter. In der zweiten Aprilhälfte des Jahres 1742 kam eine französische Armee dem Kaiser zu Hilfe, doch als diese von den Österreichern eingeschlossen wird, schlägt König Ludwigs XV. leitender Minister Kardinal André Hercule de Fleury Maria Theresia vor, Frieden zu schließen. Sie geht nicht darauf ein und konzentriert sich jetzt darauf, Böhmen zurückzuerobern.

Die Erlasse, die der Wittelsbacher Karl Albrecht als böhmischer König unterschrieb, werden verbrannt. Maria Theresia lehnt es jedoch ausdrücklich ab, daß ein Henker diesen Akt vollzieht: „Wegen des Henkers habe ein Bedenken. Die gekrönten Häupter sind sich immer Ehrfurcht schuldig. Man möge die Schriften verbrennen, aber nicht durch jene unwürdigen Hände."[7]

Um einer nach Böhmen vorrückenden französischen Armee entgegenzuziehen, geben die Österreicher die Belagerung Prags am 12. September 1742 vorübergehend auf. Sechs Wochen später brechen die Franzosen ihren Vormarsch südlich des Erzgebirges ab und weichen zurück. Das erneut belagerte Prag unterwirft sich nach dem Abzug der bayrisch-französischen Garnison am 27. Dezember 1742 wieder den Österreichern.

Ende April 1743 fahren Maria Theresia und Franz Stephan nach Prag. Vom Bürgermeister, dem Rektor der Universität und dem Erzbischof werden sie begrüßt. Begeisterte Zurufe hört Maria Theresia selten. Auch sie verhält sich reserviert, weil sie den Pragern verübelt, daß diese Karl Albrecht von Bayern so bereitwillig krönten. „Werd ohnehin grantig sein!"[8] meint sie und bezeichnet die Wenzelskrone boshaft als „Narrenhaubl"[9].

Am 11. Mai huldigen ihr die böhmischen Stände. Am nächsten Morgen, als sie gerade dabei ist, sich in einer silbrigen Robe zur Krönungszeremonie in die Wenzelskapelle zu begeben, springt ein Kurier vom Pferd und überbringt die Nachricht, Karl von Lothringen habe bei Braunau die Truppen Kaiser Karls VII. besiegt. Da jubeln die Österreicher, und die Böhmen stimmen mit ein. Die Krönung wird um zwei Stunden verschoben, damit zunächst der Sieg mit einem Tedeum gefeiert werden kann.

Am nächsten Tag, ihrem sechsundzwanzigsten Geburtstag, werden Maria Theresia die in Braunau erbeuteten Fahnen zu Füßen gelegt.

Eine deutsche Provinzprinzessin wird russische Großfürstin

Post aus St. Petersburg

Am Neujahrstag 1744 sitzt Fürst Christian August von Anhalt-Zerbst mit seiner Familie nach dem Kirchgang bei Tisch. Ein Stafettenreiter aus Berlin überbringt ihm ein Bündel Briefe. Er reicht seiner Gemahlin Johanna einige an sie gerichtete Schreiben. Auf einem davon glaubt Sophie das Siegel des Grafen Brümmer zu erkennen, mit dem ihre Mutter gelegentlich korrespondiert, und beim Öffnen erhascht sie einen Blick auf die Worte „von der Prinzessin, Dero ältesten Tochter"[1]. Geht es um sie? Die Mutter beginnt zu lesen, wechselt die Farbe, greift sich an die Schläfe und hält das Papier wortlos ihrem Gemahl hin. Christian August und Johanna Elisabeth heben die Tafel auf und ziehen sich zurück.

Wenige Stunden später tritt ein weiterer Bote mit einem Schreiben König Friedrichs II. an die Fürstin ein.

Immer wieder tuscheln die Eltern, aber sie verraten Sophie nicht den Grund. Nach drei Tagen hält sie es nicht mehr aus: Sie geht zur Mutter und behauptet, ein Orakel werde ihr verraten, was in den Briefen steht. Johanna fällt jedoch nicht auf die kindliche List herein. Am nächsten Morgen überbringt ihr Sophie einen Zettel, auf den sie in französischer Sprache geschrieben hat: „Die Vorzeichen bedeuten, daß Peter III. dein Gemahl wird."[2] Die Mutter lacht: „Sie sind naseweis, aber mehr werden Sie trotzdem nicht erfahren." Nachdem sie sich mit ihrem Gatten abgestimmt hat, erzählt sie dann doch, daß Graf Brümmer sie im Auftrag der Zarin eingeladen hat, mit Sophie nach Rußland zu kommen.

Otto Friedrich Graf von Brümmer schrieb aus St. Petersburg: „... Im Verlaufe der zwei Jahre, die ich das Glück hatte, an diesem Hofe zu verleben, habe ich oft Gelegenheit gehabt,

Ihrer Kaiserlichen Hoheit von Ew. Durchlaucht und Ihren hervorragenden Eigenschaften zu sprechen. ... Auf ausdrücklichen und besonderen Befehl Ihrer Kaiserlichen Majestät habe ich Ihnen mitzuteilen, Madame, daß die erhabene Kaiserin es wünscht, daß Eure Durchlaucht, begleitet von der Prinzessin, Dero ältesten Tochter, sich so bald wie möglich und ohne Zeitverlust in unser Land begibt ... Eure Durchlaucht sind zu klug, um nicht den wahren Sinn der großen Ungeduld zu verstehen, die Ihre Majestät empfindet ..."[3]

Brümmer weist darauf hin, daß auch König Friedrich II. in die Pläne eingeweiht sei, und dieser schreibt: „... Ich will nicht länger verhehlen, daß ich bei der Achtung, die ich für Sie und für die Prinzessin Ihre Tochter hege, immer gewünscht habe, derselben ein ungewöhnliches Glück zu bereiten; da ist mir denn der Gedanke gekommen, ob es nicht möglich wäre, dieselbe mit ihrem Vetter im dritten Gliede, dem Großfürsten von Rußland zu verheiraten. ..."[4]

Was Johanna nicht weiß: Zarin Elisabeth wollte ihren Neffen zunächst mit einer der Schwestern des preußischen Königs verheiraten. Als dieser nicht darauf einging, setzte sich der preußenfeindliche Vizekanzler Bestushew-Rjumin für Prinzessin Marie Anne von Sachsen und Polen ein – aber damit war Friedrich II. erst recht nicht einverstanden, denn er wollte bei dieser Gelegenheit eine dem Hause Hohenzollern wohlwollend gesonnene Braut in das russische Herrscherhaus einschleusen. Er schrieb deshalb seinem Gesandten in St. Petersburg: „Um das sächsische Projekt zu zerstören, schlagen Sie doch eine Prinzessin aus irgendeinem alten herzoglichen Hause Deutschlands vor. Hinsichtlich meiner Schwestern kennen Sie meine Ansicht – ich gebe keine nach Rußland."[5] Er führte auch gleich drei geeignete Kandidatinnen auf: die Prinzessin von Anhalt-Zerbst und zwei Prinzessinnen von Hessen-Darmstadt.

Johanna ist überzeugt, daß die Einladung zuallererst auf die sorgfältige Pflege ihrer weitgespannten Beziehungen zurückzuführen ist. Sie versäumte es auch nicht, Elisabeth zur Thronbesteigung zu gratulieren. Die Zarin antwortete der Schwester ihres toten Verlobten postwendend, erbat sich ein

Bild ihrer inzwischen in Kiel verstorbenen Schwester Anna und schickte ein eigenes mit Diamanten verziertes Porträt. Als dann Zarin Elisabeth dafür sorgte, daß Johannas Bruder Adolf Friedrich von Holstein-Gottorf zum schwedischen Thronfolger gewählt wurde, ergab sich eine weitere Gelegenheit: Johanna legte ihrem Dankesschreiben ein von Balthasar Denner gemaltes Porträt ihrer Tochter bei.

Obwohl das die glänzendste Partie ist, die sich Johanna für Sophie wünschen kann, zögert sie, denn die Zarin besteht darauf, den wahren Grund der vorgeschlagenen Reise geheimzuhalten: Sie möchte die Gegner einer Eheschließung des russischen Großfürsten mit einer preußenfreundlichen Prinzessin nicht vorzeitig alarmieren und ihre Gäste im Zweifel mit einem Geschenk als Trost zurückschicken können.

Der Vater ärgert sich, weil die Zarin ausdrücklich verlangt, daß Mutter und Tochter allein reisen. Aber am 4. Januar 1744 schreibt Johanna an König Friedrich II.: „Der Fürst hat seine Einwilligung gegeben. Diese Reise, die zumal um diese Jahreszeit wirklich gefährlich ist, schreckt mich nicht."[6]

Einige Tage später besteigen Christian August von Anhalt-Zerbst, seine Gemahlin und die älteste Tochter eine Kutsche, die sie nach Berlin bringt. Sophie trägt über ihrem Kleid einen Umhang mit Pelzkragen, hat eine Pelzkappe mit einer Schleife unterm Kinn festgebunden und wärmt sich die Hände in einem Muff. Weinend verabschiedet sie sich von ihren Geschwistern und der Gouvernante Babette, ohne ihnen sagen zu dürfen, wohin die Reise geht.

Winterreise

In Berlin erkundigt sich der König sogleich nach Sophie. Johanna behauptet, ihre Tochter sei krank.

Zwei Tage später gibt Friedrich II. eine Gesellschaft. Sophies Eltern kommen allein, aber jetzt wird der Gastgeber mißtrauisch. Johanna muß gestehen, daß sie vergessen hat, ein Hofkleid für Sophie einpacken zu lassen. Kurz entschlossen bittet der König eine seiner Schwestern um ein passendes

Kleid und schickt es der Prinzessin von Anhalt-Zerbst. Mit dem Auftragen der Speisen wird gewartet, bis sie – hastig frisiert, gepudert und umgezogen – erscheint.

Bei einem Souper, zu dem Königin Elisabeth Christine eingeladen hat, sitzt Sophie – weit entfernt von ihren Eltern – neben dem König. „Am Abend ließ er mich bei der Tafel neben sich sitzen, sprach beständig mit mir, fragte mich nach tausenderlei, redete von der Oper, von der Komödie, von Poesie, Tanz, was weiß ich alles. Kurz, er sprach von tausenderlei Dingen, über die man eben mit einem vierzehnjährigen Mädchen plaudern kann. Anfangs war ich sehr schüchtern ihm gegenüber, aber nach und nach gewöhnte ich mich, und schließlich unterhielten wir uns ganz freundschaftlich, so daß die ganze Gesellschaft große Augen machte, daß Seine Majestät ein Gespräch mit einem Kinde führte."[7]

Am 16. Januar verlassen Christian August, Johanna und Sophie von Anhalt-Zerbst die preußische Metropole. An der Oder trennt sich der Fürst von der Reisegesellschaft. Sophie weint, als der Vater sie zum letzten Mal in seine Arme schließt. Tagelang schrieb er an den Instruktionen, die er seiner Gemahlin zum Abschied übergibt: seine Tochter solle sich nicht in politische Angelegenheiten einmischen, und sie dürfe auf keinen Fall gegen ihren Willen zum Konfessionswechsel gezwungen werden: „Es ist besser, auf die Macht zu verzichten, als gegen sein Gewissen zu handeln."[8]

Mit wenig Gepäck und nur einem halben Dutzend Zofen und Lakaien setzen Johanna und Sophie die Reise fort.

Die beiden Kutschen und der Gepäckwagen bleiben zunächst immer wieder im Schlamm stecken, dann holpern sie so heftig über gefrorene Schlaglöcher, daß Achsen brechen und Sophie froh ist, wenn sie mit Prellungen davonkommt. Obwohl sie sich in eine Wolldecke eingehüllt hat, muß sie schließlich getragen werden, weil Frostbeulen ihr das Gehen zur Qual machen.

In den wenigen Gasthäusern drängen sich neben der Fürstin und ihrer Tochter Händler und Bedienstete um den einzigen Ofen. Johanna schreibt aus Pommern: „Das Wirtszimmer war einem honetten Schweinestall nicht unähnlich; der Mann, die

Frau, der Hofhund, der Haushahn, einige Kinder in Wiegen, einige in Betten, andere hinter dem Ofen auf einem Federbett, alles lag wie Kraut und Rüben durcheinander; indessen, da alles gesund war, ließ ich mir ein Bett geben und legte mich mitten im Zimmer hin."[9] Um das schlechte Essen hinunterwürgen zu können, trinkt Sophie einmal so viel Bier, daß sie am anderen Morgen kaum aufstehen kann.

Nach drei Wochen werden sie in der seit 1710 zu Rußland gehörenden Stadt Riga wie Staatsgäste mit Salutschüssen empfangen und mit Zobelmänteln beschenkt. In einem mit Teppichen, Kissen und Pelzen ausgelegten, von zwölf Pferden gezogenen Schlitten mit drei Fenstern auf jeder Seite reisen sie unter der wabernden Rauchfahne eines bullernden Ofens weiter über St. Petersburg nach Moskau.

Großfürst Peter Fjodorowitsch, der an einem der folgenden Tage sechzehn wird, begrüßt Johanna und Sophie mit den Worten: „Die letzte Stunde des Wartens war so unerträglich, daß ich Ihnen am liebsten entgegengeeilt wäre, um mich vor Ihren Schlitten zu spannen."[10]

Dann meldet ein Bote, daß die Zarin ihre Gäste erwartet.

„Auf der Schwelle ihres Paradeschlafzimmers trat uns die Kaiserin entgegen. Ich muß sagen, man konnte sie nicht zum ersten Male sehen, ohne von ihrer Schönheit und ihrem majestätischen Auftreten überrascht zu sein. Sie war groß, und obwohl sie recht beleibt war, störte das nicht, und man bemerkte in ihren Bewegungen keine Schwerfälligkeit. Auch der Kopf war sehr schön. Sie trug an diesem Tage einen gewaltigen Reifrock, wie sie es liebte, wenn sie große Toilette machte..."[11]

Am 29. Februar 1744 schreibt Johanna ihrem Gemahl: „...unsere Tochter macht hier einen sehr guten Eindruck, die Monarchin hat sie zärtlich lieb, und der Thronfolger liebt sie; die Sache ist gemacht!"[12]

In ihrem Überschwang nimmt sie nicht wahr, daß sie selbst „die Sache" durch ihr Verhalten aufs Spiel setzt.

Am russischen Hof

Die Zarin residiert nicht im Kreml, sondern in einem dürftig möblierten Holzpalais im Osten Moskaus.

Sophie wird sich der Rückständigkeit Rußlands bewußt. Kaum eines der Schlösser kann auch nur mit einem westeuropäischen Gutshof verglichen werden, und wegen der fehlenden Möbel hält Sophie die Räume für unbewohnbar. Die höfische Gesellschaft, die den Sommer in Moskau und den Winter in St. Petersburg verbringt, kommt ihr geschmacklos, bigott und ungebildet vor, aber auch falsch und intrigant.

Zarin Elisabeth veranstaltet aufwendige Maskenbälle und verschwenderische Festbankette. Besonders gern verkleidet sie sich als Kosak oder Matrose, denn bei diesen „Metamorphosen" kann sie ihre schönen Waden zeigen. Die Männer müssen dann in Reifröcken erscheinen, und die Zarin lacht, wenn sie sich abmühen, damit durch eine Tür zu kommen. Entdeckt sie jedoch eine andere Frau, die schöner frisiert ist als sie, kommt es vor, daß sie keifend nach einer Schere verlangt und der Rivalin eigenhändig die Locken abschneidet.

Die Zarin macht die Nacht zum Tag und geht oft erst im Morgengrauen zu Bett, denn im Dunkeln fürchtet sie sich vor einem Attentat. Sie lebt „wie eine Irre, leichtsinnig und unbesonnen"[13], verschlingt hemmungslos Schweinefleisch und Pasteten, Trauben und Pfirsiche, obwohl sie immer wieder unter Koliken leidet. Nur in der Fastenzeit beherrscht sie sich und lebt dann ausschließlich von Wasser und Pilzen.

Sprunghaft wechselt ihre Laune: Gerade noch wohlwollend leutselig und sentimental herzlich, kann sie im nächsten Augenblick mit galligen Bemerkungen über jemanden herfallen oder gemein keifen.

Auch Sophie wird darunter leiden.

Sophie wird Katharina

Freudig erstaunt beobachtet die Zarin, wie sich Sophie zielstrebig auf ihre Rolle als Braut des russischen Großfürsten vorbereitet.

In orthodoxer Religionslehre wird sie von Simeon Teodorski unterrichtet, einem hochgebildeten Ukrainer, der in Halle Theologie studiert hat und sich verständnisvoll mit ihren Fragen auseinandersetzt.

Nachts steht sie auf, setzt sich barfuß und im Nachthemd an einen Tisch, um zu lernen. Dabei erkältet sie sich, doch Johanna – die nicht möchte, daß die Zarin an der Gesundheit ihrer Tochter zweifelt – läßt keinen Arzt kommen, bis Sophie fiebert und das Bewußtsein verliert. Die nun doch herbeigerufenen Ärzte diagnostizieren eine Rippenfellentzündung und wollen Sophie zur Ader lassen, aber Johanna läßt das aus Angst nicht zu, weil sie glaubt, ihr Bruder Karl August sei letztlich an Aderlässen gestorben.

Die Zarin hält sich gerade zur Wallfahrt in einem Kloster siebzig Kilometer nordöstlich von Moskau auf, eilt jedoch sofort zurück, als sie von Sophies Erkrankung erfährt. Ohne Umweg begibt sie sich von der Kutsche ans Krankenbett, befiehlt Johanna, das Zimmer zu verlassen und sich nicht mehr in die ärztlichen Anordnungen einzumischen. Als Sophies Blut aus einer geöffneten Vene in eine Schüssel tropft, erwacht sie und blickt in das Gesicht der über sie gebeugten Zarin.

Vier Wochen lang schwebt sie in Lebensgefahr und wird in dieser Zeit noch fünfzehn Mal zur Ader gelassen. Jeden Tag sieht Zarin Elisabeth persönlich nach ihr.

König Friedrich II. überlegt bereits, wie er eine Ersatzkandidatin seiner Wahl nach Moskau schicken könnte.

Als die Mutter für ihre Tochter einen protestantischen Priester rufen will und Sophie davon erfährt, meint sie: „Laßt lieber Simeon Teodorski kommen."[14] Ist das ein echtes Bedürfnis oder ein spontaner Einfall? Jedenfalls hätte Sophie nichts Klügeres tun können! Die Kammerfrauen erzählen es weiter: Die deutsche Prinzessin, die krank geworden ist, weil sie sogar nachts Russisch lernte, vertraut sich einem orthodoxen Geistlichen an. Das verschafft ihr Sympathien.

An ihrem fünfzehnten Geburtstag darf Sophie erstmals wieder aufstehen. „Ich war mager wie ein Skelett geworden, aber

Prinzessin Sophie von Anhalt-Zerbst
Gemälde von Antoine Pesne, 1745
Veste Coburg, Kunstsammlungen

gleichzeitig war ich gewachsen. Mein Gesicht und meine Züge waren länger geworden. Die Haare fielen mir aus, und ich war totenblaß. Ich fand mich selbst zum Entsetzen häßlich und konnte mich nicht wiedererkennen. Die Kaiserin schickte mir an dem Tage einen Topf mit roter Schminke und befahl mir, etwas davon aufzulegen."[15]

Zarin Elisabeth kann Johanna nicht leiden. Sie ahnt wohl auch, daß ihre ehrgeizige Besucherin in politische Intrigen verstrickt ist. Tatsächlich bat König Friedrich II. die Fürstin in Berlin, sich am russischen Hof umzuhören und ihr Ränkespiel mit dem französischen Gesandten abzustimmen, der heimlich mit Leuten zusammenarbeitet, die Alexej Petrowitsch Bestushew-Rjumin stürzen wollen. Der aber läßt fünfzig ihrer Briefe abfangen und legt schließlich der Zarin Kopien als Beweise vor.

Als der Leibarzt der Zarin eines Tages Großfürst Peter und Prinzessin Sophie plaudernd und lachend auf einer Fensterbank sitzen sieht, meint er: „Diese große Freude wird gleich ein Ende haben." Und er droht Sophie: „Sie brauchen nur noch Ihre Sachen zu packen; Sie werden ohne Verzug abreisen und nach Hause zurückkehren."[16] Gleich darauf geht die Tür auf: Die Zarin tritt heraus, hochrot der Kopf; ihr folgt die Fürstin von Anhalt-Zerbst mit tränenüberströmtem Gesicht. Peter und Sophie gleiten von der Fensterbank. Da entspannen sich Elisabeths Züge und sie küßt die beiden.

Beinahe hätte Johanna mit ihren Konspirationen das Eheprojekt zum Scheitern gebracht. Der französische Gesandte muß das Land verlassen. Bestushew wird Kanzler.

Am 9. Juli 1744 duftet die Schloßkapelle nach Weihrauch, Kerzen brennen, und es werden feierliche Choräle gesungen. Sophie hat drei Tage lang gefastet. Mit klarer Stimme sagt sie das orthodoxe Glaubensbekenntnis auf, das Simeon Teodorski eigens für diese Zeremonie formuliert hat, und die Anwesenden wundern sich über ihre gute russische Aussprache. Am Ende verneigt sich Sophie vor ihren Paten: Sie ist jetzt in die orthodoxe Kirche aufgenommen und trägt von nun an den von der Zarin für sie ausgesuchten Namen „Katharina Alexejewna".

Einige Zeit später sagt Katharina zu ihrem Leibarzt: „Zapfen Sie mir jeden Tropfen deutschen Blutes ab, ich will nur noch russisches Blut in meinen Adern haben."[17]

Verlobung und Hochzeit

Am Abend nach dem Konfessionswechsel schläft Katharina erstmals im Kreml.

Am nächsten Morgen schreitet Zarin Elisabeth mit der Krone auf dem Haupt unter einem von acht Generälen getragenen silbernen Baldachin durch ein Spalier von Gardesoldaten von ihren Wohnräumen im Kreml zur Mariä-Himmelfahrt-Kathedrale. Ihr folgen Peter und Katharina, die sich während einer stundenlangen Zeremonie vor dem Metropoliten von Nowgorod verloben und danach das Defilee Tausender Gratulanten über sich ergehen lassen.

Katharina ist nun Großfürstin, wird als „kaiserliche Hoheit" tituliert und bekommt einen eigenen Hofstaat. Aber nach Möglichkeit vermeidet sie Situationen, in denen die Mutter ihr kniend die Hand küssen müßte.

Auf die Glückwünsche König Friedrichs II. antwortet Katharina mit den Worten: „Sire! Ich empfinde zu klar den Anteil, den Eure Majestät an der hohen Stellung hat, die ich soeben erlangt habe, um die Dankbarkeit zu vergessen, die ich Ihnen dafür schulde."[18]

Ende 1744 begibt sich der Hof wie in jedem Winter aus dem kalten Moskau in das nicht ganz so kalte St. Petersburg: ein kilometerlanger Troß aus Menschen, Pferden, Kutschen und mit Truhen und Schrankkoffern vollgepackten Karren. Wie ein Heuschreckenschwarm kommen die Reisenden über das Land, requirieren Pferde und Wagen, schlachten Scharen von Hühnern und Tausende von Schafen, verzehren Fuhren von Brot und Butter, Honig, Käse und Eiern.

Bei einer Rast beginnt Peter Fjodorowitsch zu fiebern und wird unverzüglich in ein Bauernhaus gebracht. Auf seiner Haut zeigen sich Flecken: Pocken! Wegen der Ansteckungsgefahr darf Katharina nicht zu ihm ans Bett. Die Zarin, die bei dem Kranken bleibt, überredet Katharina, die Reise nach St. Petersburg fortzusetzen. Erst sechs Wochen später sieht sie ihren Bräutigam wieder. Es ist nicht sehr hell in dem Saal, als Peter hereinkommt und seine Verlobte fragt: „Erkennen Sie mich?" Entsetzt stammelt sie einen höflichen Genesungswunsch und wendet sich rasch ab. Sein Gesicht ist von Pockennarben entstellt, und den geschorenen Kopf verbirgt er unter einer Perücke.

In St. Petersburg begegnet Katharina erneut Henning Adolf Graf von Gyllenborg, der dort als Sondergesandter für Schweden tätig ist. Als er beobachtet, wie Katharina die Zarin nachahmt und nur darüber nachdenkt, welches Kleid sie auf welchem Ball tragen soll, ermahnt er sie, ihre intellektuellen Fähigkeiten nicht verkümmern zu lassen und empfiehlt ihr einige Philosophiebücher und Lebensbeschreibungen berühmter Männer. Katharina beginnt wieder zu lesen und beschreibt sich selbst in einem französischen Aufsatz mit dem Titel „Versuch einer Charakterskizze des fünfzehnjährigen Philosophen". (Friedrich der Große war ein Jahr älter, als er sich „Frédéric le Philosophe" nannte.)

Während sich zwischen dem zweiunddreißigjährigen Diplomaten und der halb so alten Katharina eine lebenslange Freundschaft entwickelt, sieht sie von Woche zu Woche klarer, daß sie und der infantile Thronfolger lediglich durch ein Zweckbündnis zusammengehalten werden: „Wir kannten nie unter uns die Sprache der Zärtlichkeit." Aufrichtig fährt sie fort: „In Wahrheit lag mir an der russischen Krone mehr als an seiner Person."[19] Aber je näher der Hochzeitstag kommt, desto trauriger wird sie; oft weint sie, ohne recht zu wissen wieso.

Wegen der Unreife des Bräutigams schlagen die Ärzte vor, die Eheschließung des Großfürstenpaares um ein Jahr zu verschieben, aber davon will Elisabeth nichts hören: Der Hochzeitstermin wird auf den 1. September 1745 festgesetzt.

Kanzler Bestushew-Rjumin rät, auf österreichischer Seite in den Schlesischen Krieg einzugreifen, doch die Zarin hat jetzt Wichtigeres zu tun: Sie läßt die Kathedrale renovieren, Goldschmiede, Näherinnen und Stickerinnen aus dem ganzen Land herbeischaffen, Herden von Schlachtvieh nach St. Petersburg treiben; Schiffe mit Wein und Früchten treffen ein; Tag und Nacht wird gebacken, gekocht und gebraten.

Am Hochzeitsmorgen überprüft Zarin Elisabeth persönlich, wie Zofen die Braut ankleiden: Die Taille schnüren sie so eng, daß es Katharina für einen Augenblick schwarz vor den Augen wird; auf mehrere Unterröcke folgt ein weiter Reifrock aus Silberbrokat; auch das Oberteil ist über und über mit Silberfäden bestickt, und über die Schultern legen sie ihr ein Spitzencape mit einer langen Schleppe. Elisabeth besteht auf ein wenig Rouge und setzt ihr dann ein brillantbesetztes Krönchen ins brünette ungepuderte Haar.

Der Bräutigam erscheint ebenfalls in Weiß und Silber.

Die Zarin und das Brautpaar besteigen eine kunstvoll verzierte und bemalte, von acht prächtig geschmückten Pferden gezogene Karosse. Dahinter formieren sich einhundertzwanzig Kutschen zu einem Festzug, der für den Weg durch das Spalier der Schaulustigen vom Palast zur Kathedrale drei Stunden benötigt.

Weitere drei Stunden dauert die Trauungszeremonie.

Dann wird zehn Tage lang gefeiert mit Empfängen und Banketten, Bällen, Opern und Komödien. Auf dem Admiralitätsplatz sind lange Tische für das Volk gedeckt, und aus den Brunnen sprudelt Wein.

Am Hochzeitstag tanzt Katharina eine halbe Stunde. Die Zarin, der Zeremonienmeister, der Oberhofmeister und der Großmarschall führen sie zum Schlafgemach. Während sich die Herren zurückziehen, entkleiden Ehrenjungfrauen die Braut und helfen ihr in ein Spitzennachthemd und einen seidenen Schlafrock. Danach verabschieden auch sie sich.

Ängstlich liegt Katharina im Bett. Die Kerzen brennen bis auf Stummel herunter. Es ist bereits nach Mitternacht, als Peter ins Zimmer torkelt, Unverständliches lallt, angezogen aufs Bett fällt und zu schnarchen beginnt. Verwirrt starrt Katharina ins Dunkle.

Der Zweite Schlesische Krieg

*„Entweder werde ich meine Macht behaupten,
oder ich will, daß alles zugrunde geht"*

Obwohl ihre Mutter Elisabeth Christine dagegen ist, setzt Maria Theresia durch, daß ihre jüngere Schwester Maria Anna und Franz Stephans jüngerer Bruder Karl von Lothringen am 7. Januar 1744 heiraten. Ihrem Schwager, der „junge Frauen, alte Weine, gutes Essen, schöne Künste und frohe Feste über alles liebt"[1], vertraut Maria Theresia die Regierung der Niederlande an. Im März fährt das neuvermählte Paar deshalb nach Brüssel.

Karl von Lothringen verfolgt die Franzosen am 2. Juli 1744 über den Rhein, dringt ins Elsaß vor und glaubt schon, Lothringen zurückerobern zu können. Da unterrichtet Friedrich II. den mit ihm verbündeten französischen König von seiner Absicht, im folgenden Monat in Böhmen einzufallen und ihn auf diese Weise zu entlasten. Hat er das wirklich vor? Er würde damit den Friedensvertrag mit Österreich brechen!

Tatsächlich eröffnet er am 10. August 1744 den Zweiten Schlesischen Krieg. Da der preußische König sein Heer kurzerhand als kaiserliche Hilfsstreitkräfte ausgibt, wagt Sachsen nicht, ihm den Durchmarsch zu verweigern. „Dieses Ungeheuer!" schimpft Franz Stephan. Der sonst so Friedvolle will selbst in den Krieg ziehen. Mühsam kann Maria Theresia ihn davon abhalten: „Ich nahm meine Zuflucht zu unseren gewöhnlichen Mitteln, den Liebkosungen, den Tränen. Aber was vermögen die über einen Gatten neun Jahre nach der Verheiratung!"[2] Erst als sie zornig wird, fügt er sich.

Unverzüglich befiehlt Maria Theresia, den Feldzug im Elsaß abzubrechen und hetzt ihren Schwager in Eilmärschen nach Böhmen. Die Österreicher räumen sogar München, um ihre gesamte Streitmacht gegen die Preußen einsetzen zu können. Am 2. September stehen diese vor Prag; zwei Wochen später ergibt sich die österreichische Garnison. Friedrich läßt eine Besatzung in der Stadt zurück und marschiert weiter in Richtung Wien.

Während Friedrich erfolglos in Südböhmen operiert, vereinigen sich hinter ihm Sachsen und Österreicher. Um nicht von seinen Verbindungslinien abgeschnitten zu werden, muß er sich auf den vom Herbstregen aufgeweichten Wegen zurückziehen. Partisanen attackieren die preußischen Einheiten immer wieder aus dem Hinterhalt und sind längst verschwunden, wenn die Überfallenen auf der Suche nach ihnen ausschwärmen. Die böhmischen Bauern vergraben ihre Vorräte, fliehen mit dem Vieh in die Wälder – nicht ohne vorher die Wegweiser verdreht zu haben. Mehr als 17 000 hungernde, frierende und entnervte Söldner Friedrichs desertieren. Am 26. November zieht der Preußenkönig auch die Besatzung aus Prag ab. Mitte Dezember trifft er wieder in Berlin ein.

Österreich, England, Holland, Polen und Sachsen verbünden sich am 8. Januar 1745 in Warschau, um die Besitzverhältnisse von 1739 wieder herzustellen – also auch Schlesien für Österreich zurückzugewinnen.

Von der neuen Allianz seiner Gegner erfährt Friedrich kurz bevor er in der zweiten Märzwoche wieder zu seiner Armee nach Schlesien reist. Von dort aus schreibt er Heinrich Graf von Podewils: „Entweder werde ich meine Macht behaupten, oder ich will, daß alles zugrunde geht und bis auf den preußischen Namen mit mir begraben werde!"[3] (So ähnlich wird sich zweihundert Jahre später ein anderer deutscher „Führer" äußern.)

Auch den bayerischen Verbündeten verliert Friedrich II.: Als die Österreicher aus München abzogen, konnte Kaiser Karl VII. in seine bayerische Residenzstadt zurückkehren. Aber er lebte nur noch wenige Monate; am 20. Januar 1745 starb er im Alter von siebenundvierzig Jahren. Auf dem Totenbett bedauerte er, sein Land durch seinen Ehrgeiz ruiniert zu haben und riet dem achtzehnjährigen Maximilian III. Joseph, seinem Sohn und Nachfolger im Amt des bayerischen Kurfürsten, sich mit Maria Theresia zu versöhnen.

Tatsächlich verzichtet der Wittelsbacher am 22. April 1745

im Frieden von Füssen gegenüber Maria Theresia auf alle Erbansprüche, verspricht, bei der Wahl des neuen Kaisers für Franz Stephan zu stimmen – und im Gegenzug geben die Österreicher Bayern frei.

Währenddessen drängt Maria Theresia zur Schlacht in Schlesien.

Anfang Mai 1745 überquert eine 65 000 Mann starke österreichisch-sächsische Armee das Riesengebirge und nähert sich der von Friedrich II. bei Schweidnitz zusammengezogenen Streitmacht, die 15 000 Mann kleiner ist.

Wenn in unvorhergesehenen Situationen wie dieser rasch entschieden werden muß, zeigt sich, wie vorteilhaft es ist, daß Friedrich II. seine Truppen selbst führt und nicht erst Boten zwischen dem Lager des Feldherrn und der Residenzstadt hin- und herreiten müssen. Einer seiner Gegner klagt: „Unsere Pläne sind gut. Nur läßt uns der preußische König keine Zeit, sie durchzuführen."[4]

In der Nacht vom 3./4. Juni pirschen sich die preußischen Truppen an die Österreicher heran. Nach sieben Stunden räumen die geschlagenen Sachsen und Österreicher das Schlachtfeld von Hohenfriedberg.

Der englische König Georg II. bedrängt Maria Theresia, ein Abkommen mit Friedrich II. zu schließen, denn er möchte die Österreicher für einen gemeinsamen Krieg gegen Frankreich gewinnen. Aber als sich die Habsburgerin weigert, schließt er – ohne sie zu konsultieren – am 26. August 1745 in Hannover einen Separatfrieden mit Preußen, in dem Schlesien als preußischer Besitz anerkannt wird.

Auf der anderen Seite des Riesengebirges, bei Soor, stellt Friedrich II. seine Truppen am 30. September 1745 zur Schlacht gegen das sächsisch-österreichische Heer auf, obwohl es auf einem Hügel steht und fast doppelt so groß wie sein eigenes ist. Die preußischen Kavalleristen geben ihren Pferden die Sporen, um mit gezogenen Säbeln den Hang hinaufzustürmen. Die Infanteristen keuchen mit ihren Musketen hinterher. Eine österreichische Granate reißt Friedrichs Pferd „Annemarie" den Kopf weg. Die Schlacht ist für die Preußen kaum zu gewinnen, aber am Ende behauptet sich – in den

Worten Friedrichs – „die tapferste, die heldenmütigste Armee, die es je auf der Welt gegeben hat"[5].

Glockengeläut und Kanonendonner

Österreichische Truppen bilden einen schützenden Ring um Frankfurt am Main, während sich dort die Kurfürsten versammeln, um den Nachfolger des verstorbenen Kaisers zu wählen.

Weil eine Frau im Kollegium der Kurfürsten nicht vorgesehen ist, hat Maria Theresia vorsorglich Franz Stephan das Stimmrecht für Böhmen übertragen, aber einige Kurfürsten fechten diese Regelung an. Sie können sich nicht durchsetzen und verlassen deshalb am 12. September 1745, dem Vorabend der Wahl, den Tagungsort.

Die anderen sieben Kurfürsten votieren für Franz Stephan. Einen Kaiser, der im Reichsgebiet nur über eine winzige Grafschaft verfügt, das hat es noch nie gegeben![6]

Zwei Tage nach der Wahl reist Maria Theresia aus Wien ab, um rechtzeitig zur Krönung ihres Gemahls in Frankfurt am Main zu sein. Im Aschaffenburger Schloß wollen sie sich am 21. September treffen. Mitten in der Nacht hält Franz Stephan es nicht länger aus: Er weckt einen Diener, reitet mit ihm nach Osten und er-

*Kaiser Franz I. Stephan (1708–1765)
Gemahl Maria Theresias
Kupferstich von Jacob Schmuzer
nach einem Gemälde von
Jean Etienne Liotard, 1769*

reicht am frühen Morgen südlich von Lohr den Main, wo er Maria Theresias Schiffe erwartet. Doch sie hat diesen Ort bereits passiert, weil sie ebenso ungeduldig war. Franz Stephan überläßt dem Bediensteten sein Pferd, besteigt einen Kahn – und schließt seine Gemahlin bei Urphar in die Arme.

Die Bitte Franz Stephans, sich an seiner Seite ebenfalls krönen zu lassen, lehnt Maria Theresia entschieden ab und nennt als Grund ihre erneute Schwangerschaft. Über ihre wahren Motive äußert sie sich nicht; wahrscheinlich mag sie keine Nebenrolle spielen: „Sie wünschte Franz Stephan ins Licht zu rücken, nicht aber von ihm angestrahlt zu werden."[7]

Die eigens für Franz Stephans Einzug in der Krönungsstadt in Auftrag gegebene Prunkkarosse steht noch unfertig in einer Wiener Werkstatt. Als Ersatz läßt er die Kutsche seiner verstorbenen Schwägerin Maria Anna[8] aus Brüssel kommen. Am 25. September 1745 bahnt sich der Festzug seinen Weg durch die begeisterte Menge in Frankfurt am Main. Franz Stephan trägt ein braunes, über und über mit Goldfäden besticktes Gewand; Kleidung, Hut, Schuhe, Degen – alles ist mit Edelsteinen besetzt.

Maria Theresia ist bereits vor ihm ohne Aufsehen in Frankfurt eingetroffen.

Als am 4. Oktober die Sonne aufgeht, läuten die Glocken. Während die Frankfurter Bürger auf die Straße strömen, um sich gute Plätze für das bevorstehende Spektakel zu sichern, reiten die Wahlbotschafter zu einem Gasthof am Römerberg, wo Franz Stephan aus der Tür tritt. Unter einem von zehn Ratsherren getragenen Baldachin reitet er in einer feierlichen Prozession zum Dom. Er trägt die Krone des vor fünfhundert Jahren untergegangenen Kreuzfahrer-Königreichs Jerusalem und den hermelingefütterten Purpurmantel des Herzogtums Lothringen, obwohl ihm das nicht mehr gehört.

Am Domportal warten die kurfürstlichen Erzbischöfe von Köln und Mainz, um Franz Stephan in die Kirche zu führen, wo ihm Krone und Mantel abgenommen werden, bevor das Hochamt beginnt. Nach dem Gloria legt er auch den Rock ab. Der Kölner Erzbischof zieht die Handschuhe aus, wäscht sich in einer Schale die Hände und salbt mit dem Zeichen des

Kreuzes den Kaiser auf Stirn und Brust, im Nacken und auf den Händen. Nachdem Weihbischöfe die Ölspuren mit reiner Wolle abgewischt haben, werden Franz Stephan die aus dem 12. Jahrhundert stammenden kaiserlichen Gewänder angelegt: die roten Seidenstrümpfe mit Goldornamenten, die reich verzierten Schuhe, die mit Goldfäden bestickte Seidendalmatika[9], der hellblaue Gürtel, die gelbe Stola, die mit Edelsteinen geschmückten Handschuhe und der Mantel aus purpurner Seide. Gegürtet mit dem Säbel, den Karl der Große von Kalif Harun al-Raschid erhalten haben soll, nimmt er den Reichsapfel in die linke und das Zepter in die rechte Hand. Gemeinsam setzen die Kurfürsten von Köln und Mainz dem Kaiser die achteckige Krone aufs Haupt. Mit zwei Fingern auf dem ebenfalls zu den Reichskleinodien zählenden Evangelienbuch schwört Kaiser Franz I. Stephan, er werde die Kirche schützen, das Reichsrecht wahren und für Gerechtigkeit sorgen. Erst jetzt wird das Hochamt fortgesetzt.

Nach dem Segen stellt sich der Kaiser mit den Honoratioren vor dem Dom auf, um bei Glockengeläut und Kanonendonner durch das Spalier jubelnder Menschen über einen mit gelben, schwarzen und weißen Tüchern ausgelegten Weg zum Römer zu schreiten.

Währenddessen läuft Maria Theresia in eines der Häuser und eilt an ein offenes Fenster. Johann Wolfgang von Goethe berichtet, was er von Augenzeugen erfuhr:[10] Als Franz I. Stephan „sozusagen als ein Gespenst Karls des Großen" im kaiserlichen Ornat vom Dom zum Römer reitet und seine Gemahlin entdeckt, streckt er ihr das Zepter und den Reichsapfel entgegen; Maria Theresia lacht schallend, und das Volk freut sich über die herzliche Eintracht des Paares.

Der Kaiser ist das Oberhaupt des Heiligen Römischen Reiches Deutscher Nation. Aber das ist seit dem Westfälischen Frieden (1648) nicht viel mehr als ein lockerer Bund von etwa dreihundert souveränen Territorialherren, die sich von der kaiserlichen Zentralregierung kaum etwas vorschreiben lassen, „ein lebender Leichnam ..., in dessen verwesendem Körper Gebilde wie Bayern, Sachsen, Hannover und eben auch Brandenburg-Preußen ein kräftiges Eigenleben entfalten"[11].

Eine wirkliche Zentralgewalt stellt das Kaisertum längst nicht mehr dar, und in der Habsburger Monarchie bleibt Franz Stephan trotz seiner Würde der Gemahl und Mitregent der tatsächlichen Machthaberin – die ungeachtet ihres Verzichts auf die Krönung als Kaiserin tituliert wird.

Otto Christoph Graf von Podewils, der preußische Gesandte in Wien, berichtet König Friedrich II. am 15. Februar 1747 über den Kaiser: „Er hat ein lebhaftes Vorstellungsvermögen, ein gutes Gedächtnis und einen gesunden Hausverstand. Da er aber von Natur aus träge ist, gibt er sich für nichts Mühe. Er haßt die Arbeit. Er ist wenig ehrgeizig und mischt sich daher so wenig wie möglich in Angelegenheiten der Regierung. Er sucht nur das Leben zu genießen, es angenehm zu verbringen und überläßt den Ruhm und die Sorgen der Regierung gern der Kaiserin."[12]

Friedrich „der Große"

Sachsen und Preußen stehen sich am 15. Dezember 1745 bei Kesselsdorf westlich von Dresden gegenüber. Der Alte Dessauer, der die preußischen Truppen kommandiert, betet vor der Schlacht: „Herrgott, hilf mich, und wenn Du das nicht willst, dann hilf wenigstens die Schurken von Feinden nich, sondern sieh zu, wie es kommt. Amen. In Jesu Namen, marsch."[13]

Am Ende liegen mehr als 8000 Tote und Verwundete auf dem Schlachtfeld, und die siegreichen Preußen führen 6500 Gefangene ab.

Sachsen und Österreich seien nun wohl für einen Frieden mit Preußen zu gewinnen, meint der britische Gesandte in Dresden. Friedrich antwortet umgehend, er sei dazu ebenfalls bereit – unter der Bedingung, daß er Schlesien behalte.

Während preußische mit sächsischen und österreichischen Diplomaten in Dresden verhandeln, versucht König Ludwig XV. von Frankreich eine Einigung durch einen persönlichen Brief an seinen Verbündeten Friedrich II. zu verhindern. Doch der klagt: „Sind wir armen Menschen dazu da, um Pläne zu schmieden, die so viel Blut kosten? Wir wollen leben, indem wir andere leben lassen. Mein Gott, soll ich denn nie mein Leben genießen?" Und er fährt fort: „Künftig greife ich keine Katze mehr an, außer um mich selbst zu verteidigen!"[14]

Am Weihnachtstag werden die Friedensverträge in Dresden unterschrieben: Österreich verzichtet auf Schlesien; Preußen akzeptiert nachträglich die Wahl Franz Stephans zum Kaiser; Sachsen muß eine Entschädigung zahlen und garantieren, Feinden Preußens niemals den Durchzug zu gestatten.

Innerhalb weniger Tage räumt die preußische Armee Sachsen und gibt die requirierten Kanonen zurück.

Am 29. Dezember 1745 trifft Friedrich in Berlin ein. Dicht gedrängt erwarten ihn die Bürger in den geschmückten Straßen und an den Fenstern, um ihm zuzujubeln.

Der Dreiunddreißigjährige sieht zehn Jahre älter aus. Aus dem modisch gekleideten Kronprinzen mit dem vollen braunen Haar ist innerhalb von weniger als sechs Jahren ein grauhaariger Mann mit eingefallenen Wangen und herabgezogenen Mundwinkeln geworden.

„Es lebe Friedrich der Große!" ruft die Menge.[15]

Der König und Feldherr wird gefeiert. Kaum jemand denkt daran, daß er Schlesien durch einen Überfall raubte. Er hat seine Beute erfolgreich verteidigt – das zählt. Bald schon bringt die Provinz mehr als ein Viertel der preußischen Staatseinnahmen auf! Nur wenn Friedrich in den Schlesischen Kriegen gescheitert wäre, hätten ihm die Preußen das Verbrechen vorgeworfen.

Friedrich gibt zu, Maria Theresia gegenüber „kein reines Gewissen" zu haben,[16] und zieht Bilanz: „Wenn man die Sachen ihrem wahren Wert nach abwägt, verursachte dieser Krieg gewissermaßen unnützes Blutvergießen, und die hintereinander errungenen Siege dienten nur dazu, Preußen den Besitz Schlesiens zu sichern."[17]

Maria Theresia, die noch drei Jahre lang in den europäischen Krieg verwickelt bleibt, den ihre Thronbesteigung ausgelöst hat,[18] verabscheut den „falschen Charakter"[19] des „bösen Mannes in Berlin"[20] und unternimmt alles, um ihm trotz der inzwischen unterschriebenen Verträge eines Tages Schlesien wieder abtrotzen zu können.

Sanssouci

Johann Sebastian Bachs „Musicalisches Opfer"

Mit einer Flöte in der Hand steht Friedrich der Große im Musikzimmer von Sanssouci und überfliegt die Liste mit den Namen der gerade in Potsdam eingetroffenen Fremden. Rasch blickt er wieder auf und wendet sich an die zum Abendkonzert versammelten Musiker: „Meine Herren, der alte Bach ist gekommen!" Er schickt nach dem Leipziger Organisten und Komponisten, der gleich darauf – noch in Reisekleidung und deshalb Entschuldigungen stammelnd – vor den König tritt.

Johann Sebastian Bach soll die in mehreren Räumen des vor einer Woche eingeweihten Schlosses aufgestellten Hammerklaviere[1] ausprobieren. Er stimmt ein paar Melodien an und spielt, was ihm aus dem Stegreif einfällt. Dann bittet er den König, ein Thema vorzugeben, wechselt mit ihm den Klavierhocker und beginnt im nächsten Augenblick, eine Fuge zu entwickeln. Friedrich ist so beeindruckt, daß er Bach an den nächsten Tagen zu verschiedenen Orgeln in Potsdam führt, um ihn spielen zu hören.

Zurück in Leipzig komponiert Johann Sebastian Bach aus dem in Sanssouci gestellten Thema drei- und sechsstimmige Fugen, kunstvolle Kanons sowie eine Sonate, die er in Kupfer stechen läßt und dem König widmet: „Ew. Majestät weyhe hiermit in tiefster Unterthänigkeit ein Musicalisches Opfer, dessen edelster Theil von Deroselben hoher Hand selbst herrühret."[2]

Auf eine Antwort wartet er vergeblich.

Sanssouci – sorgenfrei

Friedrich II. wandert am 24. August 1743 am Südhang des Bornstedter Hügels bei Potsdam; sein Blick schweift über die Seen und Flüsse, Wiesen und Wälder der Havellandschaft und er denkt: „Wäre es nicht herrlich, im Sommer hier zu leben?"

Begeistert ordnet er an, den „wüsten Berg" zu terrassieren und skizziert einige Monate später auf einem Blatt Papier eine Sommerresidenz nach seinen Vorstellungen: ein fast hundert Meter langes eingeschossiges Rokokoschloß mit bis zum Boden reichenden Fenstern. Georg Wenzeslaus von Knobelsdorff erhält den Auftrag, es zu bauen.

Am 14. März 1745 legt der König den Grundstein für „Sanssouci" – das heißt sorgenfrei.

Gleich darauf reist er zu seinen Truppen in Schlesien, um den Krieg gegen Maria Theresia fortzuführen.

Am 1. Mai 1747 drängen sich die Potsdamer in den Straßen, um den Zug der prunkvollen Equipagen und bunten Reiter zu sehen: Der Hof richtet sich in Sanssouci ein, obwohl noch nicht alle Innenräume fertiggestellt sind.

Bewußt hat Friedrich darauf verzichtet, dem Besucher durch wuchtige Formen und überladenen Schmuck zu imponieren. Statt dessen wirkt dieses bedeutendste Bauwerk des friderizianischen Rokoko graziös und elegant.

Wenn er keinen Feldzug führt, hält sich Friedrich der Große von nun an jedes Jahr von Mai bis November in Sanssouci auf. Er arbeitet in einem Salon im Ostflügel. Nebenan befindet sich das Musikzimmer, von dem eine Tür in sein Schlafgemach führt. Das schmale Bett ist hinter einem Wandschirm verborgen, und das ist gut so, denn die Bettwäsche ist nicht immer sauber.

Ins Zentrum des Schlosses hat er einen ovalen Marmorsaal bauen lassen, in dem er mit seinen im Westflügel untergebrachten Gästen zu tafeln pflegt.

Den Speiseplan stellt der König persönlich mit dem Küchenmeister zusammen. Die Gäste können zumeist unter acht verschiedenen Gerichten wählen – etwa vier französischen, zwei italienischen und zwei deutschen –, die gleichzeitig auf Platten und in Schüsseln aufgetragen werden. Friedrich selbst bevorzugt scharf gewürztes Fleisch und mag alles dampfend heiß. Dazu trinkt er zwei, drei Gläser Bordeaux oder Moselwein.

Friedrichs Tafelrunde

Wer an Friedrichs Tafel nicht französisch spricht, kann sich nicht beteiligen, wenn die anderen über Geschichte und Kriegsführung, Politik und Gesetze, Moral und Religion, Kunst, Literatur und Philosophie diskutieren.

Wen er zu den Tafelrunden einlädt, hängt nicht von der politischen oder gesellschaftlichen Stellung ab, sondern von den persönlichen Vorlieben des Königs.

Anders als Friedrich Wilhelm I., der sich in seinem Tabakkollegium wie ein Offizier unter Offizieren verhielt, bleibt Friedrich II. immer distanziert. Obwohl er geistreiche Männer wie zu einer Artus-Runde versammelt, spricht er viel und hört um so weniger zu: Häufig mißbraucht er seine Besucher als Stichwortgeber und Publikum ausgedehnter Monologe.

Er neigt dazu, seine Gäste zu verhöhnen. Der englische Schriftsteller Thomas Carlyle vergleicht das Benehmen Friedrichs mit dem eines legendären Dubliner Kutschers, der jedes seiner Pferde verletzte und die schmerzenden Stellen dann mit der Peitsche berührte, wenn sie nicht so liefen, wie er wollte. Das wirft später auch Voltaire dem preußischen König vor: „Der Schatz Ihrer Weisheit ist verdorben durch die unselige Freude, die es Ihnen immer gemacht hat, alle anderen Menschen demütigen zu wollen, ihnen verletzende Sachen zu sagen und zu schreiben, eine Freude, die Ihrer um so weniger würdig ist, als Sie durch Ihre Stellung und Ihre einzigartigen Gaben über ihnen stehen."[3]

Ärger mit Voltaire

Als sich Voltaire 1748 entschuldigt, der erneuten Einladung des Königs nach Potsdam nicht folgen zu können, weil er sein halbes Gehör und mehrere Zähne verloren habe, erwidert Friedrich: „Kommen Sie ohne Zähne, ohne Ohren, wenn Sie sonst nicht kommen können; wenn Sie nur das gewisse Etwas mitbringen, das Ihnen zum Denken verhilft und Sie so wunderbar inspiriert."[4]

Aber Voltaire bleibt auf Schloß Cirey in der Champagne bei Gabrielle-Emilie Le Tonnelier de Breteuil, Marquise Du Chatelet-Lomont, bis diese im September 1749 im Alter von dreiundvierzig Jahren stirbt.

Am 10. Juli 1750 kommt der Fünfundfünfzigjährige nach Sanssouci. Der König setzt ihn als Kammerherrn auf seine Gehaltsliste, läßt ihm prächtige Räume in der Nähe der königlichen Gemächer herrichten, stellt ihm Diener, Kutscher, Pferde und Karossen zur Verfügung und sorgt dafür, daß er bei Tisch als zweiter bedient wird.

Als Voltaire erfährt, daß die Sächsische Staatsbank ihre auf die Hälfte des Ausgabekurses gefallenen Steuerscheine aufgrund des Dresdner Friedensvertrags bei Fälligkeit von preußischen Besitzern zum ursprünglichen Wert zurückkaufen muß, versucht er, sein Millionenvermögen weiter zu vergrößern. Obwohl Friedrich der Große die Einfuhr zusätzlicher Papiere ausdrücklich verboten hat, beauftragt Voltaire vier Monate nach seiner Ankunft einen jüdischen Bankier, in Dresden heimlich Steuerscheine zu kaufen.

Der Philosoph und Schriftsteller Voltaire (1694–1778) Gouache von Carmontel

Das Vorhaben mißglückt, Voltaire schlägt seinen Geschäftspartner im Streit nieder, der bringt den Philosophen vor Gericht – und danach kann der Skandal nicht mehr verhindert werden.

Der König beschwert sich schriftlich: „Es war mir ein Vergnügen, Sie bei mir zu empfangen; ich habe Ihren Geist, Ihre

Talente, Ihre Kenntnisse geschätzt; und ich konnte nur glauben, daß ein Mann in Ihrem Alter, der davon genug hat, sich mit Autoren herumzuschlagen und sich Stürmen auszusetzen, hierherkam, um sich in einen ruhigen Hafen zu flüchten. ... Ich meinerseits habe bis zu Ihrer Ankunft den Frieden in meinem Hause aufrechterhalten; und wenn Sie eine Leidenschaft für Intrigen und Ränke haben, so kann ich Sie nur warnen, daß Sie an die falsche Adresse gelangt sind. Ich liebe sanfte und friedliche Leute... Sollten Sie sich dazu entschließen können, wie ein Philosoph zu leben, so sehe ich Sie gerne; aber wenn Sie sich von jeder Leidenschaft hinreißen lassen und mit jedem in Streit geraten, dann würde mir Ihr Kommen gar kein Vergnügen machen, und Sie könnten genau so gut wegbleiben."[5]

Voltaire bittet um Verzeihung. Eineinhalb Jahre lang beherrscht er sich. Dann wird Pierre-Louis Maupertuis, der Präsident der Akademie der Wissenschaften, eines Plagiats bezichtigt. Voltaire verspottet seinen Landsmann, den er noch nie leiden konnte, in einem satirischen Aufsatz. Friedrich lacht, als Voltaire daraus vorliest – aber er untersagt ausdrücklich die Veröffentlichung, um die Akademie zu schützen. Trotzdem läßt Voltaire die Schrift im September 1752 drucken. Dieses Mal akzeptiert Friedrich II. keine Entschuldigung. Voltaire wird darüber krank und muß in den ersten beiden Februarwochen das Bett hüten. Am 26. März 1753 reist er ab.

Zu spät fällt dem König ein, daß Voltaire einen privat gedruckten Gedichtband mitgenommen hat, in dem Friedrich nicht nur das Christentum, sondern auch lebende Monarchen verspottet. Damit der verärgerte Franzose das Buch nicht gegen den preußischen König verwenden kann, schickt dieser einen Boten nach Frankfurt am Main: Als Voltaire am 31. Mai 1753 dort eintrifft, hält man ihn in einem Gasthof fest und durchsucht das Gepäck. Aber die Verse befinden sich in einem Umzugskorb in Hamburg. Nach drei Wochen trifft eine königliche Order ein: Voltaire soll freigelassen werden. Doch jetzt muß man den König darüber unterrichten, daß der Arrestant gerade zu fliehen versuchte. Es dauert noch einmal mehr als zwei Wochen, bis Voltaire am 7. Juli endlich Frankfurt verlassen und über Mannheim und Straßburg weiterreisen darf.

Friedrich und die Frauen

Die intellektuellen Gespräche in Friedrichs Tafelrunde sind nicht mit der Stammtischatmosphäre im Tabakkollegium seines Vaters vergleichbar, aber es handelt sich dabei ebenfalls um eine reine Männergesellschaft.

Wie ein Abt unter Mönchen lebt Friedrich der Große in Sanssouci.

Seine Gemahlin hält er von sich fern. Anordnungen teilt er ihr brieflich mit. Wenn er es nicht vermeiden kann, Elisabeth Christine auf einem Fest zu begegnen, schaut er sie kaum an und vergißt sogar, sich nach dem Befinden der häufig Kränkelnden zu erkundigen. Im Juni 1746 schreibt er seinem Bruder August Wilhelm: „Wenn mein zimperlicher Griesgram [Elisabeth Christine] an dem Ausflug nach Charlottenburg teilnimmt, so wird sie, fürchte ich, das ganze Fest stören. ... mischen wir nicht Nesseln und Gestrüpp zwischen Jasmin und Rosen!"[6] Selbst zur Einweihung des Schlosses Sanssouci lädt er die Königin nicht ein; sie sieht die Potsdamer Residenz nur zweimal während seiner Abwesenheit. Bei einem glanzvollen Fest deutet Friedrich II. auf seine Gemahlin und sagt zu seiner Schwester Luise Ulrike: „Das ist meine alte Kuh, die Sie ja bereits kennen!"[7] Allerdings sorgt er dafür, daß andere ihr respektvoll begegnen. Elisabeth Christine findet sich mit der ihr zugewiesenen Rolle ab, erfüllt ihre Repräsentationspflichten ohne ihm Vorwürfe zu machen und verehrt ihn zeitlebens.

Weil er nicht die Absicht hat, einen Erben zu zeugen, oder vielleicht nicht in der Lage dazu ist, ernennt Friedrich II. 1744 seinen zehn Jahre jüngeren – und mit einer Schwester seiner Gemahlin verheirateten – Bruder August Wilhelm zum Thronfolger.

Voltaire verbreitet böswillige Gerüchte über pädophile und homosexuelle Neigungen Friedrichs des Großen. Dessen Kinderlosigkeit, Frauenverachtung und Männerfreundschaften legen die Vermutung nahe, er sei homosexuell gewesen, doch Beweise gibt es dafür nicht. Wenn wir seiner Schwester Wilhelmine glauben dürfen, sammelte er als sechzehnjähriger Kronprinz seine ersten sexuellen Erfahrungen mit einer Mätresse Augusts des Starken. Einige Biographen glauben, er habe sich dabei eine Geschlechtskrankheit geholt; man spekuliert sogar, er sei danach zum Coitus nicht mehr fähig gewesen.[8]

Mit neunzehn himmelte er Luise Eleonore von Wreech an, und zwölf Jahre später beginnt er für „La Barberina" zu schwärmen. Eigentlich heißt sie Barbara Campanini. Die schöne, große und schlanke Tänzerin ist in Versailles und Fontainebleau, London und Dublin aufgetreten. 1743, in der Atempause zwischen dem Ersten und dem Zweiten Schlesischen Krieg, engagiert König Friedrich II. die zweiundzwanzigjährige Künstlerin für Berlin, doch sie bricht ihren Vertrag und begleitet einen jungen Lord nach Venedig. Friedrich setzt seine Diplomaten ein, um sie festnehmen und nach Berlin zurückbringen zu lassen. Der verzweifelte Liebhaber folgt ihr nach Preußen, aber Friedrich weist ihn gnadenlos aus. Nach ihren Auftritten trinkt er in Barberinas Garderobe Tee und lädt sie häufig zu Soupers ein, denn sie versteht klug zu plaudern. Er läßt sie 1745 von Antoine Pesne porträtieren, überhäuft sie mit Geschenken und zahlt ihr so viel Gage, wie drei seiner Minister zusammen nicht verdienen, aber sie bittet ihn immer wieder um zusätzliches Geld. Bei einer solchen Gelegenheit fordert der König sie auf, persönlich zu kommen: „Wenn Ihre schönen Augen bezahlt sein wollen, so müssen Sie sich zeigen."[9] Nach drei Jahren kühlt die Beziehung ab, und als Barbara Campanini 1748 durch eine Affäre mit dem Sohn des preußischen Großkanzlers einen Skandal auslöst, muß sie Berlin verlassen.

„Philosoph aus Neigung, Staatsmann aus Pflicht"

Friedrich klagt: „Wie verabscheue ich dieses Handwerk, zu dem mich der blinde Zufall meiner Geburt verdammt hat!"[10]

In einem Brief an seine Schwester Wilhelmine bezeichnet er sich 1756 selbst als „Philosoph aus Neigung, Staatsmann aus Pflicht."[11] Zeitlebens leidet er unter der Unvereinbarkeit dieser beiden Bereiche seines Lebens. Eigentlich ist er ein Schöngeist, ein Intellektueller, aber aufgrund seines außergewöhnlichen Ehrgeizes raubt er Schlesien, und bei der Verteidigung der Beute entwickelt er sich zum Kriegshelden. Jean-Jacques Rousseau bringt es auf den Punkt, wenn er unter ein Porträt Friedrichs schreibt: „Er denkt wie ein Philosoph und benimmt sich wie ein König."[12] Ständig muß er sich zwischen Macht und Moral entscheiden. Drei Jahre nach der Thronbesteigung schreibt er: „Ich hoffe, die Nachwelt wird in mir den Philosophen vom Fürsten und den Ehrenmann vom Politiker zu unterscheiden wissen."[13]

Friedrich der Große ist musikalisch und sprachlich ebenso begabt wie militärisch und politisch: Wie ein Schachmeister bei einer Simultanpartie spielt er gleichzeitig an mehreren Tischen. Er ist kein genialer Philosoph, aber ein ausgezeichneter Politiker und Feldherr, kein genialer Feldherr, aber ein hervorragender Philosoph und Musiker.

Schönbrunn

Wolfgang Amadeus Mozart hört einen falschen Ton

Als Leopold Mozart mit seinen beiden Wunderkindern nach Wien kommt, darf er sie Maria Theresia und Franz Stephan vorstellen und in Schönbrunn auftreten lassen. Begeistert hört das Publikum dem sechsjährigen Wolfgang Amadeus („Wolferl") und dessen fünf Jahre älterer Schwester Maria Anna („Nannerl") zu: Sie spielen nicht nur Cembalo, Geige und Klavier, sondern führen auch Kunststückchen vor: verbinden sich am Klavier die Augen und greifen die Saiten der Geige mit einem einzigen Finger ab. „Wir wurden so gnädig empfangen... Es war wie im Märchen...", teilt Leopold Mozart seiner Frau mit.¹ Und einem Freund schreibt er: „Der Wolferl ist der Kayserin auf die schooß gesprungen, sie um den Hals bekommen, und rechtschaffen abgeküßt."²

Danach tollt Wolfgang Amadeus in den Nebenräumen herum, hört aber, daß ein falscher Ton angeschlagen wird und ruft: „Pfui, das war falsch!" Die Gäste erstarren, denn am Klavier sitzt der Kaiser. Der aber lacht ebenso herzlich wie Maria Theresia.

Gleich darauf rutscht der Junge auf dem gewachsten Parkett aus und fällt zu Boden. Während Erzherzogin Karoline schadenfroh kichert, hilft ihre jüngere Schwester Maria Antonia, die in drei Wochen ihren siebten Geburtstag feiert, dem Wunderknaben wieder auf die Beine. „Sie sind sehr lieb", bedankt sich dieser. „Ich werde Sie heiraten!" Maria Theresia schmunzelt.

Sie amüsiert sich über das Kind, aber Mozarts musikalisches Genie erkennt sie auch später nicht. Das wird deutlich, als ihr Sohn Erzherzog Ferdinand in Mailand Maria Beatrice von Este heiratet, die Tochter des Herzogs von Modena. Für die Hochzeit hat Wolfgang Amadeus Mozart eine allegorische Oper komponiert, in der Maria Theresia, die Braut und der

Bräutigam glorifiziert werden. Der Komponist selbst dirigiert die Aufführung. Ferdinand ist so begeistert, daß er bei seiner Mutter nachfragt, ob er Mozart in seine Dienste nehmen dürfe.

Maria Theresia antwortet: „Sie fragen mich, ob Sie den jungen Salzburger in Ihren Dienst stellen sollen. Ich weiß nicht wieso, denn ich glaube nicht, daß Sie sich um einen Compositeur oder sonst unnütze Leute zu bekümmern haben. Falls es Ihnen jedoch Freude macht, will ich Sie nicht daran hindern. Was ich da sage, dient nur dazu, Sie davor zu bewahren, sich mit unnützen Leuten zu belasten..."[3]

Schloß Schönbrunn

Kaiser Maximilian II. erwarb 1559 die zu einem Jagdschloß umgebaute „Kattermühle" und legte dort einen Tiergarten an. Weil das inzwischen „Schönbrunn" genannte Schloß weit außerhalb der Stadtmauern lag, mußten die Wiener 1683 ohnmächtig zusehen, wie es die Türken verwüsteten.

Als Neubau entwarf Johann Bernhard Fischer von Erlach 1692 bis 1695 eine gigantische Schloßanlage auf einem Hügel, aber das fand Kaiser Leopold I. zu kostspielig. Statt dessen ließ er Fischer von Erlach unterhalb des Hügels ein Barockschloß errichten. Doch wegen des Spanischen Erbfolgekriegs reichte das Geld auch dafür nicht, und die Bauarbeiten mußten eingestellt werden.

Kaiser Karl VI. zog es ohnehin vor, im Winter in der Hofburg und im Sommer in der Favorita zu residieren.

Trotz oder gerade wegen der Schlesischen Kriege glaubte Maria Theresia der Welt die Wirtschaftskraft Österreichs demonstrieren zu müssen: Am 25. Februar 1743 verfügte sie, daß Schloß Schönbrunn „nicht nur reparirt, sondern auch erweitert und zur bequemen Unterbringung der Hof Statt ausgebauet"[4] werde. Das Geld borgte sie sich von einem portugiesischen Juden. Mit den Entwürfen und Ausführungen der Sommerresidenz betraute sie statt des von Franz Stephan vorgeschlagenen Lothringers Jean-Nicolas Jadot den Italiener Niccolò Pacassi.

Häufig sah sie den Künstlern und Bauarbeitern zu. Kaum waren die ersten der insgesamt 1 441 Säle und Zimmer fertiggestellt, zog sie mit ihrer Familie in das „Versailles der Habsburger" – wobei Franz Stephan nur widerwillig folgte. Er ist jedes Jahr froh, wenn es im Spätherbst wieder zurück in die Hofburg geht.

Die sechzehn Kinder der Königin

Daß Friedrich II. die Frauen verachtet und keine Erben zeugen mag, ist für Maria Theresia unfaßbar.

Sie ist innerhalb von zwanzig Jahren sechzehn Mal schwanger und bringt am 8. Dezember 1756 – als Preußen und Österreich bereits wieder Krieg führen – mit neununddreißig Jahren noch einmal ein Kind zur Welt. Da hat sie von ihren insgesamt elf Töchtern und fünf Söhnen bereits drei beerdigt (und nur zehn werden ihre Mutter überleben).

Die ebenso strenge wie zärtliche Mutter sucht sorgfältig die Kindermädchen aus, die über jedes Bauchweh und jede Schramme berichten müssen – und dann kommt sie sofort gelaufen. In jeder freien Minute schart sie die Söhne und Töchter um sich. Aber sie haben ihr aufs Wort zu gehorchen, sonst müssen sie mit harten Strafen rechnen, denn Maria Theresia hält mehr von Drill und Zwang, mehr von Aufsicht als von Einsicht. Obwohl ihr die Regierungsübernahme leichter gefallen wäre, wenn sie über eine fundierte Bildung verfügt hätte, zieht sie daraus keine Konsequenz, sondern hält es für ausreichend, wenn die Kinder außer Lesen, Schreiben und Rechnen ein paar auswendig gelernte Kenntnisse aufsagen können.

Es schmerzt sie, daß sie zwei ihrer Töchter nur in Klöstern unterbringen kann: die verkrüppelte Marianne und die von Pockennarben entstellte Maria Elisabeth. Wenn sie nachts nicht schlafen kann, überlegt sie, wie sie die anderen Kinder verehelichen soll. Joseph verheiratet sie beispielsweise mit einer Nichte, Leopold mit einer Tochter, Karoline mit einem Sohn und Maria Amalie mit einem Neffen des spanischen Königs Karl III. Dabei zählen politische Gesichtspunkte mehr als das Glück der Betroffenen: Obwohl Maria Theresia dieses Opfer nicht zu bringen brauchte, verlangt sie es von ihren Kindern.

Ihr erster Enkel kommt am 12. Februar 1768 zur Welt: Leopolds Sohn Franz (der spätere Kaiser). Als Maria Theresia die Nachricht erhält, läuft sie im Hausmantel von ihren Gemächern in der Hofburg ins Burgtheater hinüber, beugt sich über den Rand ihrer Loge, schwenkt die Depesche und ruft ins Publikum: „Der Poldl hat an Buam!"

Erzherzog Joseph

Den Thronfolger gebar Maria Theresia am 13. März 1741 – also in einer Zeit, in der sie sich verzweifelt gegen den Raub Schlesiens wehrte.

Es war zwei Uhr nachts. Mit Tränen in den Augen verkündete Franz Stephan den seit Stunden in den Salons der Hofburg Wartenden die gute Nachricht. Maria Theresia legte er ein Perlencollier in die Hand. Dann aß er eine kräftige Portion Kapaun mit Makkaroni und trank einige Gläser Tokayer.

Am Vormittag, während sich die Wiener vor der Hofburg drängten, taufte der von sechzehn Bischöfen assistierte Nuntius den Neugeborenen auf den Namen Joseph Benedikt August Anton Michael Adam.

Joseph ist hochbegabt, aber schüchtern, und er will partout nicht gehorchen. Als er sich wieder einmal weigert, zu essen und statt dessen „I mog net!" schreit, dröhnt eine Stimme: „Wirst gleich fressen, du Fratz, du!"[5] Maria Theresia hat nämlich einem Offizier befohlen, sich unter dem Tisch zu verstecken und ihren Sohn einzuschüchtern.

Im Alter von sechs Jahren muß sich Joseph auf männliche Erzieher umstellen. Während ihn die Gouvernanten verzärtelt haben, versuchen ihn die ebenso pedantischen wie humorlosen Lehrer zu dressieren und stopfen ihn auf dem „pädagogischen Kasernenhof"[6] mit einem Wust an Wissen voll. Zunächst stehen auf dem Stundenplan Religion, Rechnen, Lesen und Schreiben, Latein, Französisch, Italienisch und

Ungarisch, Musik und Tanz; später kommen dazu auch noch Reiten, Poesie und Rhetorik, Geschichte und Geographie, Militärkunde, Ökonomie, Rechts- und Staatslehre. Johann Christoph Freiherr von Bartenstein verfaßt eigens einen sechstausend Seiten langen Text über die Geschichte des deutschen Reichs als Unterrichtsmaterial.

Später meint Joseph dazu: „Die guten Seelen glauben, alles erreicht und einen großen Staatsmann herangebildet zu haben, wenn ihr Sohn in der Messe ministriert, seinen Rosenkranz betet, alle vierzehn Tage beichtet und nichts anderes liest als was der beschränkte Verstand seines Beichtvaters ihm gestattet."[7]

Als er mit sechs oder sieben Jahren traditionsgemäß zum Regimentskommandeur ernannt wird und eine Uniform mit Degen erhält, untersagt Maria Theresia allerdings das üblicherweise damit verbundene Zeremoniell, in dessen Rahmen er die Wiener Militärkommandeure empfangen hätte, denn sie sorgt sich bereits wegen seines Hochmuts und seiner Selbstüberschätzung. „Er ist so eigensinnig und starrköpfig, daß er sich lieber einschließen läßt und ohne Essen bleibt, als um Verzeihung zu bitten. ... Er hat jetzt schon die höchste Vorstellung von seinem Rang, so hat er kürzlich zu irgend jemand gesagt, er habe ihn in Ungnade fallen lassen! Jedermann hält er die Hand zum Kuß hin, sogar den Damen!"[8]

Einige Jahre später instruiert Maria Theresia Josephs Erzieher: „Eine von den Neigungen, die am meisten bekämpft und abzuwenden gesucht werden müssen, ist die aus seinem aufgeräumten Gemüte entstehende Lust, an jedermann die äußerlichen und auch innerlichen Fehler alsbald zu beobachten, sich davon einnehmen zu lassen, darüber zu spotten, was nicht allein wider die Nächstenliebe verstößt, sondern ihn auch an einem vernünftigen Urteil hindert, damit er lernen möge, ohne unnötige Neugierde den wahren, soliden Wert in jedermann zu schätzen."[9]

Seinen Vater verspottet Joseph als „Faulpelz, umgeben von Schmeichlern"[10].

Vom achtzehnten Lebensjahr an wird er auch in Regierungsangelegenheiten unterwiesen und mit zwanzig in den Staatsrat aufgenommen. Da wird aus aus dem widerspenstigen

Jugendlichen unvermittelt ein engagierter, wissensdurstiger Mann, der seine idealistischen sozialpolitischen Überzeugungen in einer Abhandlung formuliert.

Eine Orchidee im habsburgischen Hausgarten

Mit Hilfe des spanischen und des französischen Königs arrangiert Maria Theresia die Ehe des österreichischen Thronfolgers Joseph mit Prinzessin Isabella von Parma.

Die Braut ist neun Monate jünger als der Erzherzog. Sie wuchs zunächst am spanischen, dann am französischen Hof auf, bis ihrem Vater 1748 das Herzogtum Parma zufiel. Sie ist gebildet, spielt eine Geige aus Cremona und beschäftigt sich eingehend mit philosophischen Fragen. Zwar würde sie sich lieber in ein Kloster zurückziehen, aber sie fügt sich dem Wunsch ihres Vaters. (Die Mutter starb am 6. Dezember 1759.)

In Parma findet am 7. September 1760 die Prokurationshochzeit[11] statt. Feldmarschall Wenzel Fürst von Liechtenstein geleitet die Braut nach Wien. Für die Reisegruppe stehen an jeder Relaisstation dreihundert Pferde bereit. In den Wiener Straßen drängen sich die Menschen, um einen Blick auf die schöne junge Frau und die einhundertzwanzig Prunkkarossen zu erhaschen. Kaiser Franz I. Stephan empfängt die Braut. Er stellt sie zuerst seiner Gemahlin vor und dann seinem neunzehnjährigen Sohn – dem sie so gut gefällt, daß er wie ein unreifer Junge errötet.

Joseph verabscheut festliche Zeremonien, und der Staat ist beinahe bankrott, aber Maria Theresia besteht auf einer prächtigen Hochzeitsfeier.

Sie nimmt Isabella wie eine Tochter auf und ist überglücklich, als sie beobachtet, daß sich ihr Sohn tatsächlich in seine Gemahlin verliebt. Aber er ist zu selbstsüchtig, um auf sie einzugehen – zumal mit ihr „eine zauberhaft hochgezüchtete, wenn auch vielleicht nicht ganz ungiftige Orchidee in den doch mehr oder minder biederen habsburgischen Hausgarten eingepflanzt"[12] wird. Er schwelgt im Glück, ohne zu merken, daß Isabella ihre Zuneigung nur spielt.

Isabella langweilt sich in Wien mit ihrem unsensiblen und spartanischen Gemahl. Um sich darüber hinwegzuhelfen, schreibt sie zahlreiche Briefe, Essays und Gedichte. In einem Aufsatz klagt sie die Männer als „unnötige Tiere" und nichtsnutzige Unterdrücker an.[13] Hunderte von Briefen richtet sie an ihre um ein halbes Jahr jüngere Schwägerin Maria Christine. Joseph kommt darin kaum vor. In einem dieser Briefe beschreibt sich Isabella: „Wenn Sie wissen möchten, was mein Kopf ist, kann ich ihn nur definieren als eine Sammlung von Narrheiten... Philosophie, Moral, Märchen, Meditationen, Liedern, Geschichte, Physik, Logik, Metaphysik, Begeisterung für Sie."[14]

Obwohl Maria Christines heiterer Charakter so gar nicht zu Isabellas Weltschmerz paßt, schwärmt diese: „Ich bete Sie an, ich glühe, ich umarme Sie. ... Ich hoffe sehr, Sie zu küssen, ich liebe Sie bis zur Verrücktheit..."[15]

Handelt es sich hier um zeitgemäße Äußerungen einer empfindsamen Intellektuellen oder um ein lesbisches Liebesbekenntnis? Die Meinung der Biographen ist geteilt.

Ein Jahr nach der Hochzeit wird Isabella von einer Tochter entbunden. Nach zwei Fehlgeburten ist sie 1763 erneut schwanger, aber sie erkrankt an Pocken und bringt das Kind am 20. November tot zur Welt.

Joseph, der die Pocken im Winter 1756/57 überstanden hat und deshalb immun dagegen ist, pflegt Isabella und weicht auch nicht von ihrer Seite, als der Geruch im Zimmer kaum noch zu ertragen ist. Maria Theresia schreibt Kaunitz: „Wir nähern uns dem tragischen Lebensende eines Engels."[16]

Eine Woche nach der Totgeburt – gut einen Monat vor ihrem zweiundzwanzigsten Geburtstag – erliegt Isabella ihrer Krankheit.

Joseph schreibt seinem Schwiegervater nach Parma: „Welche entsetzliche Trennung. Werde ich überleben können? Wenn ja, so nur, um mein ganzes Leben unglücklich zu sein."[17]

Psychoterror im Zarenhaus

Der Großfürst, ein Held?

Um seiner Gemahlin zu imponieren, prahlt Großfürst Peter, sein Vater habe ihn an der Spitze einer Gardeeinheit gegen einen Zigeunertrupp ausgeschickt. Als Katharina fragt, wieviele Jahre vor dem Tod seines Vaters das gewesen sei, antwortet er ohne nachzudenken: „Drei oder vier Jahre." Katharina kommentiert: „Nun, dann haben Sie sehr früh mit Ihren Heldentaten begonnen. Drei oder vier Jahre vor dem Tod Ihres Vaters waren Sie erst sechs oder sieben Jahre alt. Ich muß mich sehr wundern, daß Ihr Herr Vater Sie in so jungen Jahren gegen die Räuber ausgeschickt hat."[1] Da wird er wütend: „Sie wollen mich bloß als Lügner hinstellen!" Aber Katharina entgegnet ruhig: „Der Kalender widerspricht Ihrer Behauptung."

Spielzeugsoldaten statt Liebesspiel

Bereits in den ersten Tagen ihrer Ehe überlegte Katharina: „Wenn du diesen Menschen liebst, wirst du das unglücklichste Geschöpf auf Gottes Erdboden sein, weil du, so wie du veranlagt bist, nach Gegenseitigkeit verlangst; dieser Mensch beachtet dich quasi gar nicht, er spricht mit dir schier nur von Puppen und erweist jeder anderen Frau mehr Aufmerksamkeit als dir; du bist zu stolz, um darüber zu klagen, also beherrsche deine Zärtlichkeit gegenüber diesem Herrn."[2]

Peter schläft zwar anfangs mit seiner Gemahlin in einem Bett, aber statt sie zu umarmen, breitet er vor dem Einschlafen seine Spielzeugsoldaten auf dem Laken aus und erfindet heroische Schlachten.

Weder Katharinas Anmut noch ihr Körper erregen ihn; ihre Klugheit verstärkt nur seine Minderwertigkeitskomplexe.

An einem Morgen, neun Monate nach ihrer Hochzeit, steht

Katharina früh auf. Die Zarin habe schon zweimal nach ihr gefragt, berichten die Zofen. Und da steht sie auch schon persönlich in der Tür. Mit zornrotem Gesicht beschuldigt sie Katharina, nach dem Beispiel ihrer Mutter – die Rußland nach der Hochzeit verlassen mußte – mit dem preußischen König zu konspirieren und ihren Gemahl nur zu besuchen, um mit dessen Kammerherren geheime Botschaften auszutauschen. Dann kommt sie zum Punkt: „Es liegt an Ihnen, wenn die Ehe noch nicht vollzogen ist." Die Zarin ist so erregt, daß Katharina fürchtet, von ihr geschlagen zu werden. „Wenn Sie den Großfürsten nicht lieben, ist es nicht meine Schuld; ich habe Sie bestimmt nicht zu dieser Heirat gezwungen."[3]

Kanzler Alexej Petrowitsch Bestushew-Rjumin regt an, das Großfürstenpaar überwachen zu lassen, und Elisabeth folgt seinem Rat: Sie betraut Nikolai Tschoglokow und dessen Frau Maria mit der Führung des großfürstlichen Hofs und will von ihnen auf dem laufenden gehalten werden. (Maria Tschoglokowa ist zwar dumm und arrogant, aber sie bringt jedes Jahr ein Kind zur Welt und gilt deshalb als Vorbild.)

Nach einiger Zeit beginnt Peter, sich für die eine oder andere junge Sängerin oder Schauspielerin zu interessieren, und gelegentlich fragt er seine Gemahlin – „diskret wie ein Kanonenschuß"[4] –, wie er die Zuneigung einer Angebeteten gewinnen könne, oder er weint sich bei ihr aus, wenn ihm dies nicht gelingt.

Als sich ein Lakai damit brüstet, seine Frau zu schlagen, weil eine Frau ihren Mann fürchten müsse, übernimmt Peter diese Auffassung. Das beflügelt seine Phantasie, und er nutzt von da an jede Gelegenheit, um Katharina zu demütigen.

Eines Morgens kommt er entnervt zu ihr und deutet auf seinen Sekretär, der ihm folgt: „Sehen Sie nur diesen Teufel: Ich habe gestern zu viel getrunken, es ist mir noch heute ganz wirr im Kopf, und er bringt mir einen großen Bogen Papier, ein Verzeichnis der Angelegenheiten, die ich alle fertigmachen soll …!" Der Sekretär wendet sich an die Großfürstin: „Kaiserliche Hoheit, alles, was ich hier habe, hängt nur von ‚Ja' und ‚Nein' ab und kann in einer Viertelstunde erledigt werden." Sie fordert ihn auf vorzulesen, und während er liest, sagt sie ein paar Mal „ja" und „nein", dann sind alle erforderlichen Entscheidungen getroffen. Peter ermächtigt seine Gemahlin daraufhin schriftlich, für ihn Regierungsgeschäfte in seinem Herzogtum Holstein abzuwickeln – und Katharina lernt auf diese Weise, wie ein Staat geführt wird.

Nächtelang trinkt Peter mit seinen Lakaien, und wenn sie so betrunken sind, daß sie ihn wie ihresgleichen behandeln, prügelt er sie.

Als im November 1753 Elisabeths Residenz in Moskau brennt und Peters Möbel hinausgeschafft werden, fallen Schubladen einer Kommode mit fünfzehn Schnapsflaschen heraus.

Einmal kommt Peter auf die Idee, zum Zeitvertreib ein Dutzend Hunde mit Gebrüll und Peitsche abzurichten, und er bringt sie in einem vom ehelichen Schlafgemach nur durch eine Bretterwand getrennten Vestibül unter. Wegen des Gestanks würgt es Katharina; das Gebell reißt sie immer wieder aus dem Schlaf, aber sie verrät der Zarin nichts von der Marotte ihres Gemahls.

Sie erinnert sich später: „Eines Tages hörte ich einen Hund im Nebenzimmer kläglich wimmern. Ich öffnete die Tür und sah, daß der Großfürst einen Hund beim Nackenfell hochhielt, während ein junger Kalmück, der in seinen Diensten stand, den Hund beim Schwanz gefaßt hatte ..., und der Großfürst schlug, so fest er konnte, mit dem Peitschenstiel auf das arme Tier ein ... Ich ... zog mich weinend in mein Zimmer zurück."[5]

Als Peter bemerkt, daß eine Ratte zwei seiner Holzsoldaten angeknabbert hat, hetzt er einen Hund auf das Tier, der es totbeißt. Dann verurteilt er die Ratte feierlich zum Tod und läßt sie in der Mitte des Zimmers aufhängen.

Noch nimmt Katharina seine kindischen Launen hin, spielt mit einer Muskete in der Hand im Schlafgemach einen Wachsoldaten, steht auf sein Kommando stramm und präsentiert das Gewehr. Aber als er im Sommer 1755 tatsächlich holsteinische Truppen wie lebende Zinnsoldaten nach Oranienbaum holt – in die Sommerresidenz des Großfürstenpaares am Finnischen Meerbusen dreißig Kilometer westlich von St. Petersburg –, macht sie kein Hehl daraus, daß sie die Anwesenheit ausländischer Truppen mißbilligt, denn die russischen Garden sorgen sich, was nach der Thronbesteigung des Großfürsten mit ihnen geschehen könnte.

In ihren Memoiren stellt Katharina ihren Gemahl als bösartigen Idioten hin, um ihn nachträglich als Thronfolger zu disqualifizieren. Sein Erzieher Jacob von Stählin dagegen lobt sein Gedächtnis und seine Freude am Lesen. Tatsächlich läßt der Großfürst die tausend Bände umfassende Bibliothek seines verstorbenen Vaters aus Kiel nach St. Petersburg holen. Vielleicht ist Peter Fjodorowitsch nichts anderes als ein Durchschnittsmensch, den man vor eine viel zu große Aufgabe gestellt hat.

Jedenfalls leidet Katharina unter seinen Launen: „Ich habe achtzehn Jahre lang ein Leben geführt, bei dem zehn andere irrsinnig geworden und zwanzig andere an meiner Stelle vor Kummer gestorben wären."[6] Und sie befürchtet ständig, Peter Fjodorowitsch könne den Thron verspielen und sie selbst daraufhin ins Nichts zurücksinken. 1747 schreibt der preußische Gesandte an seinen König: „Man kann darauf wetten, daß der Großfürst niemals in Rußland regieren wird. Abgesehen von seiner schlechten Gesundheit, die einen vorzeitigen Tod zur Folge haben könnte, haßt das russische Volk den Großfürsten, so daß dieser Gefahr läuft, seine Krone auch dann zu verlieren, wenn sie nach dem Tod der Kaiserin ohne weiteres auf ihn übergeht."[7]

Katharina schätzt kostbare Kleider und ausgelassene Tanzabende, aber als kluge kultivierte Frau findet sie keinen passenden Gesprächspartner am russischen Hof und langweilt sich deshalb. In ihrer Einsamkeit liest Katharina noch eifriger – Tacitus, Montesquieu, Voltaire – und sie begeistert sich für die Ideen der Aufklärung, denkt über Ethik, Politik und Fragen der Staatsführung nach.

Am 16. März 1747 stirbt Katharinas Vater im Alter von sechsundfünfzig Jahren. Acht Tage lang darf sie um ihn trauern, dann überbringt ihr eine Bedienstete den Befehl der Zarin, damit nun wieder aufzuhören, ihr Vater sei schließlich kein König gewesen.

Seitensprung der Großfürstin

Katharina findet bald heraus, daß Männer sie attraktiv finden: „Ich besaß zugleich mit dem Geist und Charakter eines Mannes die Reize einer sehr liebenswürdigen Frau."[8]

1752 kommt der gut aussehende sechsundzwanzigjährige Kammerherr Sergej Saltykow an den Hof zurück. Seit zwei Jahren ist er mit einer Hofdame der Zarin verheiratet. Trotzdem hat sich der Don Juan in den Kopf gesetzt, die für ihn eigentlich unerreichbare Großfürstin zu verführen. Dafür riskiert er, nach Sibirien verbannt zu werden – aber das Abenteuer fordert ihn heraus.

Er befreundet sich mit dem Ehepaar Tschoglokow, das den großfürstlichen Haushalt leitet, kommt häufig zu Besuch, bringt meist seinen lustigen Freund Lew Naryschkin mit und tut so, als begeistere er sich für die Verse, an denen Nikolai Tschoglokow sich versucht. Während der nichtsahnende Gastgeber murmelnd Reime ausprobiert und Naryschkin ausgelassen Klavier spielt, bestürmt Saltykow die drei Jahre jüngere Katharina mit geflüsterten Liebesschwüren.

Während sie beide an einer Jagd auf einer Insel in der Newa teilnehmen, hält Sergej Saltykow Katharina zurück. „… er beteuerte mir, daß er mich heiß liebe, und bat mich um die Erlaubnis, daß er hoffen dürfe, daß er mir wenigstens nicht gleichgültig sei … Ich lachte über alles, was er sagte, aber im Grunde meiner Seele mußte ich zugeben, daß er mir recht wohl gefiel. Als wir uns anderthalb Stunden so unterhalten hatten, forderte ich ihn auf, sich zu entfernen, weil ein so lang dauerndes Gespräch Verdacht erregen könne. Er aber weigerte sich, mich zu verlassen, wenn ich ihm nicht vorher sagte, daß er wohlgelitten sei. Ich antwortete ihm: ‚Ja, ja, aber entfernen Sie sich!' Er rief: ‚Das will ich mir gesagt sein lassen', und gab seinem Pferd die Sporen. Ich rief ihm nach ‚Nein, nein', aber er wiederholte: ‚Ja, ja'. So trennten wir uns."[9]

Nach dem Ausflug raunt Großfürst Peter einem Kammerdiener augenzwinkernd zu: „Sergej Saltykow und meine Frau führen Tschoglokow an der Nase herum …!"[10]

Was aber, wenn Katharina schwanger wird, wo jeder Höfling das Gerücht kennt, ihr Gemahl sei unfähig zum Beischlaf?[11] Tatsächlich erleidet Katharina Ende 1752 und Mitte 1753 zwei Fehlgeburten.

Geburt eines Stammhalters

Im September 1754 ist die Großfürstin erneut schwanger. Elisabeth ordnet an, daß sie in eines der zaristischen Privatgemächer umzieht. In der Nacht auf den 1. Oktober erwacht Katharina nach ein paar Stunden Schlaf: Die Wehen setzen ein. Man ruft nach der Hebamme und hilft der Schwangeren, sich auf eine harte Pritsche zu legen. Auch Elisabeth stürzt herbei und setzt sich mit einem Morgenmantel über dem Nachthemd neben die Kreißende.

Gegen Mittag kommt das Kind. Die Hebamme hält es hoch: Es ist ein Junge. Vorsichtig wird er gewaschen und in lange Leinen- und Flanelltücher gewickelt. Dann läßt die Zarin ihren Beichtvater holen, der das Neugeborene salbt und ihm auf ihre Anordnung hin den Namen Paul gibt. Gleich darauf befiehlt Elisabeth der Hebamme, ihr mit dem Säugling zu folgen und eilt aus dem Zimmer, ohne sich noch einmal umzusehen.

Katharina hat ihre Schuldigkeit getan.

Sie bleibt mit einer Bediensteten allein zurück. Erschöpft und verschwitzt liegt sie auf der Pritsche in der Zugluft zwischen schlecht schließenden Fenstern und Türen. Sie bittet das Mädchen, ihr ein frisches Nachthemd zu bringen und ihr ins Bett zu helfen, aber die Dienerin wagt nicht, etwas ohne Anweisung der Zarin zu unternehmen: Sie ruft zwar mehrmals nach der Hebamme, aber die muß bei dem Neugeborenen bleiben.

Katharina hört, wie die Geburt des Stammhalters mit Glockengeläut und Salutschüssen gefeiert wird. Ihr Leib und ihre Brüste schmerzen; sie weint aber auch aus Wut. Sie bittet um einen Schluck Wasser, doch die Bedienstete geht auch darauf nicht ein.

Erst nach drei Stunden kommt eine Gräfin. „Man will sie umbringen!" schreit sie und holt selbst die Hebamme, die Katharinas Hemd wechselt und sie ins Bett bringt.

Die Hand an der Wiege

Paul wird von der Zarin und dem Großfürsten als ehelich anerkannt, obwohl sich beide sicher sind, daß Sergej Saltykow der Vater ist. Großfürst Peter protestiert nicht, weil er damit nur sein Versagen als Ehemann bekunden würde, und die Zarin sieht eine Chance, ihren verachteten Neffen in der Thronfolge zu übergehen.

Fünf Tage nach der Geburt wird Paul getauft.[12] Maria Theresia übernimmt die Patenschaft und schickt ein Geschenk. Katharina wird zu der Zeremonie nicht eingeladen und darf ihren Sohn erst nach fast sieben Wochen ein paar Minuten lang anschauen.

Von da an läßt die Zarin sie hin und wieder eine halbe Stunde mit Paul verbringen. Katharina findet ihn in einem überheizten Zimmer vor, in einer mit Fuchsfellen ausgelegten Wiege, eingewickelt in Flanelltücher, zugedeckt mit einer Steppdecke und einer gefütterten Samtdecke.

Für Sergej Saltykow denkt man sich etwas Perfides aus: Er muß die schwedische Regierung – die durch ihre Spione von der Liebesaffäre erfahren hat – offiziell über die Geburt des Kindes unterrichten. Um ihn für einige Zeit vom Hof fernzuhalten, wird er kurz darauf in einer diplomatischen Mission nach Hamburg entsandt. Erst im Karneval des folgenden Jahres kehrt er zurück.

Katharina gelingt es, ein heimliches Rendezvous mit ihm zu vereinbaren, aber in ihren Memoiren klagt sie: „Ich wartete bis drei Uhr morgens auf ihn, aber er kam nicht. Ich sann in Todesängsten darüber nach, was ihn vom Kommen hatte abhalten können. Am folgenden Tag erfuhr ich, daß er von Graf Roman Woronzow in eine Freimaurerloge mitgenommen worden war, und er behauptete, er hätte sich dem nicht entziehen können, ohne Verdacht zu erregen. Aber ich fragte Lew Naryschkin so genau aus, daß es mir klar wie der Tag wurde, daß er bloß aus Mangel an Eifer und Aufmerksamkeit für mich nicht gekommen war und nicht die geringste Rücksicht auf das nahm, was ich seit langer Zeit aus Zuneigung zu ihm litt."[13]

Stanislaus August Poniatowski

Am Peter-und-Paul-Tag des Jahres 1755, dem Namenstag ihres Sohnes und ihres Gemahls, empfängt Katharina Gäste, darunter den neuen englischen Botschafter Charles Hanbury-Williams und dessen polnischen Sekretär Stanislaus August Poniatowski.

Als Sir Charles und Lew Naryschkin beobachten, daß Katharina immer wieder zu dem dreiundzwanzig Jahre alten in Paris aufgewachsenen Polen hinsieht, ermutigen sie ihn, sich auf eine Affäre einzulassen. Der ebenso schöne wie schüchterne und gefühlvolle Edelmann ist kein Verführer, aber er betet Katharina an und glaubt, die Liebe seines Lebens gefunden zu haben.

Eines Tages läßt sich Katharina einen Herrenanzug bringen, angeblich, um ihn jemandem zu schenken, doch sie verkleidet sich damit und stiehlt sich über eine Hintertreppe davon. Lew Naryschkin bringt sie zu seinem Haus, wo der neue Geliebte sie bereits erwartet.

Nach gut einem halben Jahr muß Poniatowski für einige Zeit nach Polen reisen. Als er sich offiziell von Katharina verabschiedet, springt deren Hund freudig an ihm hoch, knurrt aber die anderen Herren an. Daraufhin nimmt jemand Poniatowski am Arm: „Mein Freund, es gibt keinen schlimmeren Verräter als ein Bologneserhündchen."[14]

1757 ist Katharina erneut schwanger. Die Wehen setzen in der Nacht auf den 20. Dezember ein. Als sie sich am folgenden Abend von der Tafel erhebt, schreit sie vor Schmerzen auf und wird ins Bett gebracht. Das neugeborene Mädchen läßt die Zarin – wie vor drei Jahren den Säugling Paul – unverzüglich in ihre Privatgemächer bringen.

Stanislaus August Poniatowski muß Rußland im Sommer 1758 endgültig verlassen, aber er hört nicht auf, Katharina zu lieben.

Friedrich der Große
beginnt erneut einen Krieg

Nasenstüber

„Was sehen Sie in meinem Gesicht?", fragt König Friedrich II. den englischen Gesandten im Mai 1756. „Glauben Sie, daß meine Nase dazu gemacht ist, Nasenstüber hinzunehmen? Bei Gott, das werde ich nicht dulden!"

Sir Andrew Mitchell erwidert: „Mit Verlaub: Geduld und Unterwürfigkeit rechnet wohl niemand unter die erlauchten Eigenschaften Ihrer Majestät."

Friedrich lacht böse und zeigt auf ein Bildnis Maria Theresias: „Da hilft nichts mehr. Diese Dame will den Krieg, sie soll ihn bald haben."[1]

„Weibermachwerk"

Am 7. März 1749 fordert Maria Theresia die Mitglieder der Geheimen Konferenz auf, Vorschläge für eine Neuorientierung der österreichischen Außenpolitik auszuarbeiten.

Der Kaiser tritt dafür ein, das Bündnis mit England fortzuführen und Rußland einzubeziehen. Ähnlich äußern sich auch die anderen Herren – bis als letzter der mit achtunddreißig Jahren jüngste Teilnehmer aufgerufen wird: Wenzel Anton Graf von Kaunitz liest zwei Stunden lang aus seinem Papier vor, das mit 126 Seiten mehr als doppelt so umfangreich ausgefallen ist wie alle übrigen Beiträge zusammen. Er weist darauf hin, daß Rußland als Partner zu wenig berechenbar sei und die Engländer Österreich nur zögerlich unterstützten, um keinen preußischen Angriff auf Hannover[2] zu provozieren. Aus diesem Grund empfiehlt er ein Bündnis mit Frankreich.

Ein Bündnis mit Frankreich, obwohl Bourbonen und Habsburger seit Generationen verfeindet sind? Das würde die europäischen Koalitionen durcheinanderwirbeln!

Graf von Kaunitz trägt eine Perücke mit hoch aufgetürmten Locken und poliert alle paar Minuten mit einer kleinen Quaste die Diamanten an seinem Anzug. Nur von seinem eigenen Koch zubereitete Delikatessen nimmt er zu sich und prüft danach mit einem Spiegel die Sauberkeit seiner Zähne. Über Tod und Krankheit darf in seinem Beisein nicht gesprochen werden, denn wenn der Hypochonder davon hört, packt ihn panische Angst. Kalt aber plant er seine politischen Schachzüge und handelt dabei ebenso weitsichtig wie unbestechlich. Sein Ehrgeiz ist es, „aufs richtige Pferd zu setzen und dann noch zur Sicherheit das Rennen zu manipulieren"[3].

Im Oktober 1750 trifft er als neuer Gesandter Österreichs in Versailles ein. Den Haß der Franzosen auf die Habsburger spürt er hier tagtäglich, aber als er den Plan eines französisch-österreichischen Zusammengehens schon aufgeben will, besteht Maria Theresia darauf, in der eingeschlagenen Richtung fortzufahren. Kaunitz findet rasch heraus, wen er gewinnen muß, um Ludwig XV. zu überzeugen: Madame de Pompadour.

Der schönen Tochter eines ungebildeten Händlers ist es gelungen, zur Herzogin und offiziellen Mätresse des Königs aufzusteigen. Aber das genügt ihr nicht. Während sich Ludwig XV. kaum zu einer Entscheidung aufrafft, regelt Madame de Pompadours Ehrgeiz ihre Leidenschaften und die Vernunft ihr Gewissen. Trotz zahlreicher Hofintrigen baut sie ihre Machtstellung so aus, daß es schließlich zum guten Ton gehört, wenn Besucher des Königs in Versailles nicht nur der Königin, sondern auch der Mätresse ihre Aufwartung machen. Was sie für richtig hält, trägt sie dem König vor, und häufig stimmt er ihren Vorschlägen zu. Wer Madame de Pompadour überzeugen kann, hat bereits halb gewonnen.

Die sittenstrenge Maria Theresia sähe es lieber, wenn ihr Gesandter mit einem erfahrenen Politiker statt mit einer neunundzwanzigjährigen Mätresse konspirieren würde, aber Graf Kaunitz – der „aus dem Haß gegen Friedrich den Großen eine Religion"[4] macht – überzeugt die Kaiserin, daß nur auf diesem Weg ein Fortschritt erzielt werden könne.

Jetzt rächt es sich, daß Friedrich der Große in seiner Tafelrunde Maria Theresia, Zarin Elisabeth und Madame de Pompadour zu verhöhnen pflegt: Die Marquise ergreift die Gelegenheit, die Allianz zwischen Ludwig XV. und Friedrich II. zu torpedieren.

Aber es gelingt Madame de Pompadour zunächst nicht, die Haltung der französischen Regierung zu ändern: Unverrichteter Dinge reist der österreichische Gesandte nach zweieinhalb Jahren wieder ab, um am 13. Mai 1753 – Maria Theresias sechsunddreißigstem Geburtstag – das neugeschaffene Amt des Hof- und Staatskanzlers in Wien zu übernehmen.

Zwei Jahre später schickt die Habsburgerin einen Kurier nach Versailles, um Ludwig XV. erneut auf ihre gemeinsamen Interessen hinzuweisen und ihn von den unlauteren Absichten Friedrichs II. zu überzeugen. Kaunitz' Nachfolger Georg Adam Graf von Starhemberg unterrichtet Madame de Pompadour unverzüglich über den Vorgang.

Am 16. Januar 1756 schließen die bisherigen Gegner England und Preußen ein Abkommen über die Neutralität Hannovers und verpflichten sich, jeden Angriff einer fremden Macht auf deutschem Boden gemeinsam abzuwehren (Westminsterkonvention). Die englischen Vertragspartner Rußland und Österreich werden dadurch ebenso vor den Kopf gestoßen wie Preußens Verbündeter Frankreich. Nach diesem Affront zögert Ludwig XV. nicht länger und schließt mit Maria Theresia am 1. Mai 1756 einen Neutralitäts- und Verteidigungspakt, der im Jahr darauf zur Offensivallianz erweitert wird.

Wütend schimpft Friedrich der Große über das „Weibermachwerk"[5].

Angriff oder Verteidigung?

Ein bestochener Kanzleischreiber in Dresden informiert König Friedrich II. im Mai 1756 über russisch-österreichische Geheimabsprachen: Rußland will Ostpreußen erbeuten und Österreich dabei helfen, Schlesien zurückzuerobern. In einem abgefangenen Brief an die Zarin versichert die Wiener Regierung, daß „alles, was der Schwächung des Preußenkönigs dient, von uns mit Freuden ergriffen wird"[6].

Maria Theresia will einen neuen Krieg! Aber die Rolle des Aggressors möchte sie Friedrich dem Großen zuschieben, um die Empörung der anderen Regierungen gegen ihn zu schüren und weil Frankreich nur dann Beistand leisten muß, wenn Österreich angegriffen wird.

Ende Juli fragt der preußische Gesandte in Wien nach dem Zweck der seit Wochen in Österreich beobachteten Truppenbewegungen. Maria Theresia liest ihre Antwort von einem Blatt ab: „Die bedenklichen Umstände der allgemeinen Angelegenheiten haben Mich die Maßregeln für notwendig ansehen lassen, die Ich zu Meiner Sicherheit und zur Verteidigung Meiner Verbündeten ergreife, und welche überdies nicht bezwecken, irgend jemand zum Schaden zu gereichen. Dies bitte Ich, dem König, Ihrem Herrn zu berichten."[7]

Friedrich der Große schreibt seiner Schwester Wilhelmine: „Ich bin in der Lage eines Reisenden, der sich von einem Haufen Schurken umringt und im Begriff sieht, ermordet zu werden, weil die Räuber seinen Besitz unter sich verteilen wollen."[8] (Er vergißt, daß es den Konflikt gar nicht gäbe, wenn er nicht 1/40 Schlesien geraubt hätte.)

Am 29. August 1756 überschreiten preußische Truppen ohne Kriegserklärung auf breiter Front die Grenze des bis dahin neutralen Nachbarlandes Sachsen, um sich eine Operationsbasis für einen Feldzug gegen Böhmen zu verschaffen. Damit will Friedrich der Große einem Angriff seiner Gegner zuvorkommen und den unvermeidlichen Krieg aus der Offensive heraus führen. Es ist der Krieg eines Staats mit viereinhalb Millionen Untertanen und einer etwa 150 000 bis 200 000 Mann starken Armee gegen achtzig Millionen Österreicher, Franzosen, Russen, Schweden, Polen und Sachsen, die gemeinsam 300 000 bis 500 000 Soldaten ins Feld schicken!

Die preußische Hauptstreitmacht steht am 6. September vor Dresden, aber das sächsische Heer rettet sich auf die uneinnehmbaren Hügel bei der Festung Königstein im Elbsandsteingebirge, und der sächsische Kurfürst und polnische König setzt sich nach Warschau ab. Kampflos zieht Friedrich II. in Dresden

Friedrich der Große
Gemälde von Franz Dudde
Rastatt, Wehrgeschichtliches Museum

ein. Er begnügt sich mit einem Herrenhaus als Quartier, überläßt der sächsischen Kurfürstin das Schloß und verbietet seinen Offizieren die Jagd, um der Schloßküche nicht das Wild wegzunehmen. Allerdings kommt es beinahe zum Handgemenge zwischen Kurfürstin Maria Josepha und einem preußischen Soldaten, als Friedrich der Große das Geheimarchiv aufbrechen läßt, um Beweise für die russisch-österreichische Verschwörung zu finden.

Nachdem die Preußen ein österreichisches Entsatzheer bei Lobositz geschlagen und die sächsischen Truppen alle Vorräte aufgebraucht haben, kapitulieren diese am 15. Oktober 1756.

Entgegen der Gepflogenheiten zwingt der preußische König 20 000 einfache sächsische Soldaten in die Reihen seiner Armee. Das erweist sich später als schwerwiegender Fehler, denn bei der ersten Gelegenheit erschießen die sächsischen Soldaten die preußischen Offiziere und desertieren.

Ende Oktober geht der Feldzug erst einmal zu Ende: die Preußen beziehen ihre Winterquartiere in Sachsen und Schlesien.

„Man muß sich auf Mord und Gemetzel einstellen"

Nur einmal während des Siebenjährigen Krieges kehrt Friedrich der Große nach Berlin zurück: Im Januar 1757 besucht er seine kranke Mutter Sophie Dorothea.

In Berlin verfaßt er eine geheime Instruktion: „Wenn ich getötet werden sollte, müssen die Staatsgeschäfte ohne die geringste Änderung fortgeführt werden. Niemand darf bemerken, daß sie sich in anderen Händen befinden. Wenn ich das Unglück hätte, in feindliche Gefangenschaft zu fallen, so verbiete ich hiermit, auf meine Person die geringste Rücksicht zu nehmen; am allerwenigsten darf man auf das achten, was ich etwa aus der Gefangenschaft schreibe. Meine Minister und Generäle mache ich mit ihrem Kopf dafür verantwortlich, daß man für meine Befreiung weder eine Provinz noch Lösegeld bietet. Man muß vielmehr den Krieg fortsetzen und alle Vorteile benutzen, ganz so, als hätte ich niemals in der Welt existiert."[9]

Der König stellt also den Staat über die eigene Person!

Seine überrumpelten Gegner nutzen die Winterpause, um sich für den weiteren Krieg zu rüsten. Am 2. Februar 1757 schließen sich die Russen der französisch-österreichischen Koalition an, und Zarin Elisabeth beginnt, eine Armee gegen die Preußen aufzustellen.

Mitte April dringt Friedrich der Große nach Böhmen vor. Obwohl die Preußen durch Eilmärsche ermattet sind, greifen sie sofort an, als sie am 6. Mai bei Prag auf ein fast gleich starkes österreichisches Heer stoßen. Jeder fünfte Soldat fällt oder wird verwundet. „Die Österreicher sind zerstreut wie Stroh im Wind", jubelt der preußische König. Maria Theresia läßt ihre Geburtstagsfeier absagen.

50000 österreichische Soldaten ziehen sich hinter die Stadtmauern Prags zurück, um auf ein neues Heer zu warten. Die Preußen müssen sich spalten: Während ein Teil der Einheiten Prag belagert, ziehen andere weiter, um das Entlastungsheer abzufangen.

Obwohl die österreichische Streitmacht zahlenmäßig weit überlegen ist, über doppelt soviele Kanonen verfügt und zudem auf einer Hügelkette bei Kolin eine ausgezeichnete Ausgangsposition eingenommen hat, greift Friedrich am 18. Juni 1757 an – und muß eine verheerende Niederlage hinnehmen. 12000 preußische und 9000 österreichische Soldaten liegen tot oder verwundet auf dem Schlachtfeld. Friedrich der Große hat fast zwei Drittel seiner Infanteristen und den Ruf der Unbesiegbarkeit verloren.

Nach einem sechsunddreißigstündigen Ritt trifft Friedrich der Große bei seinen vor Prag liegenden Truppen ein. Dort hat sein mißgünstiger Bruder Heinrich soeben mit Champagner auf die Niederlage angestoßen: „Phaeton ist gestürzt."[10] Mühsam hält sich der König aufrecht, bis er sich auf einem Strohsack in einem Pfarrhaus ausstrecken kann.

Am nächsten Tag hebt er die Belagerung Prags auf und zieht sich nach Sachsen zurück.

Einige Tage später bringt ihm ein Kurier die Nachricht, daß seine Mutter im Alter von einundsiebzig Jahren gestorben ist.

Die Posten vor seinem Quartier hören ihn angeblich drei Tage lang immer wieder schluchzen.

Friedrich der Große magert ab. Um seine Nervosität zu verdrängen, schnupft er immer gieriger und klagt: „Ich kann diesen spanischen Tabak nicht entbehren; es ist eine eingewurzelte Gewohnheit. Ich besudele mir dabei Gesicht und Kleidung. Wie widerlich das ist! Nicht wahr, ich sehe ein bißchen wie ein Schwein aus?"[11]

Ein von dem fünfundfünfzig Jahre alten Feldmarschall Stepan Fjodorowitsch Apraxin kommandiertes russisches Heer besiegt am 30. August ein preußisches bei Groß-Jägersdorf östlich von Königsberg.

Die Franzosen erobern Hannover.

Überall lauern Feinde: im Westen die Franzosen, im Süden die Österreicher, im Osten die Russen und im Norden die Schweden. Preußen ringt um seine Existenz!

Wie verzweifelt muß Friedrich der Große sein, wenn er Vertraute ersucht, heimlich mit Madame de Pompadour Kontakt aufzunehmen, um Frankreich aus der antipreußischen Koalition herauszubrechen? Das Fürstentum Neuchâtel und eine halbe Million Taler bietet er dafür. Vergeblich.

Am 16. Oktober 1757 tauchen plötzlich österreichische Husaren vor Berlin auf und dringen in die Stadt ein. Weil der Magistrat glaubt, es handele sich um die Vorhut einer starken Armee, zahlt er den geforderten Tribut. Am nächsten Tag verschwinden die Soldaten so unvermittelt wie sie kamen. Für Maria Theresia haben sie zwei Dutzend feine Handschuhe eingepackt – aber sie wird nicht viel damit anfangen können, denn in der Eile erwischten sie lauter linke!

Am 5. November steht Friedrich der Große bei Roßbach südlich von Halle einer doppelt so starken Armee der Franzosen und des Kaisers Franz I. Stephan gegenüber. Wieder greift er an. Bevor die Infanteristen aufeinandertreffen, entscheiden die preußischen Kavalleristen die Schlacht.

„Das Ansehen und die Ehre meiner Nation sind gerettet. Wir mögen unglücklich, doch wir werden nicht entehrt sein", schreibt Friedrich seiner Schwester Wilhelmine.[12]

Als er im Schloß von Burgwerben Quartier beziehen

möchte, stellt er fest, daß es mit verwundeten Franzosen überfüllt ist. Da nimmt er mit einem Haus vorlieb, in dem sonst die Dienstboten schlafen.

Am 22. November 1757 überwältigen die Österreicher ein preußisches Feldlager vor Breslau. Zwei Tage später kapituliert die schlesische Hauptstadt. Der preußische König eilt herbei und greift am 5. Dezember bei Leuthen erneut eine doppelt so starke österreichische Streitmacht an. Friedrichs Sieg in dieser Schlacht hält der Militärhistoriker Christopher Duffy „für den größten Sieg innerhalb einer Generation, vielleicht sogar des gesamten 18. Jahrhunderts", allein schon diese Leistung habe „Friedrichs Anspruch auf einen Platz unter den berühmtesten Feldherren der Geschichte begründet."[13]

Maria Theresia ist entsetzt, als sie die Nachricht von der österreichischen Niederlage erhält.

Zwei Wochen später kapituliert Breslau – dieses Mal vor den Preußen –, und die österreichische Besatzung zieht ab.

Aber es ist noch kein Frieden in Sicht, und Friedrich der Große beklagt sich bei seiner Schwester Wilhelmine, daß er den Krieg fortführen müsse, um sich gegen seine Feinde zu behaupten. „Aber wenn dies geschehen ist, muß man wirklich zum Frieden kommen. Welche Opfer an Menschen! Welche entsetzliche Schlächterei! Nur schaudernd denke ich daran. Wie dem aber auch sei, man muß sich ein ehernes Herz anschaffen und sich auf Mord und Gemetzel einstellen ..."[14]

Katharina – eine Agentin?

Schlaganfall

Am 19. September 1757 wohnt Zarin Elisabeth in Zarskoje Selo[1] – ihrer Schloßanlage außerhalb von St. Petersburg – einer Messe bei. Ihr wird übel und sie verläßt die Kirche vorzeitig. Draußen sinkt sie bewußtlos ins Gras. Von überall her kommen Leute gelaufen und begaffen sie. Jemand deckt sie zu und schickt nach einem Arzt. Ein französischer Chirurg läßt sie zur Ader, aber sie kommt nicht wieder zu sich. Ihr Leibarzt ist selbst krank und muß auf einem Lehnstuhl herbeigeschleppt werden. Schließlich holt man ein Sofa aus dem Schloß und bettet sie darauf.

Erst nach zwei Stunden öffnet sie die Augen, starrt ins Leere, murmelt Unverständliches und erkennt offenbar niemand.

Hochverrat

Großfürstin Katharina versöhnt sich mit Großkanzler Alexej Petrowitsch Bestushew-Rjumin. Sie hat nicht vergessen, daß er ihre Ehe mit dem russischen Thronfolger vereiteln wollte und ihre Überwachung durch die Tschoglokows anregte, aber sie schätzt seine politische Intelligenz und glaubt, bald seine Unterstützung brauchen zu können. Andererseits weiß der über sechzig Jahre alte Choleriker, daß seine Machtposition von den Schuwalows untergraben wird, und er überlegt, daß es vorteilhaft wäre, sich rechtzeitig mit der starken Frau an der Seite des Thronerben zu verbünden.

Heimlich entwirft er einen Ukas, mit dem Katharina nach Elisabeths Tod als Mitregentin ihres Gemahls eingesetzt werden soll. Sie liest das Schriftstück und notiert ihre Kommentare dazu am Rand. Das ist Hochverrat!

Während der Großkanzler auf eine Allianz mit Frankreichs Erzfeind England hinarbeitet, verkaufen die Schuwalows Tabak und Kaviar nach Frankreich und setzen sich deshalb für eine Verbesserung der russisch-französischen Beziehungen ein.

Katharina und der englische Gesandte Sir Charles Hanbury-Williams begegnen sich häufig. Der Siebenundvierzigjährige ist einer der wenigen gebildeten und schlagfertigen Männer, mit denen sich die sechsundzwanzig Jahre alte Großfürstin unterhalten kann. Er hilft Katharina mit viel Geld aus, und sie spielt ihm vertrauliche Informationen zu; sie nutzen die Beziehung für ihre Zwecke, aber gleichzeitig entwickelt sich eine echte Freundschaft.

An Friedrich dem Großen läßt Katharina kein gutes Haar, seit sie weiß, daß er ihre Mutter als Agentin mißbrauchte und damit ihre eigene Karriere gefährdete. Charles Hanbury-Williams berichtet seiner Regierung: „Die Großfürstin ist nicht nur überzeugt davon, daß Friedrich der natürliche und gefährlichste Feind Rußlands ist, sie haßt ihn auch persönlich. Sie sagte mir, der Prinz Heinrich habe nicht so viel Verstand wie sein Bruder, dafür aber sei sein Herz nicht so schlecht wie das des preußischen Königs, welches gewiß eines der schlechtesten auf der Welt ist."[2]

Am 30. September 1755 verpflichtete sich Rußland vertraglich, Hannover gegen Preußen zu verteidigen, und England sicherte Rußland im Gegenzug finanzielle Unterstützung zu. Aber das bereits erwähnte englisch-preußische Abkommen vom 16. Januar 1756 (Westminsterkonvention) machte aus dem englisch-russischen Vertrag einen Fetzen Papier. Die Schuwalows triumphieren: Sie haben auf das richtige Pferd gesetzt. Charles Hanbury-Williams muß 1757 nach England zurückkehren. Er bringt sich zwei Jahre später um.

Während russische gegen preußische Truppen kämpfen, schwärmt der Großfürst mit infantiler Begeisterung und auch aus reiner Oppositionslust für Friedrich den Großen und läßt ihm über den neuen englischen Botschafter in St. Petersburg geheime Informationen zukommen, so daß Friedrich oft schneller und besser über die Absichten der Zarin unterrichtet ist als die Befehlshaber der russischen Truppen.

Warum nutzt der russische Feldmarschall Stepan Fjodorowitsch Apraxin seinen Sieg am 30. August 1757 bei Groß-Jägersdorf über die Preußen nicht, um weiter nach Westen vorzustoßen? Veranlaßt ihn der Großfürst heimlich dazu, um den Preußenkönig zu retten? Steht sein Verhalten im Zusammenhang mit dem Schlaganfall Elisabeths drei Wochen nach der Schlacht? Möchte er im Fall ihres Todes mit seinen Truppen in der Residenzstadt sein, um Katharina zu unterstützen? Oder plant Alexander Iwanowitsch Schuwalow, mit Apraxins Hilfe Paul auf den Thron zu heben und selbst die Regentschaft zu übernehmen?

Jedenfalls wird Stepan Fjodorowitsch Apraxin vom Oberbefehl abgelöst, in Riga gefangengenommen und zwei Jahre später vor ein Kriegsgericht gestellt. Das ist zu viel für den Achtundfünfzigjährigen: Am ersten Verhandlungstag sinkt er tot um.

Im Februar 1758 wird auch Großkanzler Alexej Petrowitsch Bestushew-Rjumin festgenommen. Obwohl Katharina im gleichen Gebäude wohnt, erfährt sie davon erst durch ein Briefchen, das ihr Stanislaus August Poniatowski über Lew Naryschkin zuspielt: „Der Mensch bleibt nie ohne Hilfe. Ich bediene mich dieses Weges, um Sie zu benachrichtigen, daß gestern abend Graf Bestushew verhaftet und seiner Ämter und Würden beraubt worden ist..."[3]

Lew Naryschkin heiratet an diesem Tag. Weder beim Bankett noch beim anschließenden Ball spricht jemand über die Verhaftung des Großkanzlers. Katharina plaudert scheinbar heiter mit anderen Gästen, nähert sich lächelnd dem betagten Hochzeitsmarschall Fürst Nikita Trubezkoi – von dem sie ahnt, daß er Bestushew verhört hat –, bewundert die bunten Bänder an seinem Marschallstab und flüstert dann: „Was sind das alles für Sachen? Haben Sie mehr Verbrechen als Verbrecher oder mehr Verbrecher als Verbrechen gefunden?" Verblüfft erwidert der Überrumpelte: „Wir haben getan, was man uns befohlen hat, nach den Verbrechen sucht man noch." Ein anderer Gast fügt hinzu: „Bestushew ist verhaftet, und jetzt suchen wir nach Gründen für seine Verhaftung."[4]

Vor allem wird nach Dokumenten gesucht, die beweisen,

daß Bestushew des Hochverrats schuldig ist. Zugleich schüren Intriganten Elisabeths Argwohn gegen Katharina: Hat sie für England spioniert? Ist sie eine Agentin Friedrichs des Großen wie ihre Mutter?

Katharina hat Großkanzler Alexej Petrowitsch Bestushew-Rjumin und Feldmarschall Stepan Fjodorowitsch Apraxin Briefe geschrieben; den Entwurf für den Thronfolge-Ukas mit ihren Randnotizen verwahrt sie zwar selbst auf, aber sie weiß, daß der Kanzler ähnliche Entwürfe besitzt. Deshalb atmet sie auf, als sie eine Nachricht von Bestushew bekommt: „Beunruhigen Sie sich nicht, ich habe Zeit gefunden, alles zu verbrennen."⁵ Sie wirft ebenfalls alle kompromittierenden Schriftstücke ins Feuer, darunter auch die Charakterskizze, die sie als Fünfzehnjährige verfaßte. Bestushew aber wird als Großkanzler vom bisherigen Vizekanzler Michail Illarionowitsch Woronzow abgelöst und auf seine Güter verbannt.

Um sich nicht in dem Intrigennetz zu verstricken, gehen die Höflinge Katharina aus dem Weg. Tuschelnd schließen sie Wetten ab, wie lange es dauern wird, bis Katharina in ein Kloster verbannt wird und der Großfürst seine Mätresse heiratet.

Ehekrieg

Der Großfürst hat sich in die etwa zehn Jahre jüngere Elisabeth Romanowna Woronzowa verliebt und sie in seinen Gemächern untergebracht. Ihr Gesicht ist von Pockennarben entstellt, ihre Brüste quellen aus dem Dekolleté; sie flucht, spuckt auf den Boden, säuft und liegt bis Mittag im Bett. Mitunter ohrfeigen sich die beiden, aber sie versöhnen sich jedes Mal wieder. Die Nichte des Vizekanzlers Michail Woronzow rechnet sich eine Chance aus, Katharina von der Seite des Thronfolgers verdrängen zu können, und Peter Fjodorowitsch kann endlich ohne Minderwertigkeitskomplexe mit einer Frau zusammen seinen kindischen Launen nachhängen. „Wie das winzige Holstein dem großen Rußland, so zieht er dieses plumpe Scheusal seiner prachtvollen Gattin vor."⁶

Einige Tage nach Bestushews Verhaftung stürmt er in Katharinas Ankleidezimmer und tobt, sie wolle ihn absichtlich in Wut bringen. Als sie ihn fragend anschaut, beschimpft er sie weiter: „Sie wollen heute nur deshalb ins Theater, weil Sie wissen, daß ich mich dort langweile!" Alexander Iwanowitsch Schuwalow, der Chef des Geheimdienstes, der seit dem Tod Nikolai Tschoglokows auch den Hof des Großfürstenpaars führt, weigert sich, eine Kutsche vorfahren zu lassen. Katharina trinkt ein Glas kaltes Wasser, wie immer, wenn es ihr schwerfällt, vor Zorn nicht die Beherrschung zu verlieren. „Dann werde ich eben zu Fuß gehen, und wenn man meinen Damen und Kavalieren verbieten sollte, mich zu begleiten, dann werde ich allein gehen."[7] Sie droht Schuwalow, sich bei der Zarin zu beschweren: „Ich werde ihr sagen, wie man mich behandelt und daß Sie den Großfürsten, damit er sich in Gesellschaft meiner Hofdamen amüsieren kann, auch noch unterstützen, wenn er mich am Besuch des Theaters hindern will..."[8]

Tatsächlich schreibt sie Elisabeth in russischer Sprache. Sie bedauert, daß sie sich den Haß des Großfürsten zugezogen habe und bei der Zarin in Ungnade gefallen sei. Sie wolle nach Deutschland zurückkehren. Ihre Kinder wisse sie gut versorgt und dürfe sie ohnehin nur selten sehen, es mache daher keinen Unterschied, ob sie mit ihnen unter einem Dach wohne oder Hunderte von Werst entfernt.

Sie weiß, daß die Zarin nicht darauf eingehen kann, weil ihre Abreise einen Skandal auslösen würde.

Nächtliche Unterredung

Zwei Monate lang wartet Katharina vergeblich auf eine Antwort. Dann weigert sie sich, zu essen, stellt sich krank, weint unaufhörlich und ruft ihren Beichtvater. Sie überredet ihn, ihr zu helfen: Er wird die Zarin aufsuchen und ihr raten, der Großfürstin eine Aussprache zu gewähren, weil andernfalls ernsthaft um ihre Gesundheit gefürchtet werden müsse.

Der Plan gelingt: Alexander Schuwalow läßt die Großfürstin am 4. Mai 1758 wissen, daß die Zarin sie in der kommenden

Nacht rufen lassen will. Sie steht gegen zweiundzwanzig Uhr auf, kleidet sich an und nickt auf einem Sofa wieder ein. Lange nach Mitternacht holt Schuwalow sie ab.

Die Zarin empfängt Katharina und Alexander Schuwalow in einem mit Kerzen erleuchteten Saal. Großfürst Peter ist ebenfalls anwesend, und hinter einem Paravent vermutet Katharina Elisabeths Günstling Iwan Schuwalow. In ihren Memoiren schreibt Katharina: „Sowie ich die Kaiserin erblickte, warf ich mich zu ihren Knien nieder und bat sie unter Tränen aufs inständigste, mich zu meinen Angehörigen zurückkehren zu lassen. Die Kaiserin wollte mich aufheben, aber ich blieb zu ihren Füßen. Sie schien eher bekümmert als zornig und sagte mit Tränen in den Augen: ‚Wie können Sie wünschen, daß ich Sie fortschicke?'„

Die Zarin tritt ein paar Schritte zurück. Katharina bemerkt einige Briefe, die in einer Schale liegen.

Sie hört Elisabeth sagen: „Gott ist mein Zeuge, wieviel ich geweint habe, als Sie nach Ihrer Ankunft in Rußland todkrank waren, und wenn ich Sie nicht liebgehabt hätte, würde ich Sie nicht hierbehalten haben." Katharina dankt der Zarin für alle Gnade und Güte, die sie ihr erwiesen hat. „Die Erinnerung daran wird mir niemals aus dem Gedächtnis schwinden, und stets werde ich es als mein größtes Unglück ansehen, ihre Ungnade auf mich gezogen zu haben." Elisabeth geht wieder nah an Katharina heran und zischt: „Sie sind allzu stolz! Sie bilden sich ein, niemand sei klüger als Sie." Darauf antwortet Katharina: „Wenn ich diesen Glauben hätte, so wäre nichts geeigneter, ihn mir zu nehmen, als meine gegenwärtige Lage und diese Unterredung."

Peter Fjodorowitsch und Alexander Schuwalow stehen etwas abseits und flüstern miteinander. Katharina hört, wie ihr Gemahl sich beklagt: „Sie ist schrecklich bösartig und sehr eigensinnig!" Da schaut sie ihn an und sagt: „Wenn Sie von mir sprechen, so freue ich mich, Ihnen in Gegenwart Ihrer Kaiserlichen Majestät sagen zu können, daß ich allerdings schlecht bin gegen die, welche Ihnen raten, Ungerechtigkeiten zu begehen, und daß ich eigensinnig geworden bin, seit ich sehe, daß meine Gefälligkeit zu nichts anderem führt als zu Ihrer Feindschaft."

Die Zarin wirft Katharina vor: „Sie mischen sich in viel zu viele Dinge ein, die Sie nichts angehen; ich hätte das zur Zeit der Kaiserin Anna niemals gewagt." Prüfend blickt sie in Katharinas Augen: „Wie zum Beispiel können Sie es wagen, Befehle an den Feldmarschall Apraxin zu senden?" Katharina versichert, es sei ihr nie in den Sinn gekommen, dem Feldmarschall Befehle zu erteilen, und als Elisabeth auf die Schale mit Briefen deutet, gibt sie zu, daß sie Apraxin dreimal geschrieben hat: zweimal handelte es sich um Glückwünsche, einmal bat sie ihn, entschlossen gegen die Preußen zu kämpfen.

Im Verlauf des eineinhalbstündigen Gesprächs beobachtet Katharina, wie Elisabeth zunehmend milder wird und ihr Zorn der Besorgnis um die Thronfolge weicht. Schließlich neigt sie ihren Kopf zu Katharina und flüstert: „Ich hätte Ihnen noch vieles zu sagen, aber ich kann nicht sprechen, weil ich Sie beide nicht noch mehr in Unfrieden bringen will, als Sie es schon sind." Katharina wispert zurück: „Auch ich kann mich nicht aussprechen, obwohl ich den dringenden Wunsch hätte, Ihnen mein Herz und meine Seele zu eröffnen."

Später schreibt Katharina: „Ich sah, daß meine Worte einen großen und günstigen Eindruck auf sie machten. Tränen waren ihr in die Augen getreten, und um zu verbergen, wie sehr bewegt sie war, entließ sie uns mit der Bemerkung, es sei schon sehr spät. In der Tat, es war fast drei Uhr morgens."[9]

Zarin Elisabeth I. (1709–1762) Stich von Jewgraf Petrowitsch Tschemessow nach einem Gemälde von Louis Tocque, 1758

Sieben Jahre Krieg

Opium als Ausweg?

Als Kronprinz August Wilhelm im Siebenjährigen Krieg versagt, schimpft sein Bruder: „Du wirst immer nur ein jammervoller Heerführer sein. Befehlige doch einen Harem von Hoffräuleins, meinetwegen; solange ich am Leben bin, vertraue ich Dir nicht mehr den Befehl über zehn Mann an. Wenn ich tot bin, mache so viele Dummheiten, wie Du willst; die gehen dann auf Deine Rechnung."[1]

August Wilhelm stirbt am 12. Juni 1758 im Alter von fünfunddreißig Jahren; sein dreizehnjähriger Sohn Friedrich Wilhelm übernimmt die Rolle des Thronfolgers, obwohl Friedrich II. seinen Neffen für noch schlaffer hält als seinen Bruder und befürchtet, Friedrich Wilhelm werde den gerade erst aufgebauten preußischen Staat zugrunde richten.

Auf ein Handschreiben seiner neunundvierzigjährigen Schwester Wilhelmine vom 18. Juli 1758 antwortet Friedrich entsetzt: „Mein Gott, welche Schrift! Du mußt aus dem Grabe zurückgekehrt sein ..." Am 10. August schreibt Wilhelmine nicht mehr selbst, sondern sie diktiert einen Brief an ihren Bruder: „Seit sechs Monaten liege ich zu Bett. Ich leide an einem heftigen trockenen Husten, meine Beine, Hände und Gesicht sind geschwollen. Ich habe mich in mein Schicksal ergeben ..."[2]

Am 25. August 1758 schlägt Friedrich der Große die Russen bei Zorndorf nördlich von Küstrin. Aber es handelt sich um einen Pyrrhussieg, denn in der neunstündigen Schlacht werden zwar 18 000 Russen getötet, verwundet oder gefangengenommen, aber die preußischen Verluste – 13 000 Mann – sind wegen fehlender Reserven noch schwerer zu verkraften.

Zum nächsten Aderlaß der preußischen Armee kommt es in der nebligen Nacht auf den 14. Oktober: Die Österreicher überfallen ein preußisches Lager in Hochkirch östlich von

Bautzen. Friedrich wacht zunächst trotz des Lärms nicht auf; die Adjutanten rütteln ihn vergeblich an der Schulter. Erst als ein Fenster seines Quartiers birst, springt er auf. Zu spät. Wieder verliert er ein Viertel seiner Männer.

An diesem Tag stirbt Wilhelmine in Bayreuth an Schwindsucht. Ihr Bruder erfährt es zwei Tage später.

Er zeigt seinem Vorleser Henri Alexandre de Catt eine Kapsel mit achtzehn Opiumpillen, die er unter seinem Hemd um den Hals gebunden hat: „Hier, mein Freund, ist alles, was nötig ist, um dem Trauerspiel ein Ende zu machen."³

Maria Theresia wäre es recht; sie erwartet ohnehin, daß der liebe Gott „dieses Ungeheuer vernichtet"⁴.

Die Eroberung Kanadas auf den Schlachtfeldern Schlesiens

Der europäische Konflikt bildet nur einen Mosaikstein der globalen Auseinandersetzung zwischen England und Frankreich, die sich in ihren indischen und nordamerikanischen Kolonien in die Quere kommen.

1756 überrennt der Nabob von Bengalen Kalkutta, die zentrale Handelsniederlassung der englischen East India Company. Im folgenden Jahr erobert der zweiunddreißigjährige britische General Robert Clive Kalkutta zurück und verteidigt die Stadt wenig später beim Dorf Plassey gegen ein zwanzigmal so starkes bengalisch-französisches Heer. Damit beginnt die englische Herrschaft über den indischen Subkontinent, und die Franzosen müssen ihre entsprechenden Pläne aufgeben.

In Nordamerika leben die englischen Siedler eingezwängt zwischen der Atlantikküste, Neuspanien und dem französischen Kolonialreich, das sich von der Mississippi-Mündung bis nach Quebec erstreckt und die Zugänge in den verlockenden Westen versperrt.

Im Sommer 1758 belagern die Engländer das französische Fort Louisbourg an der Mündung des St.-Lorenz-Stroms. Mit dessen Übergabe beginnt die Eroberung Kanadas durch die

Briten, die gleichzeitig auch ins obere Ohio-Tal vorstoßen. 1759 ist laut Horace Walpole das Jahr, in dem die englischen Glocken dünn werden vom vielen Siegesläuten. Im September 1759 fällt Quebec; ein Jahr später kapituliert der französische Gouverneur von Kanada.

Premierminister William Pitt der Ältere meint, Kanada sei auf den Schlachtfeldern Schlesiens erobert worden. Tatsächlich band der Siebenjährige Krieg einen Großteil der französischen Kräfte in Europa, während sich der preußische Bündnispartner England auf den Ausbau des Kolonialreichs in Indien und Amerika konzentrierte.

Das „Mirakel des Hauses Brandenburg"

Am 12. August 1759 kämpfen die Preußen bei Kunersdorf östlich von Frankfurt an der Oder erstmals gegen eine russisch-österreichische Armee. In dem gräßlichen Gemetzel an diesem heißen Sommertag werden zwei Pferde unter dem König totgeschossen. Kaum hat er ein drittes Pferd bestiegen, trifft ihn eine Musketenkugel – die zum Glück an seiner Tabakdose abprallt. Kosaken greifen Friedrich den Großen an; seine Husareneskorte kann gerade noch verhindern, daß er gefangengenommen wird.

Er schreibt an Karl Wilhelm Finck von Finckenstein: „Mein Rock ist von Kugeln durchlöchert, zwei Pferde wurden mir erschossen. Mein Unglück ist, daß ich noch lebe … Unsere Niederlage ist sehr beträchtlich: von einer Armee von 48 000 Mann sind mir knapp 3000 verblieben. In dem Augenblick, wo ich dies berichte, flieht alles, und ich bin nicht Herr meiner Truppen. … Es ist ein grausamer Fehlschlag, den ich nicht überleben werde; die Folgen der Schlacht werden schlimmer sein als die Schlacht selbst. Ich habe keine Ressourcen mehr und glaube, offen gestanden, daß alles verloren ist. Ich will nach dem Untergang meines Vaterlandes auf keinen Fall weiterleben. Adieu auf ewig!"[5]

3000 preußische Soldaten verlassen mit ihrem König das Schlachtfeld. Er verfügt zwar noch über zehn Mal soviele –

aber die muß er erst wieder zusammensuchen. Die Österreicher haben 2000 Mann verloren, die Russen 13 000, und der russische General Pjotr Semjonowitsch Graf von Soltykow klagt: „Der König von Preußen pflegt seine Niederlagen teuer zu verkaufen; noch einen solchen Sieg, und ich werde die Nachricht davon ... allein zu überbringen haben."[6]

Friedrich der Große überläßt General Friedrich August von Finck das Kommando – und bricht zusammen: Wenn er sich nicht vor rheumatischen Schmerzen krümmt, sitzt er still und starrt ins Leere.

Während russische und österreichische Kampfverbände die Oder überqueren, treffen weitere österreichische Truppen ein. Sie müßten nur siebzig Kilometer weit marschieren, dann stünden sie vor Berlin. Aber die Feldherren können sich nicht einigen und ziehen schließlich nach Süden und Osten ab. Friedrich kann es zunächst nicht glauben und verkündet dann seinem Bruder Heinrich das „Mirakel des Hauses Brandenburg"[7].

Aber der Jubel währt nicht lang: Am 20. November 1759 ergibt sich der bei Maxen südlich von Dresden eingekesselte General von Finck mit 13 000 Mann den Österreichern.

Drei Tage später schreibt Friedrich der Große in einem Brief an seinen Freund George Keith: „Unser Feldzug ist beendet; es ist dabei auf beiden Seiten nicht mehr herausgekommen als der Tod vieler ehrlicher Leute, das Elend vieler armer, für ihr ganzes Leben verstümmelter Soldaten, der Ruin einiger Provinzen und die Plünderung, Verwüstung und Einäscherung einiger blühender Städte. Das sind, lieber Mylord, Taten, die die Menschheit schaudern machen, die betrüblichen Folgen der Verderbtheit und des Ehrgeizes einiger weniger mächtiger Menschen, die alles ihren ungebärdigen Leidenschaften aufopfern."[8]

Ein Hundeleben

Friedrich klagt: „Kurz, ich bin alt, traurig und verdrießlich. Von Zeit zu Zeit blickt noch ein Schimmer meiner ehemaligen guten Laune hervor; aber das sind Funken, die geschwind erlöschen, weil die Glut fehlt, die ihnen Dauer geben könnte."[9]

Als er am 24. Januar 1760 seinen achtundvierzigsten Geburtstag feiert, sieht er aus wie ein alter Mann. Gicht und Rheuma peinigen ihn, sein Rücken wird krumm, und er kann ohne Krückstock kaum noch gehen: er wird zum „Alten Fritz".

Gegen Ende des Jahres schreibt Friedrich der Große an Sophie Caroline Gräfin de Camas, die Oberhofmeisterin der Königin: „Ich schwöre Ihnen, es ist ein Hundeleben, das außer Don Quichotte und mir kein Mensch geführt hat. All die Unruhe, all dies nicht endenwollende Durcheinander hat mich so alt gemacht, daß Sie mich kaum erkennen werden. Auf der rechten Kopfseite sind meine Haare ganz grau; meine Zähne zerbrechen und fallen aus; mein Gesicht ist runzelig wie die Falten eines Frauenrockes, mein Rücken krumm wie ein Fiedelbogen und mein Geist traurig und niedergeschlagen wie der eines Trappisten."[10]

„Wenige Kriege sind so unheilvoll wie dieser"

Am 9. September 1759 vertrieben die Österreicher die Preußen aus Dresden. Zehn Monate später versucht Friedrich der Große vergeblich, die sächsische Residenzstadt zurückzugewinnen. Am 19. Juli 1760 läßt er die Stadt mit schweren Kanonen beschießen und verschont dabei auch die Kreuzkirche nicht: Der schiefergedeckte Turmhelm gerät in Brand, herabstürzende Trümmer entzünden die benachbarten Häuser. Schließlich brennen ganze Straßenzüge. Aber die österreichische Besatzung gibt nicht auf.

Enttäuscht zieht Friedrich ab und schlägt mit 30 000 Soldaten den Weg nach Schlesien ein. Inzwischen nähert sich ein doppelt so starkes russisches Heer aus Posen, und zwei österreichische Armeen mit zusammen 90 000 Mann setzen sich vor, neben und hinter die Preußen.

Friedrich der Große ist sich der Gefahr bewußt: „... all dies läuft für uns nur auf die Frage hinaus, ob wir vier Wochen früher oder später zugrunde gehen." Doch als die Österreicher bereits damit prahlen, den Sack nur noch zuschnüren zu müssen, glimmt sein Wille zum Widerstand erneut auf, und er hält dagegen: „... aber ich denke ein Loch in den Sack zu machen, welches sie Mühe haben werden, wieder zuzunähen!"[11]

Bei Liegnitz nehmen Feldmarschall Graf von Daun und General Graf von Lacy die Preußen in der Nacht auf den 15. August in die Zange, doch Friedrich II. gelingt es, die Angreifer zurückzuschlagen.

Am 9. Oktober 1760 erobern 27 000 Russen und 15 000 Österreicher Berlin. Die preußische Garnison zieht sich kampflos nach Spandau zurück.

Während die Russen zwar eine hohe Kontributionszahlung verlangen, dafür aber kaum Geschäfte oder Arsenale plündern, reißen die Österreicher in den Schlössern Charlottenburg und Schönhausen Seidentapeten von den Wänden, zerfetzen Gemälde, zertrümmern Möbel und zerschlagen Friedrichs antike Statuen- und Büstensammlung. Ein Kommando soll das Zeughaus zerstören, kommt jedoch nicht dazu, weil sich die Männer vorher versehentlich selbst in die Luft sprengen.

Erst als Friedrich der Große nach drei Tagen naht, verlassen zuerst die österreichischen und dann auch die russischen Streitkräfte Berlin.

Die Russen beziehen bei Frankfurt an der Oder Stellung. Die Österreicher wählen einen Weg nach Südosten, um zu ihrer aus Schlesien heranrückenden Hauptarmee zu stoßen. Auf den Hügeln westlich von Torgau richtet der österreichische Oberbefehlshaber Leopold Joseph Maria Graf von Daun ein Lager ein.

Friedrich der Große, der mit seinem Heer im Oktober zuerst vom Waldenburger Bergland in Niederschlesien 350 Kilometer in Richtung Berlin zog, eilt von Dessau aus heran, trifft am 3. November 1760 nachmittags bei Torgau ein und treibt seine zahlenmäßig unterlegenen erschöpften Soldaten unverzüglich in das feindliche Feuer: „Kerls, wollt ihr denn ewig leben?"[12]

Eine Kartätschenkugel trifft ihn. Sie verfängt sich in den Samt- und Pelzfütterungen des Rocks und der Weste. Der König stürzt bewußtlos vom Pferd, aber die Kugel ist mit verminderter Wucht gegen sein Brustbein geprallt und hat ihn nicht ernsthaft verletzt. Nach ein paar Sekunden öffnet er die Augen, springt auf die Füße und brüllt: „An meinem Leben liegt heute am wenigsten! Jeder tue seine Pflicht."[13]

Stundenlang fürchtet Friedrich, seine Streitmacht werde völlig aufgerieben; Feldmarschall von Daun stöhnt: „Mein Gott, warum opfert der Preußenkönig sinnlos so viele Krieger?"[14] Gegen Abend wird der österreichische Feldmarschall verwundet weggetragen. Als es dunkel wird, kämpfen die Männer im Feuerschein der zahlreichen Brände weiter. In dem blutigen Gemetzel verliert jede der beiden Armeen etwa 17000 Mann. Aber am Ende zerschlagen die Preußen den letzten Widerstand der Österreicher.

In einem Gespräch mit Henri Alexandre de Catt meint Friedrich der Große: „Sie müssen mir zugestehen, daß der Krieg etwas Schreckliches ist. Was für ein Leben führen die armen Soldaten! Während des Exerzierens bekommen sie mehr Prügel als Brot. Im Feldzug nehmen die Prügel allerdings ab, aber wenn der Soldat überhaupt davonkommt, kehrt er meist mit Narben oder verstümmelten Gliedern nach Hause zurück. Die Bauern leiden noch viel mehr. Sie müssen das Äußerste erdulden, oft den Hungertod erleiden. Sie werden mir zugeben, daß der Eigensinn der Königin [Maria Theresia] und mein eigener viele Leute ins Unglück stürzt und daß wenige Kriege so unheilvoll sind wie der, den wir gerade führen."[15]

Der englische König Georg II. starb am 25. Oktober 1760, zwei Wochen vor seinem siebenundsiebzigsten Geburtstag. Unter seinem gleichnamigen Enkel, der ihm auf den Thron folgt, muß der bis dahin tonangebende antifranzösische, preußenfreundliche Minister William Pitt der Ältere nach einem Jahr zurücktreten. Nun bleiben die englischen Unterstützungsgelder für Preußen aus, und Friedrich der Große verliert seinen einzigen Verbündeten.

Überdies muß er 1761 zwei strategisch wichtige Festungen aufgeben: Am 30. September erobern die Österreicher im Sturmangriff die Festung Schweidnitz, Friedrichs wichtigstes Depot in Schlesien. Die Soldaten desertieren in Haufen. Am

16. Dezember kapituliert die Festung Kolberg in Pommern, nachdem sie sechs Monate lang von den Russen ausgehungert worden ist. Nun verfügen die Russen über einen Ostseehafen und können ihren Nachschub mit Schiffen heranbringen.

In das Jahr 1762 geht Preußen mit einer erschöpften, hoffnungslosen und desorganisierten Armee sowie einem Monarchen, der einem „wahnsinnigen Schreckgespenst"[16] gleicht.

Ein Psychopath
auf dem russischen Thron

Die Zarin ist tot; es lebe der Zar!

Am 3. Januar 1762 erleidet die zweiundfünfzig Jahre alte Zarin Elisabeth einen Herzanfall. Am übernächsten Nachmittag kommt Fürst Nikita Trubezkoi aus ihrem Zimmer und verkündet: „Ihre Kaiserliche Majestät Elisabeth Petrowna ist im Herrn entschlafen. Gott beschütze unseren allergnädigsten Herrscher, Kaiser Peter III.!"[1]

In der Palastkapelle segnet der Metropolit von Nowgorod den Zaren und verliest die Erklärung, mit der ihn Elisabeth 1742 als Thronerben designierte. Nachdem Peter Fjodorowitsch den Krönungseid geleistet hat, huldigen ihm die Kirchenführer und die Repräsentanten des Hochadels.

Auf diesen Augenblick hat Katharina achtzehn Jahre ihres Lebens hingearbeitet und dabei geduldig allen Schmerz ertragen: Sie ist die Gemahlin des Zaren. Doch weder sie noch ihr Sohn Paul werden in den zeremoniellen Formeln erwähnt! Das verstehen alle als Affront, aber Katharina läßt sich ihre Wut nicht anmerken. Sie hat gelernt, sich zu beherrschen.

Elisabeths in Brokat und Spitzen gehüllter Leichnam bleibt sechs Wochen lang aufgebahrt. Jeden Tag defilieren Hunderte daran vorbei.

Zar Peter III. zeigt unbekümmert, wie er sich freut, vom Gängelband seiner Tante befreit zu sein; endlich kann der beinahe Vierunddreißigjährige tun, was er möchte. Er feiert Feste und reagiert unwirsch, wenn jemand in seiner Umgebung Trauerkleidung trägt. Dagegen sehen alle, die der Toten die letzte Ehre erweisen, Katharina schwarz verschleiert vor dem Katafalk knien, weinen und beten. Selbst als der Weihrauch den Leichengeruch nicht mehr zu überdecken vermag, unterdrückt sie ihren Brechreiz.

"*Tot ist die Bestie!*"

Friedrich der Große erfährt am 19. Januar 1762 vom Tod der Zarin. „Tot ist die Bestie!"[2], jubelt er.

Zum zweiten Mal kann er über ein „Mirakel des Hauses Brandenburg" staunen, denn am Abend nach der Inthronisation schickt der Zar berittene Kuriere aus und befiehlt den russischen Armee-Einheiten, sofort alle Feindseligkeiten gegen Preußen einzustellen.

Peters Generaladjutanten empfängt Friedrich der Große am 3. März 1762 im Breslauer Hauptquartier mit den Worten: „Sie sind von der Vorsehung gesandt ... Ich betrachte Sie wie Noah die Taube ansah, die den Olivenzweig für seine Arche brachte."[3] Dem russischen Zaren schreibt er: „Wäre ich ein Heide, würde ich einen Tempel und Altäre für Eure Kaiserliche Majestät als für ein göttliches Wesen errichten."[4]

Am 5. Mai 1762 unterzeichnet Peter III. einen Friedensvertrag mit Preußen und schert damit auch formal aus der Koalition der Feinde Friedrichs des Großen aus. Der schwedische König folgt zwei Wochen später dem Beispiel und ruft wie der Zar seine Truppen aus den eroberten Gebieten zurück.

Dem preußischen Gesandten klagt Peter: „Wäre ich Herzog von Holstein geblieben, würde ich jetzt ein Regiment Ihres Königs kommandieren!"[5] Prompt ernennt Friedrich der Große den Zaren nominell zum General und Kommandanten eines preußischen Infanterieregiments.

Im Juni verpflichtet sich Peter III. in einem Bündnisvertrag, Friedrich dem Großen Hilfstruppen gegen die Österreicher zur Verfügung zu stellen. Die russischen Patrioten sind empört.

Eifrige Regierungsarbeit

Peter III. zieht in die Gemächer der verstorbenen Zarin und beginnt eifrig zu regieren. Um sieben Uhr steht er auf; während er angekleidet wird, läßt er sich die neuesten Nachrichten vortragen, und eine Stunde später empfängt er Großkanzler Michail Woronzow. Die Geheime Kanzlei löst er auf; von den

Schuwalows will er keinen sehen. Er umgibt sich mit holsteinischen Offizieren und hört vor allem auf den Rat des preußischen Gesandten Bernhard Wilhelm Freiherr von der Goltz.

Mit einem Manifest über die „Freiheit des Adels" hebt er am 1. März 1762 die Verpflichtung der Aristokratensöhne auf, entweder in der Armee oder in der Zivilverwaltung zu dienen. Gleich darauf ordnet er die Säkularisierung der Kirchengüter an.

Im Nordischen Krieg (1700–1721) mußte Herzog Christian August von Holstein-Gottorf dem dänischen König seinen Besitz in Schleswig überlassen. Nun will Peter III. den russischen Machtapparat benutzen, um die verlorenen Gebiete für sein Herzogtum Holstein zurückzuerobern: Er rüstet zum Feldzug gegen Dänemark. Friedrich der Große rät ihm davon ab. Vergeblich: Gleich nach seinem Namenstag will der Zar an der Spitze seiner Truppen in den Krieg ziehen. Und als man ihm am 10. Juni meldet, daß auf den Schiffen eine Epidemie ausgebrochen ist, befiehlt er den Matrosen, sofort gesund zu werden.

Mit diesen Entscheidungen bringt Peter III. neben der Kirche auch das Militär gegen sich auf. Doch er glaubt, über diese mächtigen Organisationen nach Belieben verfügen zu können.

Friedrich der Große empfiehlt ihm, sich unverzüglich krönen zu lassen, „denn eine solche Zeremonie macht Eindruck auf das Volk"[6]. Aber Peter ignoriert das russische Volk.

Zar Peter III. (1728–1762)
Gemahl Katharinas
Kupferstich von Rokotow nach
einer Zeichnung von Teicher

Grigori Grigorjewitsch Orlow

In der Zorndorfer Schlacht am 25. August 1758 nahmen die Russen Friedrichs Adjutant Wilhelm Friedrich Graf von Schwerin gefangen. Grigori Grigorjewitsch Orlow, ein vierundzwanzig Jahre alter Artillerieleutnant, der weitergekämpft hatte, obwohl er dreimal verwundet worden war, erhielt im folgenden Frühjahr den Befehl, den Gefangenen nach St. Petersburg zu bringen, wo ihm der Großfürst ein Haus zur Verfügung stellte.

Grigori Orlows Großvater diente als einfacher Soldat in der russischen Armee und wurde nach einer mißlungenen Rebellion seines Regiments mit vielen anderen zum Tod verurteilt. Ehe er sich vor den Henker kniete, schob er mit dem Stiefel den abgeschlagenen Kopf eines Kameraden auf die Seite. Peter der Große, der dabei zusah, war von dieser Kaltblütigkeit so beeindruckt, daß er Orlow auf der Stelle begnadigte.

Seine fünf Enkel wurden Gardeoffiziere. „Sie alle sind verwegen bis zur Tollkühnheit, heiter in ihrem Wesen, gutmütig gegen ihre Freunde, hemmungslos in ihren Leidenschaften, Trinker, Spieler, Frauenjäger und Fatalisten. Sie verstehen es, heiß zu leben und kühl dem Tod entgegenzusehen; sie sind rauschhafte Menschen, gierig, aber nicht berechnend, großartig in ihrem Temperament und vollkommen ungebildet."[7]

Im Winter 1760/61 fiel Grigori Orlow der fünf Jahre älteren Großfürstin auf und wurde ihr Geliebter. Sie wahrten den Schein und trafen sich im abgelegenen Haus einer Freundin Katharinas, obwohl bald alle über die Beziehung tuschelten.

Am 22. April 1762 bringt Katharina einen zweiten Sohn zur Welt. (Die im Dezember 1757 geborene Tochter Anna starb mit eineinhalb Jahren.) Um ihren sensationslüsternen Gemahl von der Geburt abzulenken und einen Skandal zu vermeiden, soll einer ihrer Diener seine Wohnung in Brand gesteckt haben. Unverzüglich wird Alexej Grigorjewitsch Pflegeeltern übergeben.

Zehn Tage nach der Niederkunft feiert Katharina ihren dreiunddreißigsten Geburtstag.

Eklat beim Bankett

Peter III. ruft Sergej Saltykow aus Paris zurück, damit er auf Wunsch bezeugen kann, daß Paul ein Bastard sei. Solange Peter jedoch keinen anderen Erben hat, kann er Paul nicht verstoßen oder dessen Mutter in ein Kloster sperren. Um so stärker drängt es ihn, sie bei jeder Gelegenheit zu demütigen.

Mitte Juni veranstaltet er in dem gerade fertiggestellten Petersburger Winterpalais ein Bankett, um die neue russisch-preußische Allianz zu feiern. Fünfhundert Gedecke werden aufgelegt. Elisabeth Woronzowa hat sich besonders viel Schmuck umgehängt und nimmt neben dem Zaren Platz. Ihnen gegenüber sitzt der preußische Gesandte. Links und rechts daneben schließen sich russische Würdenträger und das diplomatische Korps an. Katharina muß sich mit einem Platz am Rand der Tafel begnügen.

Zu vorgerückter Stunde stößt Peter seinen Stuhl zurück und bringt einen Toast auf die Zarenfamilie aus. Alle stehen auf und heben ihre Gläser. Katharina bleibt sitzen. Wütend schickt Peter III. seinen Generaladjutanten zu ihr; Gäste und Diener erbleichen, aber Katharina entgegnet kühl: „Der Toast wurde auf die kaiserliche Familie ausgebracht. Ich gehöre dieser Familie an, ebenso wie der Kaiser und unser Sohn. Wie könnte ich aufstehen und auf mein eigenes Wohl trinken?" Da beschimpft Peter III. sie mit zornrotem Gesicht über den Tisch hinweg als „dumme Gans".

Der französische Gesandte berichtet: „Die Kaiserin erträgt mit stummem Schmerz das Betragen des Kaisers und die Anmaßung der Woronzowa. Da ich ihren Charakter und ihren hohen Mut kenne, vermute ich, daß sie früher oder später aufbegehren wird."[8]

Eine Zarin und zwei Zarenmorde

Verschwörer

Ein paar Tage vor dem Tod der Zarin Elisabeth wurde Katharina nach Mitternacht von einer Kammerfrau geweckt: Die achtzehnjährige Fürstin Daschkowa hatte sich nicht abweisen lassen und lief vor der Schlafzimmertür hin und her, bis sie zur Großfürstin vorgelassen wurde.

„Ich kann die Ungewißheit über Ihre teure Person nicht ertragen", stammelte die nächtliche Besucherin. Obwohl sie erkältet war und fieberte, hatte sie es zu Hause nicht mehr ausgehalten; sie bestürmte Katharina, etwas zu unternehmen, um Peters Thronfolge zu verhindern; ein Wink genüge: sie werde alles tun, was die Großfürstin von ihr verlange.

Die aber ergriff ihren Arm: „Ich beschwöre Sie, tun Sie um Gottes willen nichts, was Sie in Gefahr bringen könnte, und glauben sie mir, daß nichts zu tun möglich ist."[1]

Katharina Romanowna Daschkowa, die jüngste Schwester Elisabeth Woronzowas, ist mit dem Gardeoffizier Fürst Michail Iwanowitsch Daschkow verheiratet. Sie verkörpert das genaue Gegenteil ihrer derben Schwester: Sie besitzt eine umfangreiche Bibliothek und hat die wichtigsten Werke der französischen Philosophen gelesen. Vor drei Jahren wurde sie der Großfürstin vorgestellt und begeisterte sich sofort für die kluge und gebildete Frau, die sich ihrerseits von der starken Persönlichkeit ihrer Bewunderin beeindrucken ließ.

Wenn Katharina im Sommer von Oranienbaum nach St. Petersburg fährt, um ihre Kinder zu besuchen, hält sie die Kutsche auf dem Rückweg meistens vor dem Landsitz der Daschkows an, um die Fürstin mit in die Sommerresidenz zu nehmen, wo sie mit ihr stundenlang über Aufklärung und Menschenrechte diskutiert.

Seit Alexej Petrowitsch Bestushew-Rjumin verbannt ist,

holt sie sich Rat von Nikita Iwanowitsch Panin, dem Erzieher ihres Sohnes Paul. Wie der abgesetzte Großkanzler haßt er sowohl Michail Woronzow als auch die Schuwalows; er konspiriert mit Gleichgesinnten, um Peter Fjodorowitsch zu stürzen, den noch unmündigen Paul Petrowitsch als neuen Zaren auszurufen und dessen Mutter als Regentin einzusetzen.

In der Garde werben die Gebrüder Iwan, Grigori, Alexej, Fjodor und Wladimir Orlow dafür, die Großfürstin statt ihres Gemahls auf den Thron zu heben. Wenn Grigori Orlow nicht mit Katharina zusammen ist, zecht er mit anderen Soldaten, stellt die Gemahlin des Zaren als russische Patriotin dar und schildert, wie der in Friedrich den Großen vernarrte Zar sie quält. Das wirkt: Mehrere Offiziere lassen Katharina insgeheim wissen, daß sie auf ihrer Seite stehen.

Nur sie selbst überblickt die Cliquen der Verschwörer, während diese kaum etwas voneinander wissen.

Vielleicht ist Katharina unschlüssig; es kann aber auch sein, daß sie auf eine günstige Gelegenheit wartet, um sich in der Öffentlichkeit besser rechtfertigen zu können. Aber die Zeit und ihre Anhänger arbeiten für sie.

Zar Peter III. vernimmt Gerüchte und Berichte über Umsturzpläne, rafft sich jedoch nicht zu Gegenmaßnahmen auf. Allerdings warnt er die Daschkowa: „Denken Sie daran, daß es viel weniger riskant ist, mit einem Narren wie mir zu verkehren als mit diesen großartigen Intellektuellen, die einer Zitrone den ganzen Saft auspressen und sie dann wegwerfen."[2]

Ende Juni begibt er sich von St. Petersburg nach Oranienbaum, und Katharina bezieht in dem Lustschloß Peterhof – auf halbem Weg zwischen der Hauptstadt und der Sommerresidenz – den Pavillon Montplaisir.

In Oranienbaum veranstaltet Peter III. ein großes Fest, auf dem Katharina zusehen muß, wie er seiner Mätresse Elisabeth Woronzowa einen Orden verleiht, der eigentlich Mitgliedern der Zarenfamilie vorbehalten ist. Als er nach vielen Gläsern Wodka kaum noch stehen kann, schickt er sich an, Katharina verhaften zu lassen, aber ein holsteinischer Onkel kann ihm das gerade noch ausreden: Unbehelligt fährt sie nach Peterhof zurück.

Die Verschwörer sind alarmiert: Eine solche Laune des Zaren kann sich morgen wiederholen!

Am 7. Juli 1762 fragt ein Gardekorporal einen Leutnant, ob es zutreffe, daß einige Offiziere den Zar stürzen wollen. Der Leutnant meldet den Vorfall und rät auch dem Korporal, seinen Vorgesetzten über das Gerücht zu unterrichten. Aber dieser – Leutnant Peter Bogdanowitsch Passek – befiehlt dem Korporal zu schweigen und behält den Vorfall für sich. Am nächsten Tag wird er verhaftet.

Umsturz

Noch in der gleichen Nacht fährt Alexej Orlow von St. Petersburg nach Peterhof. Am 9. Juli um fünf Uhr früh trifft er dort ein. So dicht am Polarkreis scheint die Sonne bereits hell vom Himmel. Eine Kammerfrau weckt Katharina. Alexej bestürmt sie, mit nach St. Petersburg zu kommen. Rasch schlüpft sie in ein einfaches Trauerkleid, steckt die Haare selbst auf und klettert zu ihm ihn die Kalesche. Fünf Kilometer vor der Hauptstadt kommt ihnen Grigori Orlow entgegen.

Als sie sich den Holzbaracken nähern, in denen das Ismailowsche Garderegiment untergebracht ist, reitet Grigori vor und spricht mit dem Wachhabenden.

Katharina steigt aus und sagt zu den herbeilaufenden Soldaten: „Ich bin gekommen, um bei euch Schutz zu suchen. Der Kaiser hat Auftrag gegeben, mich zu verhaften, er will mich und meinen Sohn töten lassen."[3] Die Vordersten knien nieder und küssen den Saum ihres Kleides. „Hurra unserer Mutter Katharina!" Der Regimentskommandeur erklärt Katharinas Thronanspruch für berechtigt. Unter dem Kreuz, das der Feldgeistliche hochhält, schwören die Offiziere ihr Treue.

Singend und jubelnd eskortieren sie Katharina zum nächsten Garderegiment. Lediglich beim Preobraschenski-Regiment streiten sich die Offiziere, aber Katharinas Anhänger setzen sich gegen ihre Gegner durch und verhaften einige renitente Protestierer.

Von Kaserne zu Kaserne reihen sich mehr Soldaten zu Fuß

und zu Pferd in den Zug ein, der nun zur Kathedrale marschiert, wo der Petersburger Metropolit und andere Würdenträger Katharina erwarten.

Nikita Iwanowitsch Panin hat den sieben Jahre alten Paul Petrowitsch aus dem Bett geholt und trifft ebenfalls dort ein. Glocken werden geläutet, das Volk lärmt.

Der Metropolit verliest eine Proklamation, erklärt Katharina zur Alleinherrscherin und ihren Sohn zum Thronfolger.

Nach dem Segen tritt die neue Zarin mit ihrem Sohn an der Hand aus der Kirche, um sich von den herbeigeströmten Menschen hochleben zu lassen. Obwohl drei legitime männliche Nachkommen Peters des Großen beziehungsweise seines Bruders Iwan V. leben – die von Elisabeth beziehungsweise Katharina entmachteten Zaren Iwan VI. und Peter III. sowie der Thronfolger Paul Petrowitsch –, sehen die Russen nun in einer Deutschen die Vertreterin ihrer nationalen Interessen! Doch Katharina ahnt, daß die Begeisterung nicht ihr allein gilt, sondern mehr noch dem Zarewitsch – den ihre Gegner ins Spiel bringen könnten, um sie wieder zu verdrängen.

Sie erklärt in einem Manifest: „Wir, von Gottes Gnaden Katharina II., Kaiserin und Selbstherrscherin aller Russen ..., haben deutlich die Gefahr erkannt, welche dem russischen Reiche drohte. Unsere alte rechtgläubige griechische Kirche wurde ... erschüttert ... Zweitens wurde das ruhmreiche Rußland um den Preis seiner mit großen Blutverlusten erkämpften Siege betrogen ... Gleichzeitig lag die innere Ordnung ... völlig darnieder." Und sie fährt fort, sie habe sich deshalb genötigt gesehen, „mit Hilfe Gottes und seiner Gerechtigkeit, gestützt auf den deutlichen, ungeheuchelten Wunsch Unserer Untertanen, den Thron als Selbstherrscherin aller Russen zu besteigen."[4]

Wachen an den Stadtgrenzen verhindern, daß Peter III. vorzeitig vom Umsturz erfährt.

Peter steht an diesem Tag spät auf, nimmt gegen elf Uhr die Parade seiner holsteinischen Truppen ab, und nach Tisch fährt er ahnungslos mit einer ausgelassen lärmenden Gesellschaft nach Peterhof, wo er am nächsten Tag seinen Namenstag feiern möchte.

Ein Adjutant reitet voraus. In Peterhof ist nichts für den Empfang vorbereitet! Katharina ist nicht aufzufinden. Peter selbst reißt eine Tür nach der anderen auf. Sie ist nicht da! Die Diener drücken sich herum und versuchen nicht aufzufallen, damit sie von seinem Zorn verschont bleiben. Generalfeldmarschall Burkhard Christoph Graf von Münnich rät ihm, sich sofort in der Hauptstadt dem Volk und den Soldaten zu zeigen, doch Peter wagt es nicht und bedauert zum ersten Mal, daß er so unbeliebt ist.

Großkanzler Michail Woronzow fährt nach St. Petersburg. Als er Katharina gegenübertritt und die Ungesetzlichkeit ihres Handelns kritisiert, führt sie ihn ans Fenster und deutet auf die vor dem Palast jubelnde Menge: „Sehen Sie: Ich tue nur, was das Volk von mir erwartet." Peter oder Katharina? Noch kann Woronzow nicht abschätzen, wer von den beiden die Oberhand behalten wird: Um sich alle Optionen offenzuhalten, weigert er sich, Katharina den Treueid zu leisten und schlägt ihr vor, ihn festzunehmen.

Peter hat für seinen Feldzug gegen Dänemark Truppen zusammengezogen; er könnte sie gegen Katharina aufbieten und versuchen, den Aufstand niederzuwerfen. Aber er erstarrt wie ein Kaninchen vor der Schlange.

Generalfeldmarschall von Münnich drängt ihn, zur Seefestung Kronstadt überzusetzen, vor der die russische Flotte ankert, denn von diesem Stützpunkt aus ließe sich St. Petersburg zurückerobern. Auch dazu kann sich Peter nicht durchringen. Erst als zwei Boten von Kronstadt zurückkommen und melden, Peter sei dort willkommen, läßt er eine Galeere eine Stunde lang mit Wodka und Delikatessen beladen und geht dann mit fünfzig Höflingen an Bord. Bald sehen sie die Lichter der Festung. Ketten versperren die Hafeneinfahrt. Peter läßt sich in einem Beiboot näher an die Mauern rudern und ruft den Wachen zu, er sei der Zar. Doch inzwischen sind Katharinas Anhänger in Kronstadt eingetroffen: „Wir haben keinen Zaren mehr", antworten die Soldaten und rufen: „Lang lebe Zarin Katharina II.!" Resigniert läßt Peter das Schiff abdrehen.

Am späten Abend legt Katharina die Trauerkleider ab, zieht einen grünen Reitanzug mit roten und goldenen Bordüren an,

schlüpft in Schaftstiefel und setzt einen goldumrandeten schwarzen Dreispitz auf: die Uniform des Preobraschenski-Regiments, in dem es am Morgen zu Meinungsverschiedenheiten kam. Dann steigt sie auf einen Schimmel und reitet vor ihre angetretenen Truppen. (Vigilius Erichsen malt die Szene kurze Zeit später.) In diesem Augenblick bemerkt sie, daß ihr Portepee[5] fehlt. Als sie unwillkürlich nach dem Degen greift, schert ein junger Offizier aus der ersten Reihe aus, bringt sein Pferd neben ihr zum Stehen, reißt seine Degenquaste ab und übergibt sie ihr. Katharina bedankt sich und erkundigt sich nach seinem Namen. „Eure Majestät, Grigori Alexandrowitsch Potjomkin, stets zu Diensten."
Mit 14 000 Mann reitet Zarin Katharina II. nach Peterhof.

„Haben Sie doch Mitleid mit mir!"

Am nächsten Morgen treffen Katharina und Alexej Orlow mit der Vorhut ihrer Streitmacht in Peterhof ein. Als sie feststellen, daß sich Peter nicht mehr dort aufhält, reiten sie ohne abzusitzen weiter nach Oranienbaum. Unterwegs sperren sie einen holsteinischen Trupp, der mit hölzernen Gewehrattrappen exerziert, in umliegende Scheunen.
Auch in Oranienbaum treffen sie nicht auf Widerstand. Peter muß seinen Degen abgeben und darf den Landsitz nicht mehr verlassen.
Der Gefangene schlägt seiner Gemahlin in einem Brief vor, gemeinsam zu regieren. Katharina antwortet nicht. Da schreibt er ein zweites Mal, verzweifelt und unterwürfig: Er verzichte auf alles und bitte nur noch darum, mit seiner Geliebten nach Holstein ausreisen zu dürfen: „Eure Majestät, wenn Sie nicht unbedingt einen Menschen umbringen wollen, der schon unglücklich genug ist, haben Sie doch Mitleid mit mir und lassen Sie mir meinen einzigen Trost, das ist Elisabeth Romanowna [Woronzowa] ..."[6]
Katharina denkt nicht daran, ihn freizulassen; vielleicht will sie sich an ihm rächen, entscheidend ist in jedem Fall die Sorge, Peter könne doch noch versuchen, die Macht zurückzu-

gewinnen. Sie schickt ihm statt dessen den Text für seine „freiwillige" Abdankung: „In der kurzen Zeit meiner Selbstherrschaft über das Russische Reich habe ich die wirkliche Schwere und Last erkannt, die meinen Kräften nicht entspricht ... Ich bin deshalb mit mir zu Rate gegangen und erkläre ohne Haß und ohne Zwang hiermit feierlich, nicht nur dem Russischen Reich, sondern aller Welt, daß ich für mein ganzes Leben der Regierung über das Russische Reich entsage. ... Das schwöre ich aufrichtig und ohne Heuchelei vor Gott und der ganzen Welt!"[7]

Noch am gleichen Abend wird Peter in einer Kalesche mit verhängten Fenstern zu einem Landsitz in Ropscha bei St. Petersburg gebracht. Drei Diener, seinen Lieblingshund und eine Geige darf er mitnehmen. Er klagt über heftige Kopfschmerzen. Weil er befürchtet, vergiftet zu werden, ißt er nichts und trinkt nur Milch.

Ropscha ist als Zwischenlösung gedacht; der endgültige Kerker soll auf der Schlüsselburg am Ladogasee sein, aber von dort muß erst noch ein anderer Staatsgefangener weggebracht werden: Iwan VI.

An diesem Abend möchte Zarin Katharina II. erstmals seit dem Beginn des Putsches wieder richtig essen. Sie läßt deshalb für sich, Grigori Grigorjewitsch Orlow und Katharina Romanowna Daschkowa in einem ihrer Privatgemächer decken. Als die Fürstin eintritt, ist Katharina noch nicht da. Sie starrt Orlow an, der auf einem Sofa liegt, einen Stapel Staatspapiere neben sich hat und liest. „Wie können Sie es wagen, diese Papiere zu öffnen!" Aber Katharina hat ihren Günstling selbst darum gebeten. Die Zarin kommt, erkundigt sich fürsorglich nach Orlows verstauchtem Bein und läßt den kleinen Tisch mit den drei Gedecken neben das Sofa stellen, damit er nicht aufstehen muß. Erst jetzt durchschaut die Fürstin, daß Grigori Orlow der Liebhaber der Zarin ist. Ebenso entsetzt wie enttäuscht darüber, daß ihr Idol nicht einen Philosophen, sondern einen grobschlächtigen Kerl als Geliebten hat, stochert sie auf ihrem Teller herum, während Katharina verzweifelt versucht, die kleine Gesellschaft zum Lachen zu bringen.

In der Nacht schenken die Petersburger Wirte kostenlos Bier

und Wodka aus. Katharina legt sich nach achtundvierzig Stunden erstmals wieder in ein Bett. Aber kaum ist sie eingeschlafen, rüttelt eine Kammerjungfer sie wach. Ein Offizier ist da: 30 000 Preußen seien im Anmarsch; Katharinas Anhänger lärmen aufgeregt in den Straßen. Die Zarin kleidet sich hastig an, bespricht sich kurz mit den Orlows und versichert dann der Menge, die Meldung sei falsch. Allmählich zerstreuen sich die Menschen; Katharina kann endlich schlafen.

Der Zar wird ermordet

Am 17. Juli 1762 schreibt Alexej Orlow aus Ropscha an die Zarin: „Mütterchen, barmherzige Kaiserin! Wie soll ich erklären, beschreiben, was geschehen ist? Du wirst Deinem treuen Knecht nicht glauben, aber wie vor Gott werde ich die Wahrheit sagen. Mütterchen! Ich bin bereit zum Tod, aber ich weiß selbst nicht, wie das Unheil geschehen ist. Wir sind verloren, wenn Du nicht Gnade für uns hast. Mütterchen, er weilt nicht mehr auf der Welt! Aber niemand hat das gemacht, und wie sollten wir auf den Gedanken kommen, die Hände gegen den Kaiser zu erheben! Aber Kaiserin, das Unheil ist geschehen! Er kam bei Tisch mit Fürst Fjodor [Barjatinski] in Streit: wir konnten sie nicht mehr auseinanderbringen, und schon war er nicht mehr. Wir erinnern uns selbst nicht, was wir getan haben, aber wir alle bis zum letzten sind schuldig und haben den Tod verdient. Hab Gnade mit mir, und sei es nur um meines Bruders willen! Ich habe mein Geständnis abgelegt, und zu untersuchen ist nichts. Verzeih oder befiehl, rasch ein Ende zu machen! Ich mag das Licht nicht sehen: Wir haben Dich erzürnt und unsere Seelen auf ewig ins Verderben gestürzt."[8]

Katharina ist fassungslos: Alle werden sie für die Mörderin halten!

Einen Tag lang fällt Katharina nichts Besseres ein, als die Nachricht geheimzuhalten. Dann veröffentlicht sie ein Manifest: „... erhielten Wir die Nachricht, daß der frühere Kaiser Peter III. durch einen seiner ... hämorrhoidalen Anfälle in eine schwerste Kolik verfiel, weshalb Wir, unsere Christenpflicht und das heilige Gebot, das Uns verpflichtet, das Leben des Nächsten zu bewahren, nicht vernachlässigten und sogleich befahlen, ihm alles zu senden, was zur Verhütung übler Folgen dieses für seine Gesundheit gefährlichen Zustands nützlich war und zur raschen Heilung seiner Krankheit. Aber zu Unserem allergrößten Kummer und zur Bestürzung Unseres Herzens erhielten Wir gestern die andere Nachricht, daß er nach dem Willen des Allmächtigen Gottes verschieden ist."[9]

Was tatsächlich geschehen ist, konnte nie geklärt werden. Einiges spricht jedoch dafür, daß Alexej Orlow den abgesetzten Zaren erdrosselte.

Als der preußische Botschafter erfährt, daß Peter tot ist, meint er, Katharina werde nur kurze Zeit regieren.

Friedrich der Große glaubt den Gerüchten nicht, daß Katharina II. das Verbrechen befohlen oder auch nur den Plan gekannt habe: „Ach, in dieser Hinsicht muß ich sie in Schutz nehmen ... Die Verschwörung war töricht und schlecht angelegt: Peter III. fiel nur durch seinen Mangel an Mut trotz der Ratschläge des braven Münnich. Er ließ sich entthronen wie ein Kind, das man zu Bett schickt. Als Katharina frei war und die Krone trug, glaubte sie als junge, unerfahrene Frau, daß alles vorüber sei, ein so feiger Gegner schien ihr ungefährlich. Aber die Orlows waren kühner und vorsichtiger; sie wollten nicht, daß man den Zaren gegen sie ausspielte, und sie brachten ihn um. Die Zarin wußte von diesem Verbrechen nichts, und als sie es erfuhr, war ihre Verzweiflung ungeheuchelt."[10]

Krönung

Peter III. hörte nicht auf den Rat Friedrichs des Großen, sich krönen zu lassen. Diesen Fehler vermeidet Katharina: Sie läßt aus viertausend Hermelinfellen einen Mantel nähen und eine kilogrammschwere Krone aus Gold, Silber und Diamanten anfertigen. Im September reist sie von St. Petersburg nach Moskau, wo sie mit Girlanden empfangen wird. Zehn Tage lang fastet sie und befragt die Männer der Kirche über die Traditionen, um sich auf die Krönung vorzubereiten.

Am Morgen des 3. Oktober 1762 werden die Moskauer durch Salutschüsse und Glockenläuten geweckt. Trompetensignale ertönen; Würdenträger und Gardeeinheiten stellen sich vor dem Kreml auf, um Katharina durch das Spalier der lärmenden Schaulustigen zur Kathedrale zu geleiten. Sechs Kammerherren tragen ihre Schleppe.

Vier Stunden dauert die vom Metropoliten geleitete Krönungszeremonie. Katharina setzt sich die Krone selbst aufs Haupt. Dann nimmt sie den Reichsapfel in die linke und das Zepter in die rechte Hand, zeigt sich vor der Kirche dem jubelnden Volk und läßt aus einhundertzwanzig Holzfäßchen Silbermünzen unter die Menschen werfen, die sich am Boden darum balgen.

Wenigen Frauen in der Weltgeschichte war es vergönnt, einen solchen Traum zu verwirklichen: Allein auf sich gestellt, als Autodidaktin und Ausländerin bringt sie es zur Alleinherrscherin eines der mächtigsten Staaten des 18. Jahrhunderts.

Noch ein Zarenmord

Iwan VI. saß von Oktober 1740 bis Dezember 1741 auf dem Zarenthron. So sagt man, aber er konnte noch gar nicht sitzen; er lag meistens in einer Wiege, bis er drei Monate nach seinem ersten Geburtstag von Zarin Elisabeth gestürzt und mit seinen Eltern Anna Leopoldowna und Anton Ulrich von Braunschweig-Wolfenbüttel-Bevern eingesperrt wurde.

Anna Leopoldowna gebar noch vier Kinder – drei davon in Gefangenschaft –, bis sie 1746 im Kindbett starb.

Den Erstgeborenen hatte Zarin Elisabeth ihr weggenommen und in Sibirien eingesperrt, weil sie fürchtete, ihre Gegner könnten ihn befreien und mit seiner Hilfe das Volk aufwiegeln. Deshalb durfte er auch nicht erfahren, wer er war. Als namenlosen Gefangenen ließ sie ihn 1756 in die Festung Schlüsselburg bringen. Zwei Offiziere bewachten ihn, durften aber weder mit ihm sprechen, noch die Burg verlassen, und wenn ein Soldat das Essen brachte oder die Zelle säuberte, mußte sich der Insasse mit dem Gesicht zur Wand hinstellen.

Kurz nach dem Umsturz besucht Katharina II. heimlich den inzwischen zweiundzwanzig Jahre alten Gefangenen. Mit welcher Absicht? Wir wissen es nicht. Vielleicht möchte sie prüfen, ob er verrückt und unzurechnungsfähig ist. Dann könnte sie allen zeigen, daß der Urenkel des Zaren Iwan V. trotz seiner Abstammung keine Alternative zu ihrer eigenen Herrschaft darstellt. Aber nach dem Besuch im Kerker ordnet sie statt dessen an: „Wenn wider Erwarten jemand mit einem Kommando oder allein kommt, um den Arrestanten wegzuführen, ohne einen eigenhändigen Befehl Ihrer Majestät der Kaiserin, so ist das ein Betrug und ein feindlicher Angriff, und der Arrestant darf unter keinen Umständen abgegeben werden. Sollte aber die feindliche Macht so stark sein, daß man sich anders nicht retten kann, muß der Arrestant getötet und auf keinen Fall lebend in andere Hände gegeben werden."[11]

Der zweiundzwanzigjährige Leutnant Wassili Jakowlewitsch Mirowitsch, der zum Wachbataillon der Festung Schlüsselburg gehört, stammt aus der Ukraine. Obwohl er nicht weiß, wie er jemals seine Spielschulden begleichen soll, schickt er seinen drei Schwestern, die in Moskau leben, immer wieder Geld, damit sie genug zu Essen haben.

Eines Tages hört er, der geheimnisvolle Gefangene in der Schlüsselburg habe einen seiner beiden Bewacher angeschrien, wie er es wagen könne, ihm so respektlos gegenüberzutreten, er sei schließlich der Zar. Da ahnt Mirowitsch, wer der Namenlose ist. Und er denkt weiter: Sind nicht die Gebrüder Orlow reich geworden, weil sie Katharina zum Thron verhalfen? Könnte er Iwan VI. befreien und mit ihm die Zarin stürzen?

Ein Kamerad bestärkt ihn in dieser Absicht, diktiert einen fingierten Befehl der Zarin, den Gefangenen an Mirowitsch zu übergeben und ein Manifest, das der befreite Zar unterzeichnen soll. – Dann wird der Mitverschwörer plötzlich nach Smolensk abkommandiert. Seine Leiche wird später aus einem Fluß gezogen.

Leutnant Mirowitsch handelt nun allein: Am 16. Juli 1764 schlägt er seinen betrunkenen Kommandanten nieder und legt den Wachen des inneren Festungsbereichs den gefälschten

Befehl vor. Aber sie fallen nicht darauf herein. Mit ein paar Soldaten schafft Mirowitsch eine Kanone herbei und stürmt die Festung. Die Kerkertür steht offen. Iwan VI. liegt am Boden – aus mehreren Wunden blutend – und verröchelt. Seine Bewacher haben ihn pflichtgemäß erstochen.

Statt zu fliehen, kniet Wassili Mirowitsch neben der Leiche, weint und verabschiedet sich dann von jedem seiner Helfer.

Zarin Katharina II. erhält die Nachricht in Riga. Sie bleibt noch eine Woche dort und kehrt erst dann nach St. Petersburg zurück. Als man ihr sagt, Mirowitsch werde gefoltert, damit er eventuelle Hintermänner verrate, befiehlt sie, damit aufzuhören.

Gefaßt steht der Angeklagte vor dem Richter. Inzwischen erzählt man sich, Mirowitsch sei durch einen Strohmann von einflußreichen Anhängern der Zarin zu dem Verbrechen angestiftet worden, um einen Vorwand für die Ermordung Iwans VI. zu schaffen. Schon mutmaßen Katharinas Gegner, sie schütze die Drahtzieher und werde den überführten Täter am Ende begnadigen. Paradoxerweise muß er gerade deshalb sterben: Um die Polemik zu entkräften, bestätigt Katharina erstmals ein Todesurteil. Am 26. September wird Wassili Jakowlewitsch Mirowitsch enthauptet.

Atem schöpfen, Kraft sammeln

Das Ende des Siebenjährigen Krieges

Hoffnungsvoll meint Maria Theresia: „Solange Wir leben, ist uns keine Nachricht zugekommen, die Unserem Herzen eine größere Freude gemacht hat als die Kunde der glücklichen Thronbesteigung der russischen Kaiserin."[1]

Das von Zar Peter III. versprochene russische Hilfskorps stieß Anfang Juli 1762 zu der südlich von Breslau stehenden preußischen Armee. Zwei Wochen später ließ sich ein russischer General bei Friedrich dem Großen melden: Der Zar sei gestürzt worden und das russische Korps habe den Kriegsschauplatz sofort zu verlassen.

Katharina II. ratifiziert zwar das russisch-preußische Bündnis nicht, aber sie schreibt dem russischen Gesandten in Berlin: „Was den in letzter Zeit mit Seiner Majestät dem König von Preußen geschlossenen Frieden betrifft, so befehlen Wir Ihnen, Seiner Majestät feierlich zu erklären, daß Wir denselben heilig halten werden, solange Uns Seine Majestät keine Veranlassung gibt, ihn zu brechen."[2]

England und Frankreich schließen am 3. November 1762 in Fontainebleau einen Vorfrieden: Die Briten haben die Franzosen aus Indien und Nordamerika verdrängt.

Ohne ihre Verbündeten können auch die erschöpften Preußen und Österreicher nicht mehr weiterkämpfen. Deshalb gelingt es dem sächsischen Kronprinzen Friedrich Christian, die Feinde an den Verhandlungstisch zu zerren.

Mitte Februar 1763 werden in Paris und im Jagdschloß Hubertusburg bei Leipzig die Friedensverträge geschlossen, die den Krieg in Europa und in Übersee beenden.

Friedrich der Große hat sich gegen eine übermächtige Koalition behauptet und seine Beute erfolgreich verteidigt; als Held wird er deshalb gefeiert und als Genie verklärt. Maria Theresia hat noch einmal sieben Jahre lang Krieg gegen ihren großen Widersacher geführt, umsonst, denn sie muß sich jetzt mit dem endgültigen Verlust Schlesiens abfinden.

Die Rückkehr des erschöpften Kriegshelden

Am 30. März 1763 drängen sich die Berliner am Frankfurter Tor. Heute kommt der Sieger von Roßbach, Leuthen und Zorndorf aus dem Siebenjährigen Krieg zurück! Unter den Girlanden und neben den Ehrenpforten wartet der Magistrat neben den Formationen der Bürgergarde, und eine vergoldete Prunkkarosse steht bereit.

Es wird Abend. Die Straßen leeren sich. Enttäuscht kehren die Schaulustigen in ihre Häuser zurück.

Erst nach Einbruch der Dunkelheit galoppieren Reiter heran. Bald darauf nähert sich eine schmutzige, verschrammte Kutsche. Einen strahlenden Kriegshelden haben die Menschen erwartet; statt dessen klettert ein „grauhaariger, gebückter, mißgelaunter, an Seele und Körper ausgedörrter Mann"[3] ungelenk aus der Kutsche. Aus dem eingefallenen Gesicht stechen die geweiteten blauen Augen noch auffälliger hervor. Ein Sprecher des Magistrats sagt seinen auswendig gelernten Text auf: heißt ihn willkommen, preist seinen Ruhm und wünscht ihm auch weiterhin viel Glück.

Danach steigt der König wieder in seine Reisekutsche und fährt auf Nebenstraßen zum Schloß, wo ihn der Hofstaat empfängt. – Als ihn seine Gemahlin nach sieben Jahren Abwesenheit begrüßt, meint er nur: „Madame sind korpulenter geworden!"[4]

Kühe, Korn und Katen

Zwei Tage nach seiner Rückkehr empfängt Friedrich der Große im Berliner Schloß die Landräte der Mark Brandenburg. Als der Dienstälteste zu einer Glückwunschadresse ansetzt, herrscht ihn der König an: „Sei Er stille und lasse Er mich reden. Hat Er Crayon [Bleistift]? Nun, so schreibe Er auf: Die

Herren sollen aufsetzen, wieviel Roggen zu Brot, wieviel Sommersaat, wieviele Pferde, Ochsen und Kühe ihre Kreise höchst nötig brauchen. Überlegen Sie das recht, und kommen Sie übermorgen wieder zu mir."[5]

Friedrich der Große mustert 40 000 Mann aus, damit diese in ihren Heimatdörfern beim Wiederaufbau und in der Landwirtschaft helfen können. Außerdem überläßt er den Gemeinden 35 000 Armeepferde. Mit dieser Unterstützung können innerhalb von drei Jahren 20 000 im Krieg zerstörte Katen wieder aufgebaut werden.

Grigori Orlows Größenwahn

Grigori Grigorjewitsch Orlow prahlt gegenüber Peter Alexejewitsch Graf Rumjanzew, er habe Katharina mit Hilfe seiner Brüder zur Zarin gemacht und könne sie auch innerhalb von vier Wochen stürzen. Trocken erwidert der alte General, von dem manche glauben, er sei ein illegitimer Sohn Peters des Großen: „Das ist wohl möglich. Aber vierzehn Tage vorher hätten wir Sie bereits gehenkt."[6]

Zarin Katharina II. erhebt die Gebrüder Orlow zu Grafen, schenkt ihnen Ländereien mit Leibeigenen und überschüttet sie mit Orden, Geld und Juwelen.

Grigori Orlow schleicht nicht mehr verkleidet durch Hintertreppen in Katharinas Schlafzimmer. Seit dem Umsturz gerät er fast jeden Tag mit ihr in Streit. Er akzeptiert nicht, daß die Zarin sich nicht als sein Geschöpf betrachtet, er aber ihr Untergebener zu sein hat. Wie kann er wenigstens die Gleichberechtigung erlangen? Durch Heirat! An ihrer Seite will er Zar werden.

Als Nikita Panin der Zarin davon abrät, auf Orlows Forderung einzugehen, weil sie durch die unstandesgemäße Ehe den Adel gegen sich aufbrächte, versucht sie das Argument durch einen Präzedenzfall zu entkräften: War nicht auch Zarin Elisabeth mit einem Bauernsohn verheiratet?

Sie schickt Michail Woronzow zu Alexej Rasumowski, um ihn nach dem Ehekontrakt zu fragen. Der trinkt ein Glas

Wodka, steht auf, holt ein Ebenholzkästchen und entnimmt daraus eine mit rosa Seide umwickelte Urkunde. Schweigend liest er, Tränen rinnen ihm übers Gesicht. Dann küßt er das Dokument – und wirft es ins Kaminfeuer: „Wie Sie sehen, besitze ich keinerlei Papiere. Ich bin weiter nichts gewesen als der ergebenste Diener der verstorbenen Kaiserin."[7]

Konsolidierung der Macht

Gegen ihre Gegner verhält sich Katharina II. großzügig – und beweist damit ihre Charakterstärke. Die holsteinischen Truppen kehren unbehelligt in ihre Heimat zurück. Dem Grafen von Münnich, der Peter III. zum Kampf um die Macht riet, versichert die Zarin, er habe nur seine Pflicht getan. Elisabeth Romanowna Woronzowa darf behalten, was ihr der Geliebte schenkte – auch den Schmuck, den er aus Katharinas Schatulle entwendete –, und nachdem die Woronzowa einen Senator geheiratet hat, übernimmt die Zarin beim ersten Kind die Rolle der Taufpatin.

Den neunundsechzig Jahre alten Alexej Petrowitsch Bestushew-Rjumin holt sie aus dem Exil. Als er eintritt, erhebt sie sich respektvoll und geht ihm entgegen. Aber sie beläßt Michail Woronzow im Amt des Großkanzlers, und Bestushew zieht sich im Jahr darauf endgültig vom Hof zurück.

Obwohl auch sie die Einnahmen bitter nötig hätte, setzt Katharina II. die von Peter III. angeordnete Verstaatlichung der Kirchengüter zunächst aus, weil sie sich während der ersten Monate ihrer Herrschaft noch nicht stark genug fühlt, den Konflikt mit der Kirche durchzustehen. Sie beauftragt eine formal unabhängige Kommission, die Frage zu prüfen, und diese schlägt am Ende einen Kompromiß vor: Der Staat solle die Hälfte der kirchlichen Domänen einziehen. Doch damit gibt sich Katharina Anfang 1764 nicht mehr zufrieden: Sie verstaatlicht alle Kirchengüter und löst die Hälfte der Klöster auf, zahlt allerdings den höheren Geistlichen Gehälter. Den protestierenden Klerikern entgegnet sie: „Ihr seid Nachfolger der Apostel, und das waren arme Leute."[8]

Zarin Katharina II. in russischer Tracht
Anonyme Kopie nach S. Torelli, 2. Hälfte 18. Jh.
Moskau, Staatl. Historisches Museum

Um in dem Spannungsfeld zwischen den Idealen der Aufklärung und der rückständigen Wirklichkeit ihre Position zu sichern, pflegt Katharina russische Traditionen, aber zugleich bemüht sie sich um eine Entwicklung nach westlichem Vorbild. Dabei denkt sie mehr an die Kultur – während Peter der Große die Zivilisation vorangetrieben hat.

Katharina putschte sich wie Elisabeth an die Macht, getragen von der Empörung der Nationalisten über ein unrussisches Regime. Während Elisabeth jedoch nur einen deutschstämmigen Säugling vom Thron gestürzt hatte und selbst als Tochter Peters des Großen zur Thronfolge prädestiniert gewesen war, entmachtete Katharina den rechtmäßig regierenden Enkel Peters des Großen; und ihre eigene Herkunft legitimiert sie in keiner Weise für den Thron.

Ein Jahrzehnt benötigt Katharina II. zur Festigung ihrer Macht. Um ihre Herrschaft in dieser Zeit nicht zu gefährden, verstößt sie wiederholt gegen ihre Ideale – und danach ist sie selbst eine andere geworden. Aber an ihren ursprünglich guten Absichten sollten wir nicht zweifeln.

Der Pariser Salondame Marie-Thérèse Geoffrin schildert sie, wie ihr Tag beginnt: „Ich stehe regelmäßig um sechs Uhr früh auf, ich lese und schreibe ganz allein bis acht; dann kommt man und trägt mir die Angelegenheiten vor, jeder, der mit mir zu sprechen hat, tritt ein, immer einzeln, einer nach dem andern. Das dauert bis elf Uhr und länger, dann ziehe ich mich an."[9] Gegen vierzehn Uhr setzt sie sich mit geladenen Gästen zu Tisch. Katharina ißt wenig – vielleicht etwas Pökelfleisch und als Nachtisch saure Milch –; meistens trinkt sie Johannisbeersaft, selten Wein, und wenn, mit Wasser verdünnt. Am Nachmittag arbeitet sie wieder und bildet sich fort. Abends geht sie ins Theater, plaudert mit Gästen oder spielt Karten. Vor dreiundzwanzig Uhr geht sie zu Bett, um am nächsten Morgen ausgeschlafen zu sein.

Abseits der offiziellen Empfänge führt die Zarin zwanglose Umgangsformen ein: Niemand braucht aufzustehen, wenn sie eintritt. Wenn sich eine Hofdame bei einer Partie Whist über Katharinas Spielglück so ärgert, daß sie die Karten hinwirft, beteuert die Zarin, sie habe nicht gemogelt. Und als sie einmal

Diener ertappt, die Früchte von einer Tafel stehlen, mahnt sie: „Das darf nie wieder vorkommen. Jetzt aber schaut, daß ihr weiterkommt, sonst erwischt euch der Haushofmeister."[10]

Der britische Gesandte George Macartney schwärmt 1766: „Es ist kaum vorstellbar, wie geschickt sie ihr ungezwungenes Auftreten mit der Würde ihrer Stellung paart, wie mühelos sie mit den niedrigsten ihrer Untertanen vertraut redet, ohne auch nur das geringste von ihrer Autorität einzubüßen, und mit welch erstaunlichem Zauber sie es fertigbringt, sich zugleich Respekt und Zuneigung zu verschaffen. Ihre Unterhaltung ist brillant, vielleicht zu brillant, denn sie glänzt gern im Gespräch ..."[11]

Sie plaudert „mit der Grazie einer Pariser Salondame, mit dem Temperament einer Südländerin und mit dem Ernst, mit der Logik eines geistig wohlgeschulten Mannes"[12].

Tradition und Neuerung

Alleinherrschaft

Katharina II. bejaht – wie Friedrich II. – viele Ideen der Aufklärung, aber die von Montesquieu geforderte Gewaltenteilung lehnt sie für Rußland ab: In diesem ausgedehnten Reich sei es notwendig, den Zeitverlust beim Übermitteln von Nachrichten und Anordnungen durch rasche Entscheidungen des absoluten Monarchen auszugleichen. „Das russische Kaiserreich ist so weitläufig, daß außer einem Selbstherrscher jede andere Regierungsform ihm schädlich wäre, denn alle anderen sind langsamer in der Ausführung und haben zahllose verschiedenartige Parteilichkeiten in sich, die zur Zerstückelung der Macht und der Kraft treiben, während der eine Herrscher, der das allgemeine Wohl als sein eigenes ansieht, alle Mittel zur Ausrottung aller Schäden hat."[1]

Denis Diderot wagt es, die unbeschränkte Macht der Zarin zu kritisieren: Jede absolute Regierung sei von Übel, „auch die willkürliche Regierung eines guten, starken, gerechten und weisen Herrschers"[2], denn er betrüge das Volk um die Freiheit. Katharina die Große gibt zu bedenken: „Mit all Ihren hohen Prinzipien könnte man schöne Bücher machen, doch sehr schlechte Geschäfte. Sie arbeiten nur auf dem Papier, das alles erduldet ...; doch ich, arme Kaiserin, die ich bin, arbeite auf der menschlichen Haut, die in höherem Maße reizbar und kitzlig ist."[3]

Katharina die Große begründet den Absolutismus durch rationale Überlegungen – anders als Maria Theresia, die ihre Herrschaft auf die göttliche Weltordnung baut.

Die Zarin umgibt sich mit fähigen Männern, verlangt, daß sie hart arbeiten, aber wer ihre Erwartungen erfüllt, bleibt im Amt und wird für besondere Leistungen großzügig belohnt.

Als ihr bedeutendster Berater bewährt sich weiterhin Nikita Iwanowitsch Panin.

Auf seinen Vorschlag hin ernennt sie einen „Kaiserlichen Rat", der ihr – unter Panins Vorsitz – als oberstes Regierungsorgan zur Seite stehen soll. Dann aber überlegt sie es sich anders und beruft das Gremium nie ein.

Katharina II., Friedrich II. und Maria Theresia gleichen sich in ihrer Unfähigkeit, Teile der Regierungsverantwortung zu delegieren. Sie reißen alle Entscheidungen an sich und korrespondieren an ihren Ministern vorbei mit Provinzbehörden und ausländischen Gesandten, weil sie alle Menschen verdächtigen, eigennützige Interessen zu verfolgen. Damit ersticken sie aber auch jede Eigeninitiative.

Nicht nur Auszüge, sondern komplette Berichte und Gesetzesentwürfe läßt sich Zarin Katharina II. vorlegen; ungelesen unterschreibt sie nichts. Von ihren Ministern läßt sie sich zwar beraten, aber dann fungiert sie selbst als Finanz-, Wirtschafts-, Kriegs-, Innen- und Außenminister.

Friedrich der Große erteilt seine Anweisungen meistens schriftlich. Über Bittgesuche nichtadeliger Untertanen verfügt er aufgrund von Exzerpten, die seine Kanzlei für ihn anfertigt. Briefe adeliger Absender liest und beantwortet er selbst – oder wirft sie kurzerhand ins Kaminfeuer. Viele seiner Anordnungen und Randnotizen kennen wir. Sie strotzen von Schimpfwörtern, dokumentieren aber auch Toleranz und Ironie, wie zum Beispiel seine Erwiderung auf die Eingabe einer Gemeinde, die ihren Pfarrer anprangert, weil er nicht an die Auferstehung glaube: „Der Pfarrer bleibt. Wenn er am Jüngsten Gericht nicht mit auferstehen will, kann er ruhig liegen bleiben."[4]

Zentralisierung der Macht

Das Habsburger Imperium ist nicht nur vertikal in Stände abgestuft, sondern zugleich horizontal durch den Partikularismus untergliedert, denn die Habsburger haben weder einen Nationalstaat wie die Valois in Frankreich geschaffen, noch einen Einheitsstaat wie die Hohenzollern in Brandenburg-Preußen; ihre Doppelmonarchie wird lediglich durch die Dynastie verklammert.

Schon Maria Theresias Großvater wollte seine Territorien unter einer zentralen Regierung zusammenfassen, aber er stieß auf so heftigen Widerstand, „daß er an sein Cembalo und zu seinen Kompositionen"[5] zurückkehrte.

Erst Maria Theresia gelingt das Vorhaben: Sie vereint im Mai 1749 die Hofkanzleien für Böhmen und Ungarn sowie die nur für Österreich zuständige Reichshofkanzlei in einem einzigen Direktorium und verselbständigt zugleich das Gerichtswesen. Als sich jedoch das neugeschaffene Direktorium als schwerfällige Mammutbehörde erweist, wird es 1761 in drei neue Organisationen aufgeteilt, allerdings nicht mehr geographisch, sondern funktional: in die Vereinigte Böhmisch-Österreichische Hofkanzlei, die Hofkammer für die Finanzverwaltung und die Hofrechenkammer.

Maria Theresia kam sich nach ihrer Thronbesteigung wie Herkules im Augiasstall vor. Wie muß sich erst Zarin Katharina fühlen? Die russischen Behörden erlassen Tausende von Verordnungen, ohne sich untereinander abzustimmen, keiner überblickt das Chaos, kaum eine Regelung wird tatsächlich beachtet: Einem Bonmot zufolge warten die Russen immer auf den dritten Ukas, bevor sie eine Bestimmung ernst nehmen – und der bleibt in der Regel aus.

Als Katharina II. die Staatseinnahmen überprüfen läßt, stellt sich heraus, daß vierzig Prozent davon in die Taschen korrupter Beamter fließen. Die Gouverneure der russischen Provinzen stammen zumeist aus dem Offizierskorps. Mit Knute und Bajonett sorgen sie für Ordnung. Sie arbeiten zwar ehrenamtlich, aber in der Regel können sie sich nach ein paar Jahren zur Ruhe setzen, weil sie ausreichend Bestechungsgelder zusammengerafft haben. Die Zarin gewährt den Gouverneuren ab 1764 Gehälter, verlangt aber von ihnen regelmäßige Berichte über die Bevölkerungsentwicklung, die Landwirtschaft, den Straßen- und Brückenbau, die Situation in den Gefängnissen und Waisenhäusern – zwingt sie also, Fortschritte herbeizuführen, um nicht negativ aufzufallen.

Katharina verdoppelt die Anzahl der von ihr unmittelbar kontrollierten Gouvernements und unterteilt sie so in Verwaltungsbezirke, daß niemand länger als einen Tag reisen muß, wenn er sich persönlich an die für ihn zuständigen Gerichte und Behörden wenden möchte. Aber den Beamten fällt es schwer, in den ihnen vorgelegten Fällen mehr zu sehen, als eine Gelegenheit, sich selbst zu bereichern.

Das Haupthindernis auf dem Weg zu einer gerechteren Gesellschaft sieht Katharina in der Natur des Menschen: „Der Fortschritt hat alles verbessert: die Kenntnisse, die Künste, sogar die Natur; bloß der Mensch blieb immer derselbe."[6] Damit widerspricht sie den Philosophen der Aufklärung in einem entscheidenden Punkt.

Entmachtung der Stände

Maria Theresia trägt zwar die Königskronen von Böhmen und Ungarn sowie die Herzoghüte von Ober- und Niederösterreich, Steiermark, Kärnten und Krain, doch über das Geld verfügen die Stände beziehungsweise die aristokratischen Gutsherren, und immer wenn die Herrscherin auf deren Unterstützung angewiesen ist, fangen sie zu feilschen an. Wie in Preußen, Rußland und anderen Ländern, beruht die Macht der österreichisch-ungarischen Aristokratie auf den Ständen und deren Wirtschaftskraft auf Grundbesitz.

Den Ungarn, deren autonome Verfassung Maria Theresia 1741 garantiert hat, kann sie nichts aufzwingen, aber sie ist entschlossen, im Königreich Böhmen und in den österreichischen Herzogtümern die notwendigen Reformen durchzusetzen.

Als Berater in Fragen dieser grundlegenden Staatsreform wählt sie 1747 Friedrich Wilhelm Graf von Haugwitz, einen fünfundvierzig Jahre alten „kleinen, häßlichen Mann mit Knollennase und Tränensäcken"[7], von dem der spätere preußische Kanzler Karl Joseph Maximilian Freiherr von Fürst und Kupferberg behauptet, er sehe „mehr einem Narren als einem großen Manne ähnlich"[8]. Graf von Haugwitz wird unterschätzt.

Im Januar 1748 stellt Maria Theresia seine Ideen in der Geheimen Konferenz zur Diskussion: Die Stände in Böhmen und

Österreich sollen die Gelder für die Zentralregierung nicht in jedem Jahr neu bewilligen, sondern jeweils für ein Jahrzehnt im voraus. Außerdem schlägt Haugwitz vor, die Beträge um ein Drittel zu erhöhen und dafür die Armee nicht länger auf Kosten der Länder zu versorgen.

Er denkt gar nicht daran, den Grundherren alle administrativen, finanziellen, polizeilichen und richterlichen Funktionen abzunehmen und die Behörden in Wien damit zu belasten, aber er beginnt, die politische Macht der Stände zu beschneiden. Den Ständen müsse klargemacht werden, daß eine öffentliche Funktion nicht primär Rechte verschafft, sondern zuallererst dazu verpflichtet, dem Staat zu dienen. Obwohl die Aristokraten zunächst nicht bereit sind, kampflos auf ihre Privilegien zu verzichten, gelingt es dem schlauen Reformer, die Rolle der Stände in der Praxis auf die Zustimmung zu den von der Zentralregierung beschlossenen Steuern einzuengen.

Los der Leibeigenen

Friedrich Wilhelm I. hatte die Leibeigenschaft in seinem Staat eingeschränkt; doch nach wie vor sind die Bauernfamilien östlich der Elbe an die Scholle gebunden und müssen Fronarbeit für die Gutsherren leisten – mitunter an sechs Tagen in der Woche – bevor sie sich um ihre eigenen Äcker kümmern können.

In Rußland leben die Leibeigenen nicht wie in anderen europäischen Ländern auf einzelnen Gütern, sondern in Dörfern, deren Vorsteher die Fronarbeiten einteilt und dem Grundbesitzer die Abgaben liefert – wobei nur die „Seelen"[9], das heißt die Männer, zählen.

Die Rechte des Grundherrn zur Nutzung der Arbeitskraft seiner Leibeigenen sind unbeschränkt; er verheiratet sie nach Gutdünken, jagt Alte und Kranke davon, fungiert als Richter, verurteilt Ungehorsame zu Knutenhieben oder schickt sie nach Sibirien.

Katharina II. ist überzeugt, daß alle Menschen aufgrund ihrer Geburt zu einem der verschiedenen Stände gehören, also ihren festen Platz in der Gesellschaftspyramide einzunehmen haben. Und wer ganz unten ist, hat auch keine Rechte. Den Grundbesitzern erlaubt sie ausdrücklich, Leibeigene wie Vieh auf dem Markt zu verkaufen. Die Zarin selbst verschenkt im ersten Jahrzehnt ihrer Regierung mehr als 66 000 Leibeigene, um die eine oder andere Dienstleistung zu belohnen.

Obwohl Katharina die Große von den Ideen der Aufklärung überzeugt ist, wagt sie es nicht, die Leibeigenschaft abzuschaffen, denn gerade weil sie eine Usurpatorin ohne dynastische Legitimation ist, darf sie die Gutsherren nicht verärgern. Sie scheut davor zurück, ihre Ideale zu verwirklichen, weil sie befürchtet, ein falscher Schritt könne wie ein Funke in einem Pulverfaß wirken. Sie klagt: „Kaum wagt man zu behaupten, daß sie [die Leibeigenen] ebensogut Menschen sind wie wir; und wenn ich das sage, so ist es auf die Gefahr hin, daß man Steine auf mich wirft."[10]

Auch Maria Theresia zuckt vor einer durchgreifenden Gesellschaftsreform zurück. Erst ihr Sohn Joseph überredet sie zu Einschränkungen der Fronarbeit. Wie von Maria Theresia befürchtet, laufen die böhmischen Magnaten Sturm dagegen. Die Bauern bewaffnen sich, stehen gegen ihre Gutsherren auf und plündern deren Schlösser. Truppen schlagen den Aufstand nieder – aber es bleibt bei den Erleichterungen.

Wirtschaftsförderung

Fünf Tage nach der Beisetzung seines Vaters schuf Friedrich II. ein Ministerium für Gewerbe, Handel und Verkehr. Wie Maria Theresia und Katharina II. auch, greift er lenkend und kontrollierend in das Wirtschaftsleben ein. Er fördert die Manufakturen, das Textilgewerbe und den Bergbau, läßt Straßen anlegen und Kanäle graben, schafft die Zölle im Inneren seines Staates ab und erhebt statt dessen hohe Schutzzölle gegen die Konkurrenz im Ausland.

Er verteilt die bislang nur in Botanischen Gärten gezüchteten Kartoffeln an die Bauern und ordnet den Anbau dieses „sehr nützlichen Erdgewächses"[11] an. Weil es die Bauern aber für eine Giftpflanze halten, sträuben sie sich. Sogar das Generaldirektorium zögert und befürchtet Hungersnöte, wenn Kartoffeläcker statt Getreidefelder angelegt werden. Um seine Anordnungen durchzusetzen, kontrolliert Friedrich der Große die Anpflanzungen und verlangt von den Gemeindepfarrern, in ihren Predigten für die neue Ackerfrucht zu werben.

Um ihr Land wirtschaftlich und militärisch zu stärken, hatten schon der Große Kurfürst und König Friedrich Wilhelm I. keine Gelegenheit versäumt, die Zahl ihrer Untertanen zu vergrößern – etwa durch die Ansiedelung von Glaubensflüchtlingen. Friedrich der Große führt die Peuplierung[12] fort. Allein durch den Raub Schlesiens wächst die Bevölkerung des preußischen Staates von zweieinhalb auf mehr als vier Millionen. Um zusätzliches Land urbar zu machen, läßt Friedrich den jedes Jahr aufs neue überschwemmten Oderbruch – die Niederung zwischen Küstrin und Bad Freienwalde – trockenlegen. Von 1747 bis 1753 schuften Bauarbeiter, die das Gefälle des Flusses vergrößern und neue Dämme anlegen. Dann werden mehr als tausend Familien angesiedelt, und Friedrich der Große verkündet stolz: „Hier habe ich eine Provinz im Frieden erobert."[13]

Nach diesem Vorbild ruft Zarin Katharina die von ihrer Vorgängerin Elisabeth vertriebenen Juden zurück und weist ihnen Gebiete im Süden Rußlands zu. In westeuropäischen Zeitungen wirbt sie um weitere Siedler, und Tausende folgen dem Ruf, denn die Reisekosten werden ihnen erstattet, sie erhalten Land zugeteilt, bekommen Kredite für den Hausbau und die Anschaffung von Vieh und Saatgut, brauchen zunächst nicht zum Militär und auch keine Steuern zu entrichten. Katharina II. holt Spezialisten aus Flandern und Frankreich ins Land, die den einheimischen Handwerkern zeigen, wie Spitzen und Porzellan hergestellt werden. Sie fördert die Anpflanzung von Tabak in der Ukraine. Zugleich schafft sie Monopole ab und liberalisiert die Wirtschaft. Sie ordnet an, daß jeder ihrer Untertanen – gleich welchen Standes – eine Werkstatt, eine Manufaktur oder eine Fabrik gründen darf, und über die ersten Anlaufschwierigkeiten hilft sie den neuen Unternehmern mit staatlichen Krediten hinweg.

„Jetzt brauchen wir Truppen, Geld und einen guten General"

Friedrich II. erbte von seinem Vater eine gut gedrillte und gerüstete Armee, Maria Theresia die Pragmatische Sanktion. Soweit die österreichischen Soldaten 1740 nicht nur auf dem Papier existieren, sind sie unmotiviert, untrainiert und schlecht ausgestattet: Der Kavallerie fehlen Pferde, der Artillerie Kanonen und der Infanterie Gewehre. In einem von Katharina der Großen persönlich verfaßten Theaterstück werden Maria Theresia und ihrem Sohn Joseph folgende Worte in den Mund gelegt: „Ich habe stets alle meine Hoffnungen auf Jesus Christus gesetzt." „Ja, Mama. Damit haben wir Schlesien verloren. Jetzt brauchen wir Truppen, Geld und einen guten General ..."[14]

Tatsächlich ist auch Maria Theresia überzeugt, daß sich Österreich gegen Preußen nur durchsetzen kann, wenn die eigene Armee schlagkräftiger wird. Aber dieses Ziel läßt sich nicht ohne eine grundlegende Reform des gesamten Staates erreichen. Sie bringt es auf die Formel: „Es gibt kein Königtum ohne Soldaten, keine Soldaten ohne Geld, kein Geld ohne Bevölkerung, keine Bevölkerung ohne Gerechtigkeit."[15] Den Egoismus der Stände und den Partikularismus der Länder will sie eindämmen, die Steuerlast gerechter verteilen, die Verwaltung straffen, die Wirtschaft fördern, die Justiz reformieren, für mehr Bildung sorgen – und auf dieser Grundlage am Ende das Militärwesen verbessern.

Mit der eigentlichen Militärreform betraut sie nach den Schlesischen Kriegen den dreiundvierzig Jahre alten Feldmarschall Leopold Joseph Maria Graf von Daun. 1752 beginnen die ersten zweihundert von Maria Theresia persönlich ausgewählten Kadetten ihre Schulung an einer neu eingerichteten Militärakademie. Das Heer rekrutiert zusätzliche Soldaten und verbessert die Ausrüstung. Die bisher bunt zusammengewürfelten Armee-Einheiten werden nach preußischem Vorbild gedrillt und einheitlichen Standards unterworfen. Verächtlich blicken die Angehörigen alter Adelsfamilien zur Zimmerdecke, wenn ihnen bei Hof ein bürgerlicher Offizier in Uniform begegnet. Aber die stolzen jungen Offiziere, die ihre Karriere nicht mehr dem Zufall der Geburt, sondern ihrer Leistung verdanken, verbessern Schritt für Schritt die Schlagkraft ihrer Einheiten.

Rechtsreformen

Die preußischen Gesetze und Gerichte bilden ein undurchschaubares Gewirr: Unabhängig voneinander fällen königliche, städtische, privilegierte, administrative und ständische Gerichte ihre Urteile; dabei sind sowohl die Sprengel als auch die Kompetenzen strittig, und nicht zuletzt deshalb können die schlecht bezahlten Advokaten Prozesse über Jahre verschleppen. Das wollte bereits Friedrich Wilhelm I. ändern: 1738 ernannte er deshalb den Rechtsprofessor Samuel von Cocceji zum Justizminister und beauftragte ihn, ein einheitliches Landrecht auszuarbeiten.

Diesen Ansatz greift Friedrich der Große nach den Schlesischen Kriegen wieder auf: Samuel Freiherr von Cocceji, den er 1747 mit achtundsechzig Jahren zum Großkanzler ernennt, reist jahrelang von Stadt zu Stadt, tauscht ungeeignete Richter und Anwälte aus und schließt allein in Stettin mehr als zweitausend Verfahren ab, die meisten in mündlichen Verhandlungen und aufgrund von Vergleichen. Er führt eine neue Prozeßordnung ein, vereinheitlicht das Gerichtswesen und legt einen Entwurf für ein neues Landrecht vor.

Samuel von Cocceji stirbt 1755, aber sein Werk bildet die Grundlage einer umfassenden Justizreform, die 1794 mit dem Inkrafttreten des Allgemeinen Preußischen Landrechts abgeschlossen wird.

Auch Maria Theresia beauftragt 1752/53 Kommissionen, das Strafrecht, die Prozeßordnung und das Zivilrecht einheitlich zu kodifizieren. Im „Codex Theresianus" läßt sie 1769 das Zivilrecht beschreiben; allerdings wird diese Materialsammlung nicht als Gesetz verkündet. Anders die „Constitutio criminalis Theresiana": Diese Neuregelung des Strafrechts und der Strafprozeßordnung tritt am 1. Januar 1770 in Böhmen und

Österreich in Kraft. Milder werden die Strafen dadurch nicht: Nach wie vor steht auf besonders schwere Verbrechen das Zerstückeln, Vierteilen, Zerreißen mit glühenden Zangen und Verbrennen bei lebendigem Leib.

Katharina die Große beschäftigt sich ab 1765 intensiv mit einer grundlegenden Rechtsreform und beruft am 25. Dezember 1766 eine „Große Kommission" ein. Diese Reichsversammlung soll die Situation der russischen Bevölkerung beschreiben und Vorschläge für eine umfassende Gesetzesreform ausarbeiten.[16] Für die „Große Kommission" entwirft sie eine in 22 Kapitel und 655 Paragraphen gegliederte „Große Instruktion", wobei sie zahlreiche Gedanken westeuropäischer Staatstheoretiker der Aufklärung übernimmt und ganze Passagen von Montesquieu abschreibt, dessen 1748 in Genf veröffentlichte Abhandlung über den „Geist der Gesetze" sie als ihr „Gebetbuch" preist. Friedrich dem Großen gesteht sie: „Eure Majestät werden sehen, daß ich es gemacht habe wie der Rabe in der Fabel, der sich mit Pfauenfedern schmückte."[17]

Sie äußert sich über Gesetze, Gerichte und Strafen, Moral und Religion, Ökonomie, Regierung und Gesellschaft mit dem Ziel, den russischen Staat nach westlichen Vorstellungen zu modernisieren; „Rußland ist ein europäischer Staat", behauptet sie. 1767 schreibt sie Voltaire: „Jene Gesetze, von denen man so viel spricht, sind noch nicht verfaßt ... Stellen Sie sich vor, daß Sie Europa und Asien dienen müssen. Welch ein Unterschied in Klima, Menschen, Gewohnheiten, vor allem in den Begriffen. ... In dieser Stadt [Katharina schreibt aus Kasan an der Wolga] gibt es zwanzig Völker, die sich in keinem Stück gleichen, und trotzdem muß man ihnen einen Rock nähen, der allen gleich gut sitzt. Es ist leicht, allgemeine Regeln zu finden, aber die Details? ... Das ist fast so schwer, als müßte man eine ganze Welt erschaffen, sie vereinigen und erhalten."[18]

Bevor Katharina II. die „Große Instruktion" veröffentlicht, beauftragt sie ihre Berater und einige Aristokraten, sie zu prüfen. Aufgrund der Kommentare streicht sie vieles, insbesondere die Überlegungen zur Verbesserung der Lage der Bauern und Leibeigenen. Am Ende enthält die Instruktion zwar kaum noch eine entscheidende Absichtserklärung, aber als Dokumentation der fortschrittlichen Ansichten der Zarin ist sie vergleichbar mit dem Antimachiavell und den politischen Testamenten Friedrichs des Großen.

Am 10. August 1767 konstituiert sich die „Große Kommission" im Moskauer Kreml. Katharina erscheint mit der Krone auf dem Haupt. Der Vizekanzler schildert in einer feierlichen Ansprache die Vision, einen Staat zu schaffen, in dem jeder einzelne das Gemeinwohl über seine egoistischen Interessen stellt. Daran würden sich andere große Nationen ein Beispiel nehmen.

In Hunderten von Sitzungen – zunächst in Moskau, dann in St. Petersburg – debattieren die Delegierten über eine Flut von Anträgen aus dem ganzen Reich, aber sie können sich nicht einigen. Deshalb wird die Versammlung nach einem Jahr aufgelöst. Das Projekt ist gescheitert. Allerdings hat die Zarin aufgrund der Diskussionen in der Kommission – die sie hinter einem Vorhang verfolgte – viel über ihr Reich gelernt, und der Mißerfolg schadet nicht dem Ansehen, das sie sich durch die „Große Instruktion" vor allem in Westeuropa erworben hat.

Friedrich der Große lobt Katharinas humane Grundsätze und sorgt dafür, daß sie in die Berliner Akademie der Wissenschaften aufgenommen wird; Voltaire preist die Instruktion als „Evangelium für die gesamte Menschheit"[19].

Religionsfreiheit

Grundlegend unterscheiden sich Friedrich der Große und Maria Theresia auch in ihrer Einstellung gegenüber Fremden und Andersdenkenden. Der preußische König meint: „Alle Religionen sind gleich gut, wenn nur die Leute ehrlich sind. Wenn Türken und Heiden kämen und wollten das Land bevölkern, so wollten wir für sie Moscheen und Kirchen bauen."[20] Maria Theresia dagegen hält nur ihre katholischen Untertanen für gute Menschen, und den Juden mißtraut sie noch stärker als den Protestanten.

Während Erzherzog Joseph, der spätere Kaiser Joseph II., den Glauben – wie Friedrich der Große – für eine Privatangelegenheit hält, befürchtet Maria Theresia, religiöse Indifferenz zerstöre das Fundament des Gottesgnadentums: „Wie, keine Hauptreligion? Toleranz, zur Doktrin erhobene Gleichgültigkeit, sind eben die wahren Mittel, alles zu untergraben. ... Wie könnte man sonst diese Leute eindämmen? Gar nicht, weder Galgen noch Rad hülfen da ... Ich spreche hier nur als Politiker, nicht als Christin. Wollen Sie mit ansehen, wie jeder seiner Phantasie gemäß handelt? Nichts ist notwendiger und vorteilhafter als die Religion. Ohne festgesetzten Ritus gibt es auch keine Unterwerfung unter die Kirche, und wohin führt dies? Das Faustrecht würde wieder auferstehen."[21]

Katharina die Große dagegen räumt Andersgläubigen aus Staatsräson Religionsfreiheit ein, obwohl sie sich selbst streng an die Riten der orthodoxen Kirche hält: „In einem Reich, das seine Herrschaft über so viele verschiedene Völker erstreckt, wie es verschiedene Glaubenslehren unter den Menschen gibt, wäre Intoleranz zwischen den Religionen für die Ruhe und das Wohlergehen der Bürger am schädlichsten. Es gibt nur weise Toleranz, gleichermaßen geübt von der orthodoxen Religion und von der Politik, die alle vom rechten Weg abgewichenen Schafe zum wahren Glauben wieder zurückführen könnte. Verfolgung macht die Geister aufsässig, Toleranz besänftigt sie und macht sie weniger widerspenstig; sie löscht aus die Streitereien, die der Ruhe des Staates und der Gesellschaft so abträglich sind."[22]

Moralwächterin

Ebenso intolerant wie in Fragen der Religion verhält sich Maria Theresia in Fragen der Sitte und des Anstands. Die militante Moralistin läßt nur ihre eigenen Ansichten gelten und versucht in ihrem Eifer, andere zu bevormunden. Wehe, sie entdeckt ein zu offenherziges Dekolleté! Oberstkämmerer Ludwig Andreas Graf von Khevenhüller-Metsch berichtet: „Die Kaiserin war so rigoros, daß man auf Maskenbällen Frauen wegen der geringsten Ungebühr nicht nur alsogleich weggeschafft, sondern sogar in Arrest hat legen lassen."[23]

Ertappte Prostituierte müssen damit rechnen, daß sie kahlgeschoren, ausgepeitscht und in ein Spinnhaus gesperrt werden. (Als Maria Theresia jedoch Graf Kaunitz tadelt, weil sie in seiner Kutsche immer wieder neue Mätressen sieht, entgegnet er kühl: „Madame, ich bin hierhergekommen, um über unsere Affären zu sprechen, nicht über die meinen."[24])

Wenn die eigens eingerichtete Sittenkommission das Anliegen ihrer Königin wirklich ernst nähme, hätte sie viel zu tun, denn die Wiener Moralvorstellungen sind recht locker. Lady Mary Wortley Montagu schrieb 1716 aus der österreichischen Hauptstadt: „Die Ehemänner sehen wohlgefällig auf den Liebhaber ihrer Frau und behandeln ihn als eine Art Stellvertreter, der ihnen den weniger angenehmen Teil der Sache abnimmt. Das bedeutet übrigens nicht, daß ihnen der persönliche Einsatz erspart bleibt, denn sie pflegen ihrerseits wiederum die Rolle des Stellvertreters bei mehreren anderen Damen zu spielen. Mit einem Wort: Die Mode will, daß jede Frau zwei Gatten hat, einen, dessen Namen sie trägt, einen zweiten, der die Pflichten des Ehestandes übernimmt. Die Sache ist so allgemein geduldet, daß es einer öffentlichen Kränkung gleichkommt, wenn eine Dame ohne jene beiden Herren eingeladen wird, die sie jeweilig umrahmen."[25]

Kulturleben

Maria Theresia vergnügt sich gern auf Bällen und läßt dabei kaum einen Tanz aus. Ehe sie ein Buch liest, spielt sie lieber Karten. Für Gelehrsamkeiten hat sie nichts übrig; weder Goethe noch Lessing sagen ihr etwas; Theaterstücke überprüft sie auf anstößige Stellen. Allenfalls für Opern kann sie sich hin und wieder begeistern, aber selbst in der Musik sucht sie – im Gegensatz zu Friedrich dem Großen – weniger die Kunst als die Unterhaltung: So achtet sie auch kaum darauf, als ihr Hofkomponist Christoph Willibald Gluck und der italienische Librettist Ranieri de Calzabigi 1762 am Wiener Burgtheater mit „Orpheus und Eurydike" der inzwischen verflachten und von den Solisten in Da-capo-Arien zur Selbstdarstellung mißbrauchten italienischen Barockoper eine klassizistische Reformoper entgegenstellen.

Katharina die Große dagegen läßt sich 1764 bis 1767 in St. Petersburg die „Ermitage" bauen, und um dieses Schlößchen zu schmücken, kauft sie in Westeuropa Gemälde auf. Sie beginnt mit einem Rembrandt; Tausende von Meisterwerken folgen, bis die bedeutendste russische Kunstsammlung entstanden ist.

Eine Renaissance hat es in Rußland nicht gegeben; Homer, Aischylos, Sophokles, Vergil, Horaz und Ovid sind unbekannt. Um das zu ändern, ruft die Zarin eine Gesellschaft zur Übersetzung der griechischen und römischen Klassiker ins Leben. Auch die Theaterstücke der deutschen Dichter und die philosophischen Abhandlungen der Aufklärung läßt sie in Rußland verbreiten.

Die Zarin schreibt selbst satirische Zeitschriftenartikel, Memoiren, Märchen, Gedichte, Komödien und Opernlibretti; sie gibt ein vergleichendes Wörterbuch zahlreicher asiatischer, europäischer und amerikanischer Sprachen heraus, und anhand von Dokumenten aus dem Staatsarchiv setzt sie sich mit der russischen Geschichte auseinander.

Seit Henning Adolf von Gyllenborg ihr empfohlen hat, sich mit den französischen Philosophen zu beschäftigen, studiert Katharina deren Bücher. Mit Voltaire und den Enzyklopädisten Diderot und d'Alembert tauscht sie Gedanken aus. Über das Pariser Kulturleben berichten ihr Marie-Thérèse Geoffrin und Friedrich Melchior Baron von Grimm in Briefen.

Gleich nach der Regierungsübernahme bietet sie Diderot an, die in Frankreich verbotene Enzyklopädie[26] in St. Petersburg drucken zu lassen. Als sie drei Jahre später erfährt, daß er seine Bücher opfern will, um seiner Tochter eine Mitgift geben zu können, kauft sie seine Bibliothek, bittet ihn aber, sie bis zu seinem Tod weiter zu betreuen und zahlt ihm für fünfundzwanzig Jahre im voraus ein großzügiges Honorar.

Als Denis Diderot und Friedrich Melchior Baron von Grimm 1773/74 St. Petersburg besuchen, unterhält sich die Zarin fast täglich mit ihnen. Wenn Diderot spricht, gestikuliert er heftig und unterstreicht seine Argumente, indem er seinen Gesprächspartnern temperamentvolle Stöße versetzt. Katharina die Große berichtet Marie-Thérèse Geoffrin: „Aus meinen Unterhaltungen mit ihm gehe ich mit blauen Flecken auf den Schenkeln hervor."[27]

Die französischen Philosophen werben für die „Semiramis des Nordens"[28]. Voltaire, mit dem sie mehr als achthundert Briefe wechselt, beteuert am 2. Februar 1772: „Bewundernd und anbetend lege ich mich Ihnen zu Füßen!"[29]

Schulreformen

1770 läßt Maria Theresia bei Friedrich dem Großen nachfragen, ob der berühmte schlesische Pädagoge Johann Ignaz von Felbiger Österreich bei der angestrebten Schulreform beraten dürfe. Der Preußenkönig zeigt sich großzügig. Vier Jahre später setzt Maria Theresia die von Felbiger ausgearbeitete „Allgemeine Schulordnung für die deutschen Normal-, Haupt- und Trivialschulen in sämtlichen kayserlich-königlichen Erblanden" in Kraft: Hunderte von Schulen werden eingerichtet, und die Zahl der Lehrer verdreifacht sich innerhalb weniger Jahre; Buben und Mädchen im Alter von sechs bis zwölf Jahren müssen zur Schule gehen, Bauernkinder allerdings nur im Winter, damit sie weiterhin in der Landwirtschaft mithelfen können.

An den auch in ihrer eigenen Familie praktizierten althergebrachten Lehrmethoden hält Maria Theresia jedoch fest. Friedrich Karl von Moser berichtet: „Die gute und gütige Kaiserin-Königin fragte mich einmal: ‚Sag Er mir, warum ist die Erziehung bei Euch Protestanten besser als bei uns?' ‚Man macht', war meine Antwort, ‚bei uns mehr Fenster in die Mauern.' ‚Ich verstehe Ihn nicht', erwiderte die Monarchin, ‚was Er damit sagen will.' ‚Wir gewöhnen', replicirte ich, ‚unsere Jugend zum eigenen Denken, anstatt bei der gewöhnlichen Catholischen Erziehung nur das Gedächtnis beschäftigt wird.' Mit Lebhaftigkeit fiel die Monarchin dagegen ein: ‚Das geht auf die Freigeisterei hinaus', und brach kurz ab."[30]

In Rußland hängt es von der Initiative der Gemeinden oder einzelner Bürger ab, ob den Kindern eines Dorfes Schulunterricht geboten wird oder nicht. Deshalb beauftragt Katharina schon kurz nach ihrer Thronbesteigung den Pädagogen Iwan Iwanowitsch Bezkoi, einen „Allgemeinen Erziehungsplan für junge Leute beiderlei Geschlechts" auszuarbeiten. Schulunterricht auch für Mädchen: das ist revolutionär! Schließlich wendet sich die Zarin an Joseph II. Der schickt den Schulreformer Theodor Jankowitsch, der maßgeblich an dem 1786 eingereichten „Statut für die Volksschulen" mitarbeitet, das Katharina zum Gesetz erhebt und damit zum Grundstein des russischen Grundschulwesens macht. Innerhalb von zehn Jahren vergrößert sich die Zahl der Schulen von 40 auf mehr als 300, die der Lehrer von 136 auf 744 und die der Schüler von 4400 auf 17 000. Das ist allerdings bei einer Bevölkerung von 37 Millionen Menschen immer noch recht wenig!

Kampf gegen die Pocken

Heime für Waisen und Findelkinder richtet Katharina die Große ein und holt ausländische Ärzte ins Land, um die hygienischen und medizinischen Verhältnisse zu verbessern.

Seit ihrer Kindheit fürchtet sie die Pocken.

Lady Mary Wortley Montagu erwähnte 1717 in einem Brief die im Fernen Osten schon länger praktizierte Pockenschutzimpfung; fünf Jahre später wurde diese in England eingeführt. Dabei überträgt der Arzt Pockeneiter von leicht Erkrankten auf Gesunde: eine gefährliche Methode. (Man weiß zwar auch, daß Melkerinnen, die sich an kranken Kühen mit Kuhpocken angesteckt haben, danach von den Pocken meistens verschont bleiben. Aber erst am Ende des Jahrhunderts nutzt der britische Arzt Edward Jenner dieses Wissen, um die weitaus weniger riskante Schutzimpfung mit Kuhpockenlymphe zu entwickeln.)

Den englischen Arzt Thomas Dimsdale, der 1765 ein Buch über die Pockenschutzimpfung verfaßt hat, lädt Katharina die Große nach St. Petersburg ein. Ihre eigenen Ärzte befürchten das Schlimmste. Doch sie bleibt dabei: Am 23. Oktober 1768 taucht Dr. Dimsdale eine Lanzette in menschlichen Pockeneiter und ritzt die Zarin damit am Arm. Grigori Orlow läßt sich ebenfalls impfen, denn er will im Zweifel mit seiner Geliebten zusammen sterben. Aber es kommt zu keinen Komplikationen – auch nicht bei Paul Petrowitsch, der ebenfalls geimpft wird.

Durch dieses mutige Beispiel verhilft Katharina II. der Pockenschutzimpfung in Rußland zum Durchbruch. Zuerst in Moskau und St. Petersburg, dann auch in der Provinz, richtet sie Impfstationen ein. Und tatsächlich geht die Zahl der Erkrankungen stark zurück.

Die Pest in Moskau

Im Spätsommer 1771 breitet sich die Pest vom Südwesten des russischen Reichs bis nach Moskau aus, wo innerhalb von fünf Monaten 55 000 Kranke sterben.

Die verängstigten Menschen jagen die Ärzte davon; statt Medizin zu schlucken, küssen sie Ikonen – und verbreiten auf diese Weise die Seuche noch rascher. Der Moskauer Metropolit, der die Ikonen deshalb fortschaffen will, wird von der Menge zu Tode geprügelt.

Erst Grigori Orlow gelingt es, die Ordnung bis zum Jahresende wiederherzustellen: Die Epidemie dämmt er ein, indem er durchsetzt, daß die Kleider der Toten verbrannt und die Kranken in Quarantäne genommen werden.

Ansichten Friedrichs des Großen

Soldatenstaat

Bürgerliche Offiziere mustert der preußische König nach dem Siebenjährigen Krieg aus, denn er will die Armeeführung dem Adel vorbehalten, um das Prestige des Offizierskorps zu heben: „Ich liebe kein unadliches Geschmeiß in der Armee."[1]

Die Reformen seines Vaters fortsetzend, erzieht Friedrich der Große die jungen ostelbischen Junker in der Armee und schafft den Kult der preußischen Offiziersehre. Ohne diesen Schritt hätte er seinen Staat nicht zu einer der bedeutendsten europäischen Mächte entwickeln können.

Der aus Preußen und Brandenburg hervorgegangene Staat ist nicht durch ein Volk, sondern durch die Obrigkeit geschaffen worden. Es gibt kein preußisches Volkstum; die Autorität des Monarchen steht und fällt mit der Funktion des Staats, der Machtzuwachs und sozialwirtschaftlichen Fortschritt verspricht. Damit der Staat diese Leistung erbringen kann, muß sich jeder Untertan einordnen und der Gemeinschaft nach Kräften dienen.

Die Besucher Preußens stellen fest, daß hier dem Militärischen eine besondere Bedeutung zukommt. In Potsdam ist jeder dritte Bewohner ein Soldat. Der italienische Dichter Vittorio Alfieri denkt bei Friedrichs Staat an eine Kaserne. Giovanni Giacomo Casanova, der im Sommer 1765 nach Sanssouci kommt, erhält vom König ein Stellenangebot als Aufseher in der Potsdamer Kadettenanstalt, aber das schreckt den vierzigjährigen italienischen Abenteurer so, daß er gleich wieder abreist. Gabriel Honoré de Mirabeau soll es so formuliert haben: „Andere Staaten besitzen eine Armee, Preußen ist eine Armee, die einen Staat besitzt."[2]

Weil er dem Frieden mißtraut, verstärkt Friedrich der Große das stehende Heer einige Jahre nach dem Siebenjährigen Krieg auf 200 000 Mann – bei einer Bevölkerung von viereinhalb Millionen Menschen.

Im Gegensatz zum Offizierskorps werden die gemeinen Soldaten nicht durch den Ehrbegriff davon abgehalten zu desertieren, wenn der Nachschub ausbleibt. Das Heer gilt als eine „zusammengeprügelte Horde"[3]: Bei jedem zweiten preußischen Soldat handelt es sich um einen ausländischen Söldner. So meint Friedrich der Große denn auch in seinen Instruktionen für die Kommandeure der Kavallerie- und Infanterieregimenter vom 11. Mai 1763: „Überhaupt muß der gemeine Soldat vor dem Officiere mehr Furcht als vor dem Feinde haben!"[4] Nur so sei es möglich, ihn gegen überlegene Kriegsgegner in die Schlacht zu schicken.

Einen Jesuitenpater, der angeblich die Fahnenflucht in der Beichte als läßliche Sünde bezeichnet hat, läßt König Friedrich II. aufhängen – ohne ihm vorher den Empfang der Sterbesakramente zu gestatten.

Eine der Strafen für aufgegriffene Deserteure und ihre Helfer ist das Spießrutenlaufen: Der Verurteilte taumelt durch ein Spalier von dreihundert Soldaten, die mit Haselruten auf seinen nackten Rücken einpeitschen. Korporale hinter den Soldaten passen auf, daß alle kräftig zuschlagen: „wohl ein klassischer Fall von ‚Befehls-Notstand'"[5]. Nach mehreren Durchgängen und Tausenden von Hieben hängt dem Delinquenten die Haut in blutigen Fetzen vom Leib. Bricht er vorzeitig zusammen, wird die Tortur am nächsten Tag fortgesetzt.

„Jeder Mensch hat ein wildes Tier in sich"

Von der christlichen Glaubenslehre hält Friedrich II. nicht viel: „Ein altes metaphysisches Märchen voller Wundergeschichten, Widersprüche und Widersinn, aus der glühenden Einbildungskraft des Orients entsprungen, hat sich über Europa verbreitet. Schwärmer haben es ins Volk getragen, Ehrgeizige sich zum Schein davon überzeugen lassen, Einfältige es geglaubt."[6] Zwar beschimpft er die Kirche und verspottet die Kleriker als „Trottel im Purpurgewande, Gaukler in der

Bischofsmütze"⁷, aber er schließt die Existenz Gottes nicht aus und schreibt mit achtundsechzig Jahren: „Alles, selbst das Wachstum eines Grashalmes, beweist das Dasein Gottes."⁸

Friedrich der Große hält die Menschen für böse und egoistisch, gebändigt nur durch „Furcht vor Strafe und Hoffnung auf Belohnung"⁹: „Jeder Mensch hat ein wildes Tier in sich; nur wenige wissen es zu fesseln, die meisten lassen ihm die Zügel schießen, wenn sie nicht durch die Furcht vor den Gesetzen davon abgehalten werden."¹⁰

In einem Brief an d'Alembert offenbart er, was er von den Menschen hält: „Denken wir uns eine beliebige Monarchie mit zehn Millionen Einwohnern. Davon ziehen wir zunächst die Bauern, Fabrikarbeiter, Handwerker und Soldaten ab. Bleiben etwa 50000 Männer und Frauen. Davon ziehen wir 25000 Frauen ab; der Rest bildet den Adel und den höheren Bürgerstand. Prüfen wir nun, wie viele davon geistig träge, stumpf und schwachherzig oder ausschweifend sind, so wird die Rechnung ungefähr ergeben, daß von einem sogenannten zivilisierten Volke kaum tausend Personen gebildet sind – und auch da, welche Unterschiede in der Begabung!"¹¹

Wenn Friedrich dem Großen Leute angezeigt werden, die über ihn schimpfen, winkt er ab: „Wenn dumme oder unvernünftige Leute über mich herziehen, dann soll daraus keine Affäre gemacht werden. Einfach, weil es unter meinem Niveau ist, mich damit zu beschäftigen."¹² Und bei einer anderen Gelegenheit witzelt er: „Meine Untertanen und ich sind zu einer Abmachung gekommen, die uns beide befriedigt: Sie dürfen sagen, was ihnen paßt, und ich darf tun, was mir paßt."¹³

Moritat vom Müller und dem gerechten König

In seinem politischen Testament von 1752 hat Friedrich den Grundsatz der Unabhängigkeit der Gerichte verankert: „Ich habe mich entschlossen, niemals in den Lauf des gerichtlichen Verfahrens einzugreifen; denn in den Gerichtshöfen sollen die Gesetze sprechen und der Herrscher soll schweigen."¹⁴

Aber er verdächtigt die Gerichte, Adelige und Reiche zu bevorzugen. 1777 tadelt er seinen Justizminister: „Es mißfällt mir sehr, daß mit den armen Leuten, die in Prozeßsachen in Berlin zu tun haben, so hart umgegangen wird ... und möchte Euch hiermit zu erkennen geben, daß in meinen Augen ein armer Bauer ebensoviel gilt wie der vornehmste Graf und der reichste Edelmann. Das Recht gilt ebenso für vornehme wie für geringe Leute!"[15]

Und so kommt es, daß er 1778 trotz seiner Prinzipien massiv in die Rechtsprechung eingreift: Der Müller Arnold weigert sich, seinem Grundherrn die Pacht zu zahlen, weil man ihm bei der Anlage eines Karpfenteichs das Wasser des Mühlbachs abgegraben habe. Arnold wird verurteilt, die Pacht zu bezahlen, wendet sich aber mit einer Bittschrift an den König. Der prüft die Angelegenheit, sieht sein Mißtrauen gegen die Gerichte bestätigt und übergibt den Fall dem Berliner Kammergericht. Als auch diese Richter das Urteil bestätigen, schimpft Friedrich über ihre „Fickfackereien" und entläßt den Großkanzler: „Marsch, hinaus, seine Stelle ist schon vergeben!"[16] Das Urteil wird kassiert, der Fischteich zerstört. Bänkelsänger verbreiten die Geschichte überall in Europa und preisen den gerechten König. Katharina die Große läßt dessen Erklärung ins Russische übersetzen und an die Gerichte verteilen.

Aber niemand hat Friedrich II. darauf hingewiesen, daß ein anderes Mühlrad zwischen dem Teich und Arnolds Mühle die ganze Zeit über einwandfrei gelaufen ist: Der König fiel auf einen streitsüchtigen Müller herein und beugte deshalb das Recht.

Lächerliche Farcen, abgeschmackte Plattheiten?

Obwohl Friedrich der Große selbst zugibt, „das Deutsche nur wie ein Kutscher"[17] zu sprechen und seit seiner Jugend kein deutsches Buch gelesen zu haben, zieht er 1780 mit der Schrift „De la Littérature Allemande"[18] gegen die deutsche Literatur zu Felde: „Um sich von dem Mangel an Geschmack zu überzeugen, der bis auf diesen Tag in Deutschland herrscht, brauchen Sie nur ins Schauspiel zu gehen. Da sehen Sie die abscheulichen Stücke von Shakespeare in deutscher Sprache aufführen, sehen alle Zuhörer vor Wonne hinschmelzen beim Anhören dieser lächerlichen Farcen, die eines kanadischen Wilden würdig sind. ... In den englischen Stücken ... umspannt die Handlung den Zeitraum von Jahren. Wo bleibt da die Wahrscheinlichkeit? ... Aber nun erscheint noch ein ‚Götz von Berlichingen' auf der Bühne, eine scheußliche Nachahmung der schlechten englischen Stücke, und das Publikum klatscht Beifall und verlangt mit Begeisterung die Wiederholung dieser abgeschmackten Plattheiten."[19]

Friedrich beendet das Pamphlet mit den Worten: „Ich bin wie Moses: ich sehe das Gelobte Land von ferne, aber ich werde es nicht betreten."[20] Er weiß nicht, was seine Landsleute bereits lesen: „Minna von Barnhelm", „Emilia Galotti" und „Nathan der Weise", „Der Messias", „Die Leiden des jungen Werthers", „Urfaust" und „Iphigenie auf Tauris".

Maria Theresia und Joseph II.

Die Krone ist zu groß

Im Frühjahr 1764, vier Monate nach dem Tod Isabellas, wird Erzherzog Joseph in Frankfurt am Main zum Römischen König – das heißt zum Thronfolger des Kaisers – gewählt und gekrönt.

Johann Wolfgang von Goethe beschreibt, was er als Vierzehnjähriger beobachtete, als sich der feierliche Krönungszug durch die jubelnde Menge vom Dom zum Römer begab: „Endlich kamen auch die beiden Majestäten herauf. ... Des Kaisers Hausornat von purpurfarbner Seide, mit Perlen und Steinen reich geziert, sowie Krone, Zepter und Reichsapfel fielen wohl in die Augen: denn alles war neu daran, und die Nachahmung des Altertums geschmackvoll. So bewegte er sich auch in seinem Anzuge ganz bequem, und sein treuherzig würdiges Gesicht gab zugleich den Kaiser und den Vater zu erkennen. Der junge König hingegen schleppte sich in den ungeheuren Gewandstücken mit den Kleinodien Karls des Großen wie in einer Verkleidung einher, so daß er selbst, von Zeit zu Zeit seinen Vater ansehend, sich des Lächelns nicht enthalten konnte. Die Krone, welche man sehr hatte füttern müssen, stand wie ein übergreifendes Dach vom Kopf ab."[1]

Seiner Mutter, die in Wien geblieben war, schreibt Joseph: „Während mein Herz von Gram erfüllt ist, muß ich mir den Anschein geben, als sei ich entzückt davon, zu einer Würde zu gelangen, von der ich nur schwere Lasten, aber keine Annehmlichkeiten erwarte. Ich, der ich die Einsamkeit liebe und mich niemand gern anvertraue, den ich nicht gründlich kenne, ich muß mich immer in der Welt bewegen und mit jedem Fremden Gespräche führen. Ich, der ich ein Mann von wenigen Worten bin, muß den ganzen Tag über schwatzen und Nichtigkeiten im Munde führen ..."[2]

„Mein Herz stimmt meiner Vernunft nicht zu"

Joseph möchte nicht wieder heiraten, aber seine Mutter besteht darauf. Ausgesucht wird die zwei Jahre ältere Wittelsbacherin Maria Josepha, die jüngste Tochter des 1745 verstorbenen Kaisers Karl VII. und Schwester des kinderlosen bayrischen Kurfürsten Maximilian III. Joseph. Deren Mutter Maria Amalia, die selbst aus dem Hause Habsburg stammte, schlug ihrer Cousine Maria Theresia bereits 1750 die Verheiratung Maria Josephas mit einem der Erzherzöge vor. (Die Verwirklichung des Plans erlebte sie allerdings nicht mehr, denn sie starb am 11. Dezember 1756.)

Der Erzherzog schreibt seiner Mutter: „Da Sie mir das Messer an die Kehle setzen, nehme ich Josepha, weil sie, wie man mir gesagt hat, wenigstens schöne Brüste hat!"[3]

Obwohl es nicht üblich ist, nimmt er sie auf der Rückreise von seiner Königskrönung in Augenschein, und Maria Josepha wird von ihren Eltern gezwungen, sich „besichtigen" zu lassen. Danach klagt Joseph, die Braut habe „eine kleine und dicke Gestalt ohne jugendlichen Reiz, Bläschen und rote Flecken im Gesicht, häßliche Zähne ..."[4]

Am 23. Januar 1765 findet die Hochzeit statt.

Maria Theresia weiß, was sie ihrem Sohn antut und bedauert ihn, aber sie stellt die Staatsräson über das persönliche Glück.

Joseph gehorchte zwar seiner Mutter und heiratete Josepha, aber er rührt

Kaiser Joseph II. (1741–1790)
Gemälde eines unbekannten niederländischen Künstlers, um 1780/90
Brüssel, Musées Royaux des Beaux Arts

sie nicht an, zieht sich nachts ins eigene Schlafgemach zurück und läßt in der Hofburg selbst den gemeinsamen Balkon mit einer Sichtblende unterteilen. Wenn Josepha ihrem Gemahl begegnet, erbleicht sie – aber das vermeidet dieser ohnehin nach Möglichkeit. Maria Christine entrüstet sich über ihren Bruder: „Wenn ich seine Frau wäre und so von ihm behandelt würde, ich wäre sicher entflohen und hätte mich in Schönbrunn an einem Baum aufgehängt."[5]

Und Maria Theresia klagt gegenüber Maria Christine: „Das Schlimmste ist, daß man fröhlich und zufrieden erscheinen muß, was ich ja tatsächlich auch sein müßte, da sich der Sohn gefügt hat; aber mein Herz stimmt meiner Vernunft nicht zu."[6]

Eine Hochzeit und ein Todesfall

Am 5. August 1765 strömen die Innsbrucker unter Glockengeläut zur Hofburg: Der achtzehnjährige Erzherzog Leopold heiratet die eineinhalb Jahre ältere Maria Ludovica, die schöne, lebhafte Tochter des spanischen Königs Karl III.

Der Bräutigam ist stark erkältet und steht die festliche Zeremonie in der Hofkirche kaum durch: Bevor das Festbankett beginnt, muß er sich ins Bett legen.

Er ist noch krank, als Maria Theresia am Morgen des 18. August klagt, Franz Stephan habe schlecht geschlafen.

Am späten Nachmittag besucht der inzwischen sechsundfünfzig Jahre alte Kaiser eine Theateraufführung, aber er geht vorzeitig zu seinen Gemächern zurück. Nachdem er sich vom Thronfolger und anderen Begleitern verabschiedet hat – „auf Wiedersehen bei der Suppe"[7] –, setzt er seinen Weg allein fort. Joseph folgt ihm unbemerkt, sieht, wie er stehenbleibt und die Stirn an die Wand lehnt. Franz Stephan fällt bewußtlos zu Boden. Der Sohn ruft um Hilfe. Bedienstete hasten herbei, holen Arzt und Priester. Als man den Kaiser in einem Lakaienzimmer aufs Bett legt, ist er bereits tot.

Der Tumult schreckt Maria Theresia auf. An der Tür des Sterbezimmers läßt sie sich nicht zurückhalten, aber beim Anblick des Toten bricht sie schluchzend zusammen.

Die achtundvierzigjährige Witwe schließt sich ein und läßt nicht einmal ihre Kinder zu sich. Am nächsten Morgen ruft sie eine Zofe, die ihr beim Ankleiden hilft. Als diese beginnt, Maria Theresias langes Haar wie gewohnt zu einer kunstvollen Frisur aufzustecken, befiehlt die Königin unvermittelt: „Schneide Sie mir die Haare kurz!" Da hilft kein Sträuben; die Zofe muß es tun. Maria Theresia zieht ein schwarzes Gewand an und bindet die Witwenhaube unter dem Kinn zusammen. Bis zu ihrem Tod trägt sie nichts anderes mehr als Witwentracht. Ihre Kleider verteilt sie später unter den Kammerfrauen und ihren Schmuck unter den Töchtern.

Ein Mutter-Sohn-Zwist im Hause Habsburg

Von seinem Vater erbt Joseph II. die Kaiserkrone und ein riesiges Vermögen.

Maria Theresia denkt zunächst daran, sich in ein Kloster zurückzuziehen und ihrem Sohn auch die Regierung in den habsburgischen Ländern zu überlassen. Doch sie überwindet die Resignation bald wieder, behält die Zügel in der Hand und ernennt ihn nur zum Mitregenten. Sie klammert sich an die Macht, um ihre Trauer zu betäuben, aber auch, weil sie befürchtet, daß Joseph den Staat in eine andere Richtung steuern und ihr Lebenswerk zerstören würde.

Sie glaubt an das Gottesgnadentum des Herrscheramts und beansprucht die absolute Herrschaft als etwas Selbstverständliches und ohne darüber nachzudenken. Als von Gott erwählte Monarchin fühlt sie sich für das Seelenheil ihrer Untertanen verantwortlich. Sie regiert das Land als Königin nach den Prinzipien, die sie auch als Mutter in ihrer Kinderschar durchsetzt: Sie sorgt für die Kinder und die Untertanen, aber diese müssen der „mütterlichen Majestät"[8] gehorchen.

„Wir sind auf dieser Welt, damit wir anderen Gutes erweisen ...; wir sind nicht um unseretwillen und um uns zu amüsieren auf der Welt, sondern um den Himmel zu gewinnen, wohin alles strebt und den man nicht umsonst bekommt; man muß ihn verdienen."[9]

Maria Theresia
Pastellgemälde eines unbekannten Künstlers
Privatbesitz

Selten handelt die Königin nach einem systematisch durchdachten Plan; meistens entscheidet sie spontan und aufgrund von Gefühlen.

Die Aufklärung lehnt sie ab, instinktiv, nicht aufgrund einer intellektuellen Auseinandersetzung. Mit den abstrakten staatsphilosophischen Überlegungen ihres Sohnes kann die fromme, warmherzige Monarchin nichts anfangen. Joseph dagegen findet Theorien faszinierend, glänzt auf der anderen Seite aber auch nicht gerade durch gesunden Menschenverstand.

Seine Mutter wirft ihm vor, Friedrich den Großen nachzuahmen und warnt ihn: „Hüte dich wohl davor, an Bosheiten Gefallen zu finden! Dein Herz ist noch nicht schlecht, aber es wird es werden! Es ist höchste Zeit, daß Du aufhörst, Geschmack zu finden an all diesen Witzworten, diesen geistreichen Wendungen, die nur den Zweck haben, andere zu betrüben und lächerlich zu machen ...."[10]

Joseph neigt dazu, den zweiten Schritt vor dem ersten zu tun; ruhelos stellt er alles in Frage und läßt keinen Stein auf dem anderen. Er ist kein barocker Genießer wie sein Vater, sondern ein „Workaholic", der nie zufrieden ist und dem es nicht gelingt, sich und andere glücklich zu machen. Er bleibt einsam wie sein preußisches Idol und „sonnt sich in dem Vorwurf, ein Frauenhasser zu sein"[11]. Seine sexuellen Bedürfnisse befriedigt er mit der Tochter des Gärtners, mit Kammerjungfern und Prostituierten.

Mutter und Sohn lieben sich zwar und versuchen, die Kluft ihrer Meinungsverschiedenheiten zu überbrücken, aber es gelingt ihnen nicht, denn sie beharren beide auf ihren Ansichten und sind vom Irrtum des jeweils anderen überzeugt. 1771 enthüllt Maria Theresia einer Vertrauten: „Nur um den Schein zu wahren, dinieren wir noch zusammen."[12]

Sie beklagt sich bei Joseph: „Ich muß gestehen, daß meine Fähigkeiten, mein Augenlicht, mein Gehör, meine Auffassungsgabe schnell nachlassen; die Schwäche, die ich mein ganzes Leben gefürchtet habe, ist die Unentschlossenheit, Mutlosigkeit, die mich befällt, und der Mangel an vertrauenswürdigen Untertanen. Die Tatsache, daß ich dich verloren habe, ebenso Kaunitz, der Tod aller meiner vertrauten Berater, die Irreligiosität, der Verfall der Sitten, die Ausdrücke, die man zur Zeit verwendet und die ich kaum verstehe, dies alles sind mehr als ausreichende Gründe für meine Trauer."[13]

Dazu paßt eine Beschreibung ihres Sohnes Leopold: „Sie macht sich über viele Dinge Skrupel und mißtraut sich selbst und allen anderen. Sie freut sich nie über etwas und ist ständig allein und melancholisch, da sie nie Gesellschaft hat und über alles vergrämt ist ... Fast ständig klagt sie über das Land und die Leute, die Sitten und die Erziehung ..."[14]

„Füße, Brust, Augen gehen zu Grunde"

Nach einer Fronleichnamsprozession bei sonnigem Wetter kehrt Maria Theresia schweißgebadet nach Schönbrunn zurück, läßt sich sofort entkleiden und setzt sich im Morgenrock zwischen die offenen Fenster und Türen in die Zugluft, während eine Zofe ihre verschwitzten Haare auskämmt. Immer schon hat sie sich am liebsten im Freien aufgehalten, aber seit dem Klimakterium müssen die Fenster selbst dann offen bleiben, wenn Schneeflocken auf ihren Schreibtisch wehen. (Nur der Hypochonder Kaunitz darf die Fenster schließen.)

Im April 1767 erfährt Maria Theresia, daß ihre Tochter Maria Christine – die vor einem Jahr Albert Heinrich von Sachsen-Teschen geheiratet hat – in Preßburg von einem toten Kind entbunden wurde und beinahe auch selbst gestorben wäre. Gleichzeitig erkrankt ihre Schwiegertochter Maria Josepha. Als sie deren Gemach betritt, schiebt der Arzt den Ärmel des Spitzennachthemds zurück, um sie zur Ader zu lassen – und da bemerkt Maria Theresia die roten Flecken auf der Haut: Pocken! Sie beugt sich weinend über die Kranke und umarmt sie.

Joseph besucht seine Ehefrau kein einziges Mal, und als sie am 28. Mai gestorben ist, geht er nicht einmal zur Beerdigung. Allerdings weicht er Tag und Nacht nicht vom Bett seiner

Mutter, die sich angesteckt hat und so schwer erkrankt, daß sie nach der Letzten Ölung verlangt. Doch sie erholt sich wieder: am 14. Juni 1767 feiern die Wiener im Stephansdom einen Dankgottesdienst für ihre Genesung.

Zwei Jahre später schreibt die Zweiundfünfzigjährige einer Vertrauten: „Ich bin sehr fett, mehr als meine hochseligste Frau Mutter, auch rot, besonders seit den Blattern, aber die Füße, Brust, Augen gehen zu Grunde ... Die Brust fühlt, glaube ich, einen guten Anfang von Dampf, denn mit dem Atmen, auch ebenen Fußes und sogar im Liegen, es schwer geht."[15]

Die Aufteilung Polens

Katharina II. zwingt einen ehemaligen Geliebten auf den polnischen Thron

Am 5. Oktober 1763 stirbt der polnische König und sächsische Kurfürst August III. Zarin Katharina II. schreibt an Nikita Iwanowitsch Panin: „Lachen Sie nicht über mich, daß ich bei der Nachricht vom Tod des Königs von Polen vom Stuhle gesprungen bin; auch der König von Preußen hat es getan, als er davon hörte."[1]

Polen – und insbesondere der polnische Reichstag, der Sejm – wird von zehn bis zwanzig Gutsherren beherrscht. Ein einzelner Abgeordneter kann jederzeit einen Beschluß verhindern, einfach indem er sagt: „Ich erlaube das nicht." Dieses Vetorecht hält das Land im Zustand einer „konstitutionellen Anarchie"[2] und macht es zum Spielball ausländischer Mächte, die letztlich entscheiden, wen das polnische Parlament zum König wählt.

Nach dem Tod Augusts III. möchten Frankreich und Österreich wieder einen Sachsen auf dem polnischen Thron sehen; aber Katharina hat andere Pläne: Sie will die Gelegenheit nutzen, um in Polen einen von Stanislaus August Poniatowski regierten Vasallenstaat zu etablieren.

Poniatowski wäre tausendmal lieber am russischen Hof in der Nähe der Frau, die er noch immer verehrt. Schon einige Tage nach dem Umsturz mußte sie ihn offenbar davon abhalten, nach St. Petersburg zu eilen: „Ich bitte Sie inständigst, nicht sofort herzukommen, weil Ihre Anwesenheit unter den gegenwärtigen Umständen für Sie gefährlich und für mich sehr schädlich wäre."[3] Und im Frühjahr 1763 schrieb sie: „Gut, ich muß also ganz deutlich werden, da Sie beschlossen haben, nicht zu verstehen, was ich Ihnen seit sechs Monaten sage, nämlich, daß Sie, wenn Sie hierherkommen, riskieren, daß man uns beide massakriert ..."[4]

Katharina II. lockt und droht, um ihren polnischen Plan zu verwirklichen, wendet Macht und Einfluß an, greift zu Geld und Gewalt und verhandelt mit Friedrich dem Großen. Im April 1764 schließen Rußland und Preußen ein Verteidigungsbündnis, und der preußische König sichert der Zarin seine Unterstützung bei der Wahl Poniatowskis zu. Er schreibt Katharina: „Während Ihre Feinde Sie fürchten werden, Madame, gestatten Sie mir, Sie zu bewundern."[5]

Frankreich schickt das Osmanische Reich vor, das in Bessarabien an Polen grenzt: Der Großwesir erhebt Einspruch gegen die Wahl Poniatowskis. Frankreich, Österreich, die Türkei und auch Preußen befürchten, die Zarin beabsichtige, Poniatowski zu heiraten und Polen in Personalunion zu regieren. Damit diese Bedenken zerstreut werden, verlangt Katharina II. von ihrem ehemaligen Geliebten die Eheschließung mit einer anderen Frau. Er widersetzt sich, verspricht aber, „keine Heirat ohne Einwilligung der Landstände und des Senats Polens zu schließen, nur eine Katholikin zu erwählen und eine Prinzessin polnischer Abstammung zu bevorzugen."[6]

Anfang September 1764 geht Katharinas Rechnung auf: Der Sejm wählt Stanislaus II. Poniatowski zum neuen König

Doch wenn sie glaubt, ihn wie eine Marionettenfigur führen zu können, täuscht sie sich: Stanislaus II. verhält sich wie ein polnischer Patriot und versucht, selbst die Fäden in der Hand zu halten.

„Um die Mäuse loszuwerden, wird das Haus in Brand gesteckt"

Die Protestanten und die Orthodoxen in Polen schließen sich im Juni 1767 in Radom, hundert Kilometer südlich von Warschau, gegen ihre Diskriminierung durch die Katholiken zusammen und fordern vier Monate später Rußland auf, in die Auseinandersetzungen einzugreifen. Das läßt sich die Zarin nicht zweimal sagen: Sie tritt als Verteidigerin der Glaubensfreiheit auf, und ihre Truppen dringen bis in die polnische

Hauptstadt vor. Der Sejm beugt sich der Gewalt und akzeptiert die Forderungen der Konföderation von Radom.

Damit aber finden sich die katholischen Aristokraten nicht ab: Sie bilden im Februar 1768 in Bar[7] ihrerseits eine Konföderation, heben Truppen aus und greifen sowohl die russischen Streitkräfte als auch ihre innenpolitischen Gegner an. Ein Bürgerkrieg ist die Folge.

In dieser Situation drängt Frankreich das Osmanische Reich, Rußland anzugreifen. Als russische Kosaken einen Trupp der Adelskonföderation von Bar über die türkische Grenze hinweg verfolgen und dabei auch Türken getötet werden, zitiert man den russischen Gesandten in Konstantinopel im Oktober vor den Großwesir und verhaftet ihn – was einer Kriegserklärung gleichkommt: Muslime helfen katholischen Christen gegen orthodoxe Christen! Ein polnischer Aristokrat klagt: „Die Russen vermittels der Türken vertreiben zu wollen, heißt das Haus in Brand stecken, um die Mäuse loszuwerden."[8]

Zwar hat Katharina II. den Krieg mit der Türkei nicht provoziert, aber sie sieht nun die Gelegenheit, Rußland einen Zugang zum Schwarzen Meer und das Recht zur freien Handelsschiffahrt durch den Bosporus zu erkämpfen. Eine russische Flotte segelt vom Finnischen Meerbusen in die Ägäis.

Voltaire hofft, die Zarin werde die Muslime aus Europa vertreiben und Konstantinopel zur Hauptstadt ihres Reichs machen: „Die Barbaren verdienen, von einer Heldin bestraft zu werden, schon wegen der Geringschätzung, die sie bisher für die Damen hatten. Es ist klar, daß Leute, die ... ihre Frauen einsperren, ausgerottet werden müssen."[9]

Am 5. Juli 1770 drängen zwölf russische Schiffe doppelt soviele türkische bei der Insel Chios in die Bucht von Tscheschme. Am nächsten Morgen setzen die Russen drei abgetakelte griechische Schiffe in Brand. Mit lodernden Flammen treiben sie auf die türkische Flotte zu. Die Türken können nicht verhindern, daß das Feuer auf ihre Schiffe übergreift, während die Russen aus allen Kanonen schießen. Ein einziges türkisches Schiff entkommt; die anderen sinken und reißen Tausende von Menschen mit in die Tiefe.

Alexej Orlow, den die Zarin zum Großadmiral der Flotte ernannte, obwohl er noch nie zur See gefahren war, kniet währenddessen in der Kajüte und betet. Zu verdanken haben die Russen ihren Sieg den erfahrenen englischen Offizieren und Matrosen in ihren Reihen.

Voltaire bewundert die „Seelenruhe jenes großen Mannes, den man Katharina nennt"[10], und er feuert die Zarin an: „Nutzen wir die günstige Stunde, die uns noch bleibt! Russen, Österreicher, Preußen, stürzen wir uns auf die Feinde der griechischen und römischen Kirche! Dem König von Preußen, der sich überhaupt um keine Kirche kümmert, werden wir eine oder zwei Provinzen mehr zugestehen, und dann soupieren wir in Konstantinopel."[11]

Joseph II. begegnet Friedrich II.

Als Friedrich der Große im Sommer 1766 erfuhr, daß Joseph II. nach Schlesien reisen wollte, ließ er ihm ausrichten, er würde gern seine Bekanntschaft machen. Maria Theresia und Graf Kaunitz hielten den Kaiser davon ab, und er beklagte sich gegenüber seiner Mutter: „Ich habe eine einzigartige Gelegenheit versäumt, einen Mann zu sehen und kennenzulernen, der, wie ich nicht leugnen kann, meine Neugier in höchstem Maße erregt."[12]

Aber ein paar Jahre später, im August 1769, trifft sich der Achtundzwanzigjährige doch mit seinem mehr als doppelt so alten Idol in der oberschlesischen Festungsstadt Neiße, und um Zarin Katharina preußisch-österreichische Einigkeit zu demonstrieren, setzen sich König Friedrich und Kaiser Joseph im September des folgenden Jahres noch einmal drei Tage in Mährisch-Neustadt zusammen.

Nach der ersten Unterredung schreibt Joseph II. seiner Mutter: „Der König überhäufte uns mit Höflichkeit und Freundlichkeit. Er ist ein Genie und ein Mann, der wunderbar spricht; aber er sagt kein Wort, dem man nicht den Schelm anmerkt. Ich glaube, er wünscht den Frieden, nicht aus Herzensgüte, sondern weil er einsieht, daß er beim Kriege nichts gewinnen kann."[13]

Friedrich der Große notiert: „Dieser junge Souverän hat sich liberal gegeben ... Er besitzt einen liebenswerten Charakter, ist lebhaft und munter. Es fehlt ihm nicht an Ehrgeiz, aber an Geduld für die Wissenschaft. Sein hohes Amt hat ihn ein wenig oberflächlich gemacht; aber das, was ihn am besten charakterisiert, sind die brillanten Ideen, die im Verlauf einer Unterhaltung spontan aufblitzen und lebhaft den unangemessenen Ehrgeiz beleuchten, der ihn treibt."[14]

„Warum nicht okkupieren?"

Preußen steht Rußland im Krieg gegen die Türken aufgrund der Defensivallianz von 1764 finanziell bei.
Katharina II. schlägt Friedrich II. ein Treffen vor. Es kommt nicht zustande, aber 1770 verbindet Prinz Heinrich einen Besuch bei seiner in Stockholm mit König Adolf Friedrich verheirateten Schwester Luise Ulrike mit einem Aufenthalt in St. Petersburg.
Vor der Reise schreibt Friedrich seinem Bruder: „Du wirst vieles in St. Petersburg finden, was Deine Bewunderung verdient, aber was sind Schlösser und ein prunkvoller Hof im Vergleich zu einer Fürstin, die dieses Land mit so großem Ruhm regiert? Das ist das einzige Erlebnis, um das ich Dich beneide – die Bekanntschaft mit diesem kraftvollen Genie, das beinahe Peter den Großen übertrifft. ... Die jetzt regierende Kaiserin setzt den Schlußstein auf die Arbeit ihrer Vorgänger."[15]
Mit einem großen Gefolge trifft Heinrich im Oktober 1770 in St. Petersburg ein und wird von der Zarin empfangen. Katharina und Heinrich haben sich seit sechsundzwanzig Jahren nicht mehr gesehen. Der vierundvierzig Jahre alte Prinz ist klein und häßlich. Auf den ersten Blick hält ihn Katharina für „wunderlich und abstoßend"[16], aber als sie ihm zuhört, entdeckt sie hinter dem unsympathischen Äußeren eine kluge und bedächtige, ernste und gewandte Persönlichkeit. Sie sprechen fast jeden Tag über Politik, Kunst, Literatur und Wissenschaft. Erst nach einem Vierteljahr verabschiedet sich Heinrich und kehrt nach Potsdam zurück.

Anfang 1769 ließ sich Maria Theresia von Kaunitz und ihrem Sohn Joseph überreden, einige Gemeinden im Südosten der Hohen Tatra zu besetzen. Knapp zwei Jahre später nahm Zarin Katharina II. das zum Anlaß, den Preußen die Annexion polnischer Gebiete vorzuschlagen. Prinz Heinrich berichtet seinem Bruder Friedrich II.: „Scherzend erzählte die Kaiserin mir, daß sich die Österreicher zweier Starosteien[17] in Polen bemächtigt und an den Grenzen dieser Gebiete ihre Grenzadler aufgepflanzt hätten. Sie fügte hinzu: ‚Aber warum sollte auch alle Welt nicht zugreifen?' Ich erwiderte, Du, lieber Bruder, habest einen Grenzkordon gegen die Pest in Polen gezogen, jedoch keine Starosteien okkupiert. ‚Aber warum nicht okkupieren?' sagte lachend die Kaiserin."[18]

Darauf hat Friedrich der Große gewartet. Sofort schlägt er Katharina und Maria Theresia vor, über eine Aufteilung polnischer Gebiete zu verhandeln; und der Agnostiker meint auch noch scheinheilig: „Das würde die drei Religionen, die griechische, die katholische und die reformierte, wieder vereinen, denn wir würden ja am selben eucharistischen Leib teilhaben, den Polen bildet ..."[19]

Maria Theresia erschrickt: Sie ließ die Besetzung polnischer Gemeinden zu, weil sie glaubte, das wieder rückgängig machen zu können. Jetzt aber berufen sich der preußische König und die russische Zarin auf diesen Präzedenzfall!

Schachern um Polen

Maria Theresia läßt sich auf Verhandlungen über die Teilung Polens ein, nicht zuletzt, weil sie – blind für die Realität in diesem Bereich – eine Gelegenheit sieht, den Verlust Schlesiens doch noch rückgängig zu machen: Der österreichische Gesandte schlägt Preußen vor, Schlesien wenigstens gebietsweise zurückzugeben und bietet dafür einen größeren Anteil an der polnischen Beute. Friedrich der Große zischt zurück: „Nur meine Beine haben die Gicht, mein Kopf aber nicht!"[20]

Während Friedrich II. und Katharina II. rasch Tatsachen schaffen wollen, zögert Maria Theresia: „Bedenk der Fürst, was wir aller Welt für ein Exempel geben, wenn wir um ein elendes Stück Polen oder von der Moldau und Walachei unser Ehr' und Reputation in die Schanz schlagen."[21] Sie überlegt: „Mit welchem Recht kann man einen Unschuldigen berauben, den verteidigen und unterstützen zu wollen wir uns immer gerühmt haben?"[22]

Am 22. Januar 1772 schreibt Maria Theresia an Graf Kaunitz: „Aber seit dem Beginn meiner unglücksvollen Regierung haben wir wenigstens danach getrachtet, in allem eine wahre und gerechte Haltung ... zu zeigen. ... Seit einem Jahr ist dies alles verloren gegangen. Ich bekenne, daß ich es kaum zu ertragen vermag und daß nichts auf der Welt mich mehr geschmerzt hat als der Verlust unseres guten Rufes. Unglücklicherweise muß ich Ihnen gestehen, daß wir es verdienen."[23]

Katharina II. und Friedrich der Große einigen sich im Februar 1772 darüber, wie Polen aufgeteilt werden soll: Preußen begnügt sich mit einem kleineren Gebietszuwachs als Rußland, aber es handelt sich um die wertvolle Landverbindung zwischen Brandenburg und Ostpreußen. Friedrich der Große verfügt damit erstmals über ein zusammenhängendes Staatsgebiet und nennt sich nicht mehr „König in Preußen", sondern „König von Preußen". Das ist ein kleiner Unterschied in der Präposition; aber er bezeichnet eine der bedeutendsten politischen Veränderungen in der Geschichte Preußens: Das Königtum und der Name des Herzogtums an der Ostsee ist auf das gesamte Königreich einschließlich Brandenburgs übergegangen.

König Stanislaus II. Poniatowski wird nicht nach seiner Meinung gefragt; er darf weiterhin in Warschau residieren und das restliche Polen regieren.

Am Ende siegt die Staatsräson über Maria Theresias Gewissen: Sie schließt sich der russisch-preußischen Abmachung am 5. August 1772 an, notiert allerdings weinend unter ihrer Unterschrift: „Placet, weil so viele große und gelehrte Männer es wollen. Wenn ich aber schon längst tot bin, wird man erfahren, was aus dieser Verletzung von allem, was bisher heilig und gerecht war, hervorgehen wird."[24] Und ihrem Sohn Ferdinand schreibt sie, die „unglückliche Teilung Polens" koste sie zehn Jahre ihres Lebens. „Durch wie lange Zeit habe ich mich dagegen gewehrt!" Nur wegen der Aussichtslosigkeit ihrer Weigerung sei sie auf „diese unseligen Vorschläge" eingegangen, die auf ihre Regierung „einen Schatten werfen". „Gott wolle, daß ich dafür nicht noch in der anderen Welt zur Verantwortung gezogen werde. Ich gestehe Dir, ich finde über diese Sache kein Ende, so liegt sie mir am Herzen, verfolgt mich und vergiftet meine ohnedies nur zu traurigen Tage."[25]

Friedrich der Große mokiert sich über Maria Theresia: „Sie weint, aber sie nimmt."[26]

Katharina die Große

Kehrt Zar Peter III. zurück?

Im Winter 1772/73 taucht am Don ein Mann in einem Mönchsgewand auf, der den Kosaken erklärt, Zar Peter III. sei in Wirklichkeit gar nicht tot: „Seht mich an. Ich stehe vor Euch; ich habe meinen Mördern entfliehen können." Umstehenden legt er die Hände auf die Schultern. „Zehn traurige Jahre lang mußte ich mich in Ägypten und im Heiligen Land verbergen. Aber jetzt bin ich wiedergekommen, um zurückzufordern, worauf ich Anspruch habe." Er blickt den Zuhörern in die Augen, einem nach dem anderen. „Ihr müßt mir mit wahrhafter Treue dienen. Ich verstoße nicht nur die Thronräuberin, sondern verjage zugleich die Ausbeuter von ihren Gütern und befreie Euch von der Fron."

Die Nachricht verbreitet sich rasch unter dem unzufriedenen Landvolk, das begierig die Legende von der Rückkehr des ermordeten Zaren als Erlöser glaubt.

Im folgenden Herbst vertauscht der angebliche Zar seine Kutte mit einem himbeerfarbenen Seidenkaftan; er wird jetzt von einem Gefolge hofiert und wohnt in einem Bauernhaus, dessen Innenwände mit Goldpapier tapeziert sind. Zur Rebellion gegen die „Zarin der Gutsbesitzer" ruft er auf. Tausende verlassen ihre Dörfer im Südwesten Rußlands und reihen sich mit Sensen und Heugabeln bewaffnet in seine Streitmacht ein.

Der Pugatschow-Aufstand

Jemeljan Iwanowitsch Pugatschow ist ein kleiner, stämmiger Donkosak mit einem schwarzen Vollbart. Einige Zähne sind dem jetzt Dreißigjährigen bei verschiedenen Raufereien ausgeschlagen worden. Eine Schule hat er nicht besucht, Lesen und Schreiben nie gelernt.

Er diente in der russischen Armee, kämpfte im Siebenjährigen Krieg gegen die Preußen und einige Jahre später gegen die Türken. Wegen seiner mutigen Attacken wurde er zum Offizier befördert. Aber nachdem er von einer Pesterkrankung genesen war, verzichtete er auf seine militärische Karriere und desertierte. Er verließ auch seine Frau und seine Kinder, verbarg sich einige Zeit in einem Kloster und strich dann herum, immer darauf bedacht, nicht als Deserteur entlarvt zu werden.

Als sich eine Gruppe von Kosaken weigerte, in der russischen Armee zu dienen und es 1772 zu monatelangen blutigen Auseinandersetzungen kam, schlugen zwar Regierungstruppen den Aufstand nieder, aber die Lage blieb explosiv: Für den Funken sorgte Jemeljan Iwanowitsch Pugatschow, der sich als Peter III. ausgab.

Die Bauern hätten nicht gewagt, sich gegen die Herrscherin zu erheben, aber nun glauben sie, den rechtmäßigen Zaren gegen eine Thronräuberin zu unterstützen. Das halten sie für legitim.

Im Oktober 1773 erfährt Katharina die Große von den Ereignissen. Sie ist zunächst nicht beunruhigt, denn es gibt immer wieder Verrückte, die sich für Peter III. ausgeben und Aufstände anzetteln. Diese Erhebung schwillt jedoch rasch zur sozialen Revolution an: Wütende Bauern und Leibeigene treten den Gutsherren die Türen ein, hacken ihnen Hände und Füße ab, verbrennen sie bei lebendigem Leib, erwürgen ihre Kinder, vergewaltigen ihre Frauen, plündern ihre Häuser und zünden sie an.

Der falsche Zar wählt die schöne Witwe eines Gutsherrn als Mätresse, weil aber seine Anhänger murren und eine Aristokratin nicht verschonen wollen, erschießt er sie.

Katharina setzt ein 3000 Mann starkes Heer in Marsch. Es wird besiegt. Die überlebenden Soldaten versetzen die Russen mit ihren Berichten in Panik. Als die Rebellen nur noch zweihundert Kilometer von Moskau entfernt sind, vergraben viele Bürger ihre Wertsachen und verbarrikadieren sich.

1774 nimmt der Aufstand die Dimension eines Bürgerkriegs

an. 22 000 Menschen kommen dabei ums Leben. Pugatschow verliert am 2. April eine Schlacht gegen die Regierungstruppen, aber es gelingt ihm, noch einmal eine 20 000 Mann starke Streitmacht zu sammeln.

Erst als Rußland und das Osmanische Reich am 21. Juli 1774 Frieden schließen, steht Katharina II. eine ausreichend starke Armee zur Verfügung, die Pugatschows Truppen am 4. September beim heutigen Wolgograd vernichtet.

Der Rebellenführer flieht in die Steppe, doch die eigenen Leute überwältigen ihn im Schlaf und liefern ihn aus. In einem Eisenkäfig, in dem er nur gebückt stehen kann, wird Pugatschow tausend Kilometer weit nach Moskau gekarrt.

Seinen Anhängern schlägt der Henker der Reihe nach Hände, Füße und Köpfe ab. In den Dörfern, die den Aufstand unterstützten, errichten die Soldaten Galgen, dann wird ein Drittel der Männer ausgelost und aufgehängt.

Pugatschow wird zum Tod verurteilt und soll am 20. Januar 1775 bei lebendigem Leib zerstückelt werden. Mit einem Schlitten fährt man ihn zum Schafott. Nachdem er auf das Podest gestiegen ist, präsentieren die Soldaten das Gewehr, und ein Beamter fragt ihn: „Bist du der Donkosak Jemelka Iwanowitsch Pugatschow?" Ebenso laut folgt die Antwort: „So ist es! Ja, ich bin der Donkosak Jemelka Iwanowitsch Pugatschow aus der Simowejskaja Stanitza." Während das Todesurteil verlesen wird, bekreuzigt er sich mehrmals. Dann segnet ihn ein Geistlicher. Pugatschow beginnt sich von der Menge zu verabschieden und verbeugt sich nach allen Seiten, aber da packen ihn die Henkersknechte, reißen ihm die Schafpelzjacke herunter und zerfetzen seinen Kaftan. Der Henker holt mit dem Schwert aus: Pugatschows blutiges Haupt poltert zu Boden.

Die Schaulustigen murren und schimpfen: Sollte er nicht geviertelt werden? Wahrscheinlich befahl die Zarin selbst, Pugatschow statt dessen zu enthaupten.

Auch wenn sie bei der Milderung des Urteils Gnade walten ließ: Die Lektion des Pugatschow-Aufstands vergißt Katharina die Große nie mehr: Von jetzt an verlangt sie von Polizei und Geheimdienst, jeden im Volk schwelenden Aufruhr unverzüglich auszutreten.

Zum Abschied ein Diamant

Zehn Jahre nach dem Umsturz schickt die Zarin ihren Günstling Grigori Orlow zu Friedensverhandlungen in die Türkei. Als er erfährt, daß Katharina während seiner Abwesenheit den achtundzwanzigjährigen Gardeleutnant Alexej Wassiltschikow in ihre Privatgemächer geholt hat, hetzt er zurück nach St. Petersburg. Vierzehn Tage benötigt er für die 1600 Kilometer. Aber die Zarin schickt ihm einen Boten entgegen und befiehlt ihm, sich auf sein Schloß Gatschina zu begeben und dort zu bleiben – angeblich nur, bis die Ärzte sicher sind, daß er keine Seuche einschleppt.

Sie könnte ihn verbannen, aber statt dessen schenkt sie ihm ein Marmorpalais, Grund und Boden mit 6000 Leibeigenen, gewährt ihm eine Rente und erreicht seine Erhebung zum Fürsten. Am Ende erweist sich Grigori Orlow als guter Verlierer: Als Abschiedsgeschenk kauft er von einem armenischen Juwelier in Amsterdam einen blau-grünen Diamanten mit dreieinhalb Zentimeter Durchmesser.

Er tröstet sich mit einer dreizehnjährigen Nichte, und die Zarin setzt sich dafür ein, daß er die Verwandte heiraten darf. Die junge Frau stirbt vier Jahre später in Genf. Niedergeschlagen kehrt Grigori Orlow nach St. Petersburg zurück, wo er sich von Peter III. verfolgt wähnt, sein Gesicht mit Kot beschmiert, um nicht erkannt zu werden und 1783 im Alter von achtundvierzig Jahren stirbt.

Potjomkin

Grigori Alexandrowitsch Potjomkin, der junge Offizier, der Katharina beim Umsturz mit seinem Portepee aushalf, ist mit den Gebrüdern Orlow befreundet. Eines Tages schwärmen sie der Zarin von seinen Imitationskünsten vor. Als sie eine Probe verlangt, ahmt Potjomkin ihren deutschen Akzent nach. Alle zucken zusammen, doch Katharina amüsiert sich.

Potjomkin ist ein inzwischen vierunddreißig Jahre alter muskulöser Riese, nachlässig gekleidet, mit ungehobelten

Manieren. Sein linkes Auge ist blind. Die einen wollen gehört haben, daß ein Kurpfuscher schuld daran ist, der versuchte, einen Abszeß mit einem rostigen Messer zu öffnen. Andere behaupten, es sei ihm bei einer Prügelei ausgeschlagen worden. Potjomkin hatte Geschichte und Theologie in Moskau studiert, dann aber zog es ihn zu den Soldaten, und im Krieg gegen die Türken avancierte er zum Generalmajor der Kavallerie.

Eines Tages vertraut er Katharinas Hofdame Praskowja Alexandrowna Gräfin Bruce an, er habe sich so in die Zarin verliebt, daß er sich in ein Kloster zurückziehen

Fürst Grigori Alexandrowitsch Potjomkin (1739–1791) Günstling Katharinas der Großen Anonyme Kopie nach I. B. Lampi, um 1790 Moskau, Staatl. Historisches Museum

wolle, um nicht ständig an sie denken zu müssen. Statt dessen bezieht er im Frühjahr 1774 Gemächer im Winterpalais, von denen eine Geheimtreppe in die Privaträume der Zarin führt. Der bisherige Favorit Alexej Wassiltschikow wird großzügig beschenkt und fortgeschickt.

„Was für ein erstaunliches Wunder hast Du vollbracht, welche Verwirrung hast Du angerichtet in diesem Kopf, der bis heute als einer der besten Europas galt!", schreibt Katharina die Große ihrem neuen, zehn Jahre jüngeren Geliebten. „Ich empfinde jetzt Gefühle, die ich früher für schwachsinnig, übertrieben und unvernünftig hielt. Ich kann meine blöden Augen nicht von Dir wenden; ich vergesse alles, was mir die

Vernunft gebietet, und bin ganz benommen, sooft ich bei Dir bin."[1]

Der eine oder andere Biograph nimmt an, daß Katharina die Große und Grigori Alexandrowitsch Potjomkin Ende 1774 in einem Vorort von St. Petersburg heimlich geheiratet haben – aber das gehört in den Bereich der Spekulationen.

Wenn Potjomkin glaubt, die Zarin flirte mit einem anderen Mann, zerschmettert er Geschirr auf dem Boden. Immer häufiger und heftiger streitet sich das Paar. Nach gut zwei Jahren räumt Potjomkin seine Gemächer. Am 2. Januar 1776 richtet sich dort Pjotr Zawadowsky ein – ein Liebhaber, den Potjomkin für die Zarin ausgesucht hat.

Alle warten auf Anzeichen dafür, daß er in Ungnade gefallen ist, aber sie bleiben aus. Nach wie vor trifft Katharina die Große keine Entscheidung, ohne Potjomkin um Rat zu fragen: er bleibt der mächtigste Mann Rußlands.

Im russisch-türkischen Friedensvertrag von 1774 hat sie ihr Kriegsziel erreicht: die ungehinderte Handelsschiffahrt zwischen dem Schwarzen Meer und der Ägäis. Mit der Kolonisierung der eroberten Gebiete beauftragt sie Potjomkin. Er holt Siedler ins Land, kauft Melonensamen, pflanzt Reben, importiert Seidenraupen aus China, baut Handels- und Kriegsschiffe, legt Straßen an und eröffnet Manufakturen, beginnt hundert Projekte zugleich. An der Dnjeprmündung errichtet er die Hafenfestung Cherson, und auf der 1783 annektierten Krim gründet er den Kriegshafen Sewastopol. Innerhalb weniger Jahre entwickelt Potjomkin aus einem von Banditen und Seeräubern heimgesuchten Grenzgebiet eine blühende russische Provinz. Dabei stülpt er den Menschen keine fremde Kultur über und zwingt die Muslime nicht zum Glaubenswechsel, sondern verhält sich wie der geistige Erbe der einst mächtigen Khane.

Potjomkin ist ein widersprüchlicher Charakter: Einmal umwirbt er Katharina galant, dann läßt er sich zu ordinären Flüchen hinreißen; heute bestürmt er sie euphorisch mit seinen hochfliegenden Plänen, morgen schließt er sich ein und will niemand sehen; Phasen eines enormen Tatendrangs wechseln mit depressiv-grüblerischen Perioden ab. Wenn kein festlicher Anlaß ihn dazu treibt, sich mit Orden und Diamanten zu dekorieren, liegt er gern mit nackten Füßen und wirrem Haar in einem seidenen Morgenmantel auf dem Sofa.

Karl Joseph Fürst von Ligne beschreibt ihn so: „Er ist riesig wie Rußland. Er verkörpert in sich Goldminen und ödes Land. Er sieht träge aus, doch er arbeitet unablässig; er liegt scheinbar den ganzen Tag auf der Chaiselongue, doch er schläft nie; er verlangt nach Kurzweil, doch inmitten der Vergnügungen überkommt ihn Traurigkeit; er ist ein hervorragender Politiker, doch unverläßlich und launisch wie ein Kind."[2]

Der Thronfolger

Als Katharinas Sohn Paul heranwächst und hört, man habe seinen Vater umgebracht, beginnt er Peter III. zu glorifizieren und verdächtigt seine Mutter als Mörderin.

Andererseits mißtraut Katharina ihrem Sohn, dessen Thronrecht Verschwörer dazu nutzen könnten, sie zu stürzen.

Als Paul achtzehn Jahre alt ist, stimmt sich die russische Zarin mit dem preußischen König ab und lädt Landgräfin Karoline von Hessen-Darmstadt mit ihren drei unverheirateten Töchtern nach St. Petersburg ein. Als Braut wählt Paul am zweiten Tag die hübsche, lebhafte Wilhelmine, die unbefangen mit ihm kokettiert. Im Oktober 1773 feiert er Hochzeit mit der Siebzehnjährigen, die den orthodoxen Namen Natalia Alexejewna angenommen hat.

Paul liebt sie, aber es stellt sich heraus, daß sie frivol, eitel und verschwenderisch ist.

Nach zweieinhalb Jahren Ehe liegt sie in den Wehen. Sie schreit vor Schmerzen. Zwei Tage später wimmert sie nur noch. Am fünften Tag sind sie und das Ungeborene tot.

Paul wirft einen Stuhl in den Wandspiegel und droht sich umzubringen. Um ihn aus seiner Verzweiflung zu reißen, zeigt ihm Katharina Liebesbriefe seiner verstorbenen Gemahlin: Sie hatte ein Verhältnis mit einem seiner Vertrauten; alle haben davon gewußt, nur er nicht. Zornig willigt Paul ein, gleich wieder zu heiraten. Katharina und Friedrich haben die Braut schon ausgesucht.

Prinz Heinrich, der Bruder des preußischen Königs, der im Frühjahr 1776 erneut zu Besuch in St. Petersburg ist, begleitet den einundzwanzig Jahre alten Witwer nach Potsdam. Dort wird ihm die Braut vorgestellt: Prinzessin Sophie Dorothea von Württemberg ist vier Jahre jünger, groß, blond und gesund. Sie gefällt Paul auf den ersten Blick.

Vier Wochen lang bleibt Paul in Preußen, wird dabei zum glühenden Verehrer Friedrichs des Großen wie sein Vater Peter, hinterläßt jedoch seinerseits einen ungünstigen Eindruck: Der König hält ihn für hochmütig, arrogant und gewalttätig.

Vor der Hochzeit im Oktober 1776 nimmt die Prinzessin den Namen Maria Feodorowna an. Sie erweist sich als treu und sanft.

Maria bringt vier Söhne und fünf Töchter zur Welt. Die ersten beiden Söhne – Alexander und Konstantin – werden gleich nach der Geburt von der Großmutter in Obhut genommen. Katharina folgt damit dem Beispiel der Zarin Elisabeth. Stundenlang spielt sie mit den Enkeln auf dem Boden; später schreibt sie Märchen und stößt Entzückensschreie aus, wenn die Kinder altkluge Fragen stellen.

Maria Theresias Lebensabend

"Kartoffelkrieg"

Der bayerische Kurfürst Maximilian III. Joseph stirbt am 30. Dezember 1777 kinderlos. Damit erlischt der bayerische Zweig der Wittelsbacher; das Erbe fällt aufgrund einer elf Jahre alten Vereinbarung an Kurfürst Karl Theodor aus der Linie Pfalz-Sulzbach. Der Dreiundfünfzigjährige wäre lieber in seiner aufblühenden Residenzstadt Mannheim geblieben und zieht nur widerwillig nach München.

Am Neujahrstag schreibt Joseph II. an Kaunitz: „Gerade habe ich erfahren, daß der Kurfürst von Bayern uns den schlechten Streich gespielt hat zu sterben. Da wir nun keine Zeit haben, die Affäre gründlich zu besprechen, ist es meine Idee, daß wir uns sofort Niederbayern nehmen. Ich rate Ihnen, der Kaiserin nichts davon zu sagen ..."[1]

Maria Theresia erfährt dennoch von den Plänen ihres Sohnes und warnt ihn: „Selbst wenn unsere Ansprüche auf Bayern begründet und solide wären, was sie nicht sind, müßte man zögern, um eines partiellen Vorteils willen eine allgemeine Feuersbrunst auszulösen."[2]

Joseph II. hört nicht auf die erfahrene Herrscherin und einigt sich mit Karl Theodor auf einen Tausch bayrischer gegen österreichisch-niederländische Gebiete. Österreichische Truppen marschieren in Niederbayern ein. Das Volk murrt. Vereinzelt werden Österreicher von hinten erschlagen.

Um einen österreichisch-bayerischen Machtblock zu verhindern, mimt Friedrich der Große den Verteidiger der Witwe Maximilians III., gesteht jedoch seinem Bruder Heinrich: „Einzig unser Interesse veranlaßt uns in diesem Augenblick zum Handeln, aber das darf man auf keinen Fall sagen!"[3]

Als der von Gicht und Rheuma gekrümmte König sein Heer mobilisiert und Anfang April sein Hauptquartier in Breslau aufschlägt, rechnet Graf Kaunitz damit, daß er blufft. Doch

Anfang Juli 1778 überschreiten zwei preußische Heere die österreichische Grenze und lösen den Bayerischen Erbfolgekrieg aus.

Schon am 7. Juli schreibt Joseph II. seiner Mutter aus dem Feld: „Der Feind, mit dem wir es zu tun haben, ist uns überlegen und zu allem bereit; der König ist ein großer Feldherr."[4] Als er sich bereits mit einer Niederlage abfindet, ereifert sich Maria Theresia gegenüber Kaunitz: „Jetzt ist genau das eingetreten, was ich vorhergesehen habe. Aber ich würde erst nach einer unvermeidlichen Niederlage resignieren …, während man jetzt schon, bevor ein Kanonenschuß gefallen ist, alles für verloren hält!"[5]

Ihre Nerven liegen blank: „Jede Tür, die der Wind zuschlägt, jeder Wagen, der ein bißchen schneller fährt, Frauen, die rascher gehen, machen mich zittern."[6] Am 12. Juli schreibt Maria Theresia erstmals selbst an den preußischen König: „Mein Alter und meine Neigung für die Erhaltung des Friedens sind aller Welt bekannt, und ich könnte Ihnen dafür keinen wahrhafteren Beweis geben als durch den Schritt, den ich tue. Mein mütterliches Herz ist mit Recht alarmiert, zwei meiner Söhne und einen geliebten Schwiegersohn bei der Armee zu sehen. Ich tue diesen Schritt, ohne den Kaiser, meinen Sohn, davon benachrichtigt zu haben; und ich erbitte von Ihnen Geheimhaltung gegenüber aller Welt, welches auch der Erfolg sein mag. Meine Wünsche gehen dahin, die bis zu dieser Stunde durch Seine Majestät den Kaiser geführte Verhandlung, die zu meinem größten Bedauern abgebrochen worden ist, wieder anzuknüpfen und zum Ende zu führen."[7]

Das Schreiben überbringt Franz Freiherr von Thugut drei Tage später im preußischen Hauptquartier. Nach mehreren Unterredungen kehrt er mit einem Brief Friedrichs nach Wien zurück: „Die Seelengröße, die Eure Majestät an den Tag legt, ist Ihres Rufes würdig. Die mütterliche Sorge, die Sie angesichts der Gefahren für den Kaiser und die Prinzen Ihres Hauses empfinden, verdient das Mitgefühl jedes hochherzigen Menschen und trägt, sofern das noch möglich ist, zu der hohen Achtung bei, die ich Ihrer geheiligten Person entgegenbringe.

Ihren Vorschlägen habe ich weitere hinzugefügt und verspreche, bis zum Eintreffen Ihrer Antwort so zu handeln, daß Eure Majestät für Ihre Familie und insbesondere für Ihren Sohn, den Kaiser, nichts zu fürchten hat ..."[8]

Als Joseph doch von dem Brief seiner Mutter erfährt, klagt er verbittert: „Sie haben, ohne mich zu Rate zu ziehen, diese unglaublichen Verhandlungen begonnen ... ich habe an nichts mehr zu denken, als die Trümmer der Ehre des Staates und meiner eigenen zu retten ..."[9]

Mit immer wieder neuen Vorschlägen pendelt Freiherr von Thugut zwischen Wien und Böhmen hin und her, doch die Verhandlungen scheitern.

Ludwig XVI. von Frankreich verweigert Österreich jede Unterstützung und wirft den Habsburgern vor, durch ihren Ehrgeiz die europäische Ordnung zu erschüttern: „Mit Polen haben sie angefangen, jetzt ist Bayern an der Reihe."[10]

Zarin Katharina II. droht, im Frühjahr eine Armee gegen Österreich in Marsch zu setzen, obwohl sich Maria Theresia mit einem persönlichen Brief an sie wendet.

Die Gegner drücken sich vor Schlachten; sie versuchen nur, einander durch militärische Aufmärsche einzuschüchtern und verhandeln zwischendurch. Man weiß kaum, ob Krieg oder Frieden ist. Nicht Gefechte dezimieren die Soldaten, sondern dem Hunger fallen viele in diesem „Kartoffelkrieg" zum Opfer. Auf beiden Seiten sterben je 20 000 Menschen an Seuchen und Unterernährung.

Damit der blamierte Kaiser sein Gesicht wahren kann, gesteht der preußische König Österreich im Frieden von Teschen das bayrische Innviertel zu. Unterzeichnet wird der Vertrag am 13. Mai 1779, Maria Theresias zweiundsechzigstem Geburtstag. Als galante Geste befiehlt Friedrich seinen Truppen, alle österreichischen Gebiete noch am gleichen Tag zu räumen.

Marie Antoinette

Noch bevor Maria Theresias jüngste Tochter Maria Antonia am 2. November 1766 ihren elften Geburtstag feierte, wurde beschlossen, sie mit dem ein Jahr älteren Dauphin Ludwig XVI. zu verheiraten.

Am 14. April 1770 drängen sich die Wiener in den Straßen: Ein Beauftragter des französischen Königs kommt mit einem Gefolge von einhundertsiebzehn Personen und achtundvierzig sechsspännigen Kutschen nach Wien. 6000 Gäste lädt Maria Theresia zum Maskenball ins Schloß Belvedere. Eine Woche lang bleibt die französische Gesandtschaft in Wien, dann – zwei Tage nach der Prokurationsehe, bei der Maria Antonias älterer Bruder Ferdinand den Bräutigam ersetzt – stellen sich die Wagen zur Abreise auf. Maria Theresia redet auf ihre Tochter ein, legt ihr ans Herz, was sie in Frankreich beachten soll, bis beide kein Wort mehr herausbringen und sich schluchzend umarmen.

In Straßburg hält der Bürgermeister eine Begrüßungsrede, aber nach den ersten Sätzen unterbricht ihn Marie Antoinette (so nennt sie sich jetzt): „Sprechen Sie nicht deutsch, mein Herr. Von heute an verstehe ich nur noch französisch!"[11]

Im Wald von Compiègne empfängt König Ludwig XV. das graziöse Mädchen und stellt es dem Bräutigam, seinem Enkel, vor: Ein dicker Junge, der sie linkisch auf die Wange küßt und schüchtern schweigt.

Als Ludwig seiner Braut am 16. Mai 1770 in Versailles den Ehering ansteckt, errötet er und zittert am ganzen Körper. Bei den nachfolgenden Theateraufführungen sinkt ihm der Kopf vornüber, aber beim Essen und Trinken greift er beherzt zu. Spät am Abend geleiten die königliche Familie und eine Reihe von Würdenträgern das Paar ins Schlafgemach, wo der Erzbischof das Bett segnet. Sobald Ludwig und Marie Antoinette allein sind, fällt der Fünfzehnjährige neben seiner Gemahlin ins Bett und schnarcht.

Das erinnert an die Hochzeitsnacht des russischen Großfürstenpaares. Tatsächlich leidet auch Ludwig XVI. unter einer Phimose: Wenn er in einer der folgenden Nächte versucht, die

Ehe zu vollziehen, gibt er den schmerzhaften Versuch bald wieder auf.

Am 10. Mai 1774 stirbt König Ludwig XV.: Marie Antoinette wird an der Seite Ludwigs XVI. Königin von Frankreich.

Als Maria Theresia vom Tod Ludwigs XV. erfährt, meint sie: „Ich bin sehr betrübt darüber und noch mehr über das Los meiner Tochter besorgt, das nur entweder ganz glänzend oder sehr unglücklich werden kann."[12]

Ludwig überhäuft seine Gemahlin mit Juwelen und findet sich mit ihrer Verschwendungssucht ebenso ab wie mit ihren intimen Männer- und Frauenfreundschaften, obwohl ihre kostspieligen Feste das Volk gegen die Monarchie aufbringen.

Nach wie vor reitet jeden Monat ein Kurier mit einem Brief Maria Theresias an ihre Tochter von Wien nach Versailles, und ein anderer bringt drei Wochen später die Antwort. Außerdem muß der österreichische Gesandte laufend über Marie Antoinette und das Hofleben berichten. Auf diese Weise versucht Maria Theresia, ihre Tochter fernzulenken; unaufhörlich erteilt sie Ratschläge, warnt und kritisiert. „Lesen Sie kein Buch ..., ohne vorher von Ihrem Beichtvater die Zustimmung erlangt zu haben."[13]

Mitunter bereut Marie Antoinette ihre Fehler. Aber ihre guten Vorsätze sind nie von langer Dauer.

Auch Joseph II. maßregelt seine Schwester und vergißt dabei allerdings, daß sie von der Mutter für die Rolle einer Königin unzureichend vorbereitet wurde: „... Haben Sie sich nur einmal gefragt, mit welchem Recht Sie sich in die Angelegenheiten der französischen Monarchie einmengen? Welche Studien haben Sie denn gemacht? Welche Kenntnisse haben Sie erworben? Sie, eine liebenswürdige Person, die den ganzen Tag nur an eitle Dinge, an ihre Toiletten und Amüsements denkt, die weder etwas Vernünftiges liest noch auch nur eine Viertelstunde im Monat einem vernünftigen Gespräch zuhört, die niemals überlegt oder nachsinnt oder die Folgen Ihrer Handlungen erwägt ..."[14]

Im April 1777 steigt der Kaiser vor der Residenz des österreichischen Gesandten in Versailles als „Graf Falkenstein" aus einer bescheidenen Kutsche. Am nächsten Tag läßt er sich bei seiner Schwester melden. Er besichtigt Manufakturen, Schulen, Altersheime, wohnt einer Sitzung der Akademie der Wissenschaften bei, geht in die Oper, ins Theater und verärgert seine Zuhörer bei Bällen und Soupers mit schulmeisterlichen Ratschlägen über notwendige Reformen in Frankreich. Schließlich kann er den König zu einem operativen Eingriff überreden: Am 30. August 1777 – sieben Jahre nach der Hochzeit – schreibt Marie Antoinette ihrer Mutter: „Schon seit acht Tagen ist meine Ehe vollkommen vollzogen."[15] Eineinviertel Jahre später bringt sie ihre Tochter Marie Thérèse Charlotte zur Welt.

Die Geburt des ersten Sohnes am 27. März 1785 erlebt Maria Theresia nicht mehr.

Die Zarin trifft den Kaiser

Maria Theresia und Katharina die Große können sich nicht ausstehen: Katharina spricht verächtlich von einer „Betschwester"[16]; Maria Theresia empfindet „Abneigung" und „Abscheu", wenn sie an den Charakter der Zarin denkt.[17] Aber sie kann nicht verhindern, daß Kaiser Joseph II. Anfang 1780 hinter ihrem Rücken über den russischen Gesandten bei Katharina anfragen läßt, wie sie über ein Treffen mit ihm denke, beispielsweise anläßlich ihrer geplanten Reise nach Weißrußland.

Die Zarin weist ihren Botschafter an: „Sie werden keinesfalls verfehlen, Seiner Kaiserlichen Majestät zu bezeugen, in welchem Grade mir ein Vorschlag willkommen ist, der keinen Zweifel an seiner Freundschaft für mich läßt – und wie sehr ich die Gelegenheit wünsche, seine persönliche Bekanntschaft zu machen ..."[18] Joseph II. jubelt: „... ich kann nicht verhehlen, daß ich sehr neugierig bin, sie kennenzulernen. Vielleicht kann ich damit den lieben Friedrich so ärgern, daß er platzt."[19]

Obwohl Maria Theresia ernstlich krank ist und die Reise mißbilligt, bricht Joseph am 26. April 1780 auf und trifft am 2. Mai als „Graf Falkenstein" in Mogiljow am oberen Dnjepr ein. (Das Inkognito bedeutet weniger, daß niemand wissen soll, wer er ist, es dient vor allem dazu, die Begegnung von den Zwängen der Etikette freizuhalten.)

Zwei Tage später kommt die Zarin. Die Monarchen verhandeln und plaudern. Als Katharina den Kaiser des Heiligen Römischen Reiches Deutscher Nation fragt, wann ihm wohl der Papst die Schlüssel der Ewigen Stadt überreichen werde, pariert er schlagfertig: „Vorher noch werden Ihre Majestät in Ihrem Rom einziehen." (Damit meint er Konstantinopel, die Hauptstadt des Osmanischen Reichs.)

Während Katharina vier Wochen später direkt nach St. Petersburg zurückkehrt, wählt Joseph II. ab Smolensk den Umweg über Moskau. In St. Petersburg setzt er die Gespräche mit der Zarin fort, bis er am 18. Juli die Heimreise antritt.

Noch bevor der Kaiser wieder in Wien ist, schlägt der preußische König der russischen Zarin einen Besuch des Thronfolgers Friedrich Wilhelm vor: „Würde es meine Gesundheit erlauben, so würde ich wünschen, ihn zu begleiten, aber Alter und Schwäche verbieten mir lange Reisen. Da ich mir Rechenschaft ablegte, so sah ich ein, ein alter Gichtkranker würde sich schlecht an einem so brillanten Hof wie dem von Petersburg ausnehmen."[20]

Einen Monat später trifft Friedrichs Neffe Friedrich Wilhelm in St. Petersburg ein und feiert dort am 25. September 1780 seinen sechsunddreißigsten Geburtstag. Kostbare Pelze erhält er als Geschenk, mit Orden wird er dekoriert und zum Ehrenmitglied der Akademie der Wissenschaften ernannt. Der König hat ihm geraten, auf die Eitelkeit der Zarin einzugehen und sie bei jeder Gelegenheit zu rühmen. Es hilft nichts. Friedrich Wilhelm ist der Zarin höchst zuwider. Der österreichische Gesandte Johann Ludwig Graf von Cobenzl berichtet Kaiser Joseph II.: „Was den Prinzen von Preußen anbetrifft, so hat er keinen Grund, sich über die Aufnahme und den Empfang, den man ihm hier bereitet, lobend auszusprechen. Die Kaiserin, die bisweilen auf seine Kosten und die seines Gefolges scherzt, nennt seine Reise eine schlechte Parodie auf die Reise Eurer Majestät."[21]

Insgeheim haben sich Katharina die Große und Joseph II. über ein Verteidigungsbündnis verständigt. Weil jedoch der

Kaiser hartnäckig auf seinem Vorrang besteht und sie sich deshalb lange nicht über die Anordnung der Unterschriften einigen können, werden die Urkunden erst im Mai 1781 ausgetauscht.

Noch einmal zwei Jahre später unterrichtet die russische Zarin Friedrich den Großen über das bis dahin geheimgehaltene Bündnis – und bricht auf diese Weise mit ihm.

"Sie hat ihrem Thron
und ihrem Geschlecht Ehre gemacht"

Am Morgen des 8. November 1780 findet in Schönbrunn eine Fasanenjagd statt. Obwohl der Tag kalt und regnerisch ist, fährt die dreiundsechzigjährige Monarchin im offenen Wagen. Ein Regenschauer durchnäßt ihre Kleider, aber vor dem Jagdfrühstück will sie ihrer zu Besuch gekommenen Tochter Maria Christine unbedingt noch im Park die neue Artemis-Statue zeigen.

Zwölf Tage später schreibt sie ihrer Schwiegertochter Maria Beatrice von Este aus der Wiener Hofburg: „Ich richte mich ganz nach der Mode, denn ich habe mir eine Erkältung zugezogen, wie sie meine Töchter und alle Leute jetzt haben ... Glauben Sie nur nicht, daß ich krank bin. Ich behalte meine gewohnte Lebensweise bei, bin nur unpäßlich, nicht Patientin."[22]

Maria Theresia beginnt heftig zu husten und zu fiebern. Im Liegen bekommt sie keine Luft. Um ein paar Stunden schlafen zu können, lehnt sie sich keuchend in einen Sessel, gewärmt von einem alten Morgenmantel ihres verstorbenen Gemahls. Doch ihre Arbeit erledigt sie nach wie vor.

Als der Arzt vorschlägt, Maria Christine und Albert Heinrich von Sachsen-Teschen aus Preßburg zu holen, schimpft Joseph II., er dramatisiere die Erkrankung, um sich aufzuspielen.

Maria Theresia beichtet. Morgens um vier Uhr kleidet sie sich an, geht in die Kapelle und empfängt das Abendmahl. Die folgende Nacht verbringt Joseph im Vorzimmer und schaut ab und zu durch ihre Tür. Einmal überrascht er sie am Schreibtisch. Auch am 27. November arbeitet sie.

Am nächsten Tag teilt ihr der Arzt mit, daß sie nicht mehr lang zu leben habe. Laut betend empfängt sie die Letzte Ölung. Sie klagt nicht, tröstet die fünf anwesenden Kinder, führt trotz ihrer Atemnot lange Gespräche mit Joseph II., der danach Graf Kaunitz mitteilt: „Ich habe noch große Hoffnung, daß Ihre Majestät die Krankheit überwindet!"[23]

Als sie abends wieder von einem Hustenanfall geschüttelt wird, fragen die Kinder, ob sie nicht etwas schlafen könne. Aber sie wehrt sich: „Ihr wollt, daß ich schlafe? Ich kann jeden Augenblick zu meinem Schöpfer berufen werden, da habe ich Angst zu schlafen. Ich will nicht überrascht werden. Ich will den Tod kommen sehen."

Am 29. November um fünf Uhr frühstückt sie mit Joseph. Sie läßt die Fenster öffnen und seufzt: „Ich habe kein schönes Wetter für meine lange Reise!" Als ihr der Arzt eine Arznei zu trinken geben will, lehnt sie ab: „Das soll mich wohl hier zurückhalten? Nun, dann nehme ich es nicht!" Nach einem schmerzhaften Krampf fragt sie: „Ist es das Ende?" Der Arzt antwortet: „Noch nicht ganz, Majestät." Da stöhnt sie: „Also noch Ärgeres steht mir bevor."

Gegen neun Uhr abends stemmt sie sich aus ihrem Sessel hoch und macht ein paar Schritte. Joseph stürzt zu ihr: „Wohin wollen Eure Majestät?" Sie bricht zusammen. Man hebt sie auf ein Sofa. Joseph bemüht sich, sie noch bequemer zu betten, aber sie meint, sie liege gut genug, um zu sterben.

Ein paar Wochen später schreibt Friedrich der Große an d'Alembert: „Ich habe den Tod der Kaiserin-Königin bedauert; sie hat ihrem Thron und ihrem Geschlecht Ehre gemacht; ich habe mit ihr Krieg geführt, aber ich war nie ihr Feind."[24]

Der „Alte Fritz"

„Wenn man um drei Uhr aufsteht ..."

Nach einem Ausspruch Goethes bleibt Friedrich der Große bis zuletzt „der Polarstern, um den sich Deutschland, Europa, ja die Welt zu drehen scheinen"[1].

Das enorme Arbeitspensum Friedrichs kommentiert Thomas Mann mit den Worten: „... wenn man um drei Uhr aufsteht und von seiner Frau getrennt lebt, so kann man tagsüber ja mehreres vor sich bringen." Und er fügt hinzu: „Sein Fleiß war kalte und glücklose Passion."[2]

Tatsächlich werden dem König oft bereits um vier Uhr morgens Depeschen vorgelegt. Er ist dann schon mit Kniehosen und Samtrock bekleidet, liest und erteilt Anweisungen, während Kammerdiener sein kurzgeschnittenes rotblondes Haar bürsten und ihm helfen, die Perücke aufzusetzen und zu pudern. Mit dem Dreispitz auf dem Kopf empfängt er die Sekretäre und Minister. Dabei trinkt er mehrere Gläser Wasser, einige Tassen Kaffee und greift bisweilen nach dem Obst, das in einer Schale bereitsteht. Von zwei Windspielen begleitet schreitet er durch die Räume und improvisiert auf der Flöte – bis er um elf Uhr die Garde oder ein anderes Potsdamer Regiment inspiziert. Danach bleibt meist noch eine halbe Stunde Zeit, um in den Parkanlagen spazierenzugehen oder auszureiten.

Punkt zwölf Uhr setzt sich Friedrich mit seinen Gästen zu Tisch. Nach der Tafelrunde, die sich nicht selten drei Stunden oder länger hinzieht, empfängt er erneut Beamte und formuliert Briefe. Wenn er in Berlin wohnt, geht er abends in die Oper. In Sanssouci lädt er um achtzehn Uhr zu einem einstündigen Konzert und spielt dabei selbst Flöte. Bei den schnellen Tempi kommt er mitunter aus dem Takt, aber die Adagios spielt er ausdrucksvoll.

„Welch ein Leben,
aus dem die Menschlichkeit verbannt ist!"

Der französische General Jacques Antoine Comte de Guibert, den Friedrich der Große 1773 empfängt, ist entsetzt über die unsaubere, abgenützte und geflickte Kleidung des Königs. Einige Jahre später beschreibt François Marquis de Bouillé den „Alten Fritz": „Er war von kleinem Wuchs und ging sehr gebückt an einem Krückstock. Er trug einen ziemlich abgenutzten blauen Rock, eine Weste von gelbem Tuch, sehr weite und schmutzige Stiefel, die ihm bis über die Knie gingen. Ferner trug er eine ziemlich schlecht frisierte Perücke mit einem langen Zopf und einen einfachen Hut mit Federn, die vom Alter grau geworden waren. So kleidete er sich das ganze Jahr, außer bei großen Festlichkeiten an seinem Hofe. Er verbrauchte viel Tabak, und Gesicht und Kleidung waren immer davon bedeckt."[3]

Diese Vernachlässigung seiner eigenen Person mag Symptom einer Selbstverachtung sein, die mit seiner generellen Menschenverachtung einhergeht.

Nur wenige sind so tolerant, daß sie die Schmuddeligkeit Friedrichs ertragen – und so selbstbewußt, daß sie die ständigen Herabsetzungen ignorieren können. Da ist es nicht verwunderlich, daß der „Alte Fritz" zunehmend vereinsamt. Ausgebrannt, verbittert und ohne menschliche Wärme verbringt er seine letzten Jahre.

Sebastian Haffner: „Er wurde kein Wüterich wie sein Vater, aber er wurde ein eisiger Zyniker, ein boshafter Quälgeist seiner Umgebung, keinen Menschen liebend, von keinem geliebt, bitter gleichgültig gegen die eigene Person, ungepflegt, unsauber, immer in derselben abgetragenen Uniform, dabei immer noch geistvoll, aber voll eines trostlosen Geistes der Verneinung, im Innersten tief unglücklich; zugleich rastlos tätig, immer im Dienst, immer auf dem Posten, unermüdlich an seinem verabscheuten Handwerk, ein großer König bis zum letzten Atemzuge – mit zerbrochener Seele."[4]

Maria Theresia gab Joseph II. zu bedenken: „Hat dieser Heros, der soviel von sich reden macht, hat dieser Eroberer einen einzigen Freund? Muß er nicht aller Welt mißtrauen? Welch ein Leben, aus dem die Menschlichkeit verbannt ist!"[5]

Schließlich begleiten Friedrich den Großen nur noch die Windspiele auf seinen Spaziergängen. Der „Alte Fritz" füttert sie mit Delikatessen und feiert ihre Geburtstage; während seiner Inspektionsreisen unterrichten ihn Reiterstaffetten über ihr Befinden, und wenn einer der Hunde stirbt, weint er.

Wie der alternde König trotz seiner Menschenverachtung volkstümlich wird, beschreibt niemand besser als Thomas Mann: „Ja, seine Niederlagen nicht weniger als seine Siege beschäftigten nah und fern die Herzen der Menschen, das Groteske, das Donquichottehafte seines Daseins trug dazu bei, seine Figur zu vergrößern und volkstümlich zu machen, sein Bild mit dem hinuntergezogenen Mund, den glanzblauen Augen und dem dreieckigen Hut, mit Krückstock, Stern, Fangschnur und Kanonenstiefeln hing in Hütte und Haus; er wurde legendär bei lebendigem Leibe. Von nun an hieß er ‚Der alte Fritz' – ein schauerlicher Name, wenn man Sinn fürs Schauerliche hat; denn es ist wirklich im höchsten Grade schauerlich, wenn der Dämon populär wird und einen gemütlichen Namen erhält."[6]

„Die Kräfte sind verbraucht"

Fiebrige Erkältungen, Magen- und Darmkoliken, Eiterherde an den Zahnwurzeln, Gicht und Rheuma haben bereits den dreißigjährigen König gequält.

Mit fünfunddreißig erlitt er einen Schlaganfall. Als er wieder zu sich kam, brachte man ihm ein Glas Wasser, ließ ihn zur Ader und führte ihn stundenlang herum. Obwohl er auch am nächsten Morgen noch über Sehstörungen klagte, nahm er die Arbeit gleich wieder auf.

Als Friedrich der Große im Alter von einundfünfzig Jahren aus dem Siebenjährigen Krieg zurückkehrte, fühlte er sich körperlich und geistig so ausgezehrt, daß er nur noch mit wenigen Lebensjahren rechnete und nicht ahnte, daß er gerade erst die Hälfte seiner Regierungszeit hinter sich hatte.

An seinem fünfundsechzigsten Geburtstag spielte er zum letzten Mal Flöte: Mit seinen gichtkrummen Fingern konnte er kaum noch die Löcher abdecken, und weil ihm fast alle Schneidezähne fehlten, gelang ihm auch das Anblasen nicht mehr.

Als der Arzt dem Neunundsechzigjährigen von einer geplanten Inspektionsreise abriet, erwiderte Friedrich der Große: „Sie haben Ihre Pflichten, und ich habe meine, und ich werde die meinen bis zum letzten Atemzug erfüllen."[7] Drei Jahre später schrieb er seinem Bruder Heinrich aus Neiße: „Ich schleppe mein altes Gerippe, so gut es geht. Die Kräfte sind verbraucht, es bleibt nur noch der gute Wille, und auch der wird nicht mehr lange reichen."[8]

Ende August 1785 sieht der preußische König bei einem Manöver in Schlesien zu. Am dritten und vorletzten Tag beginnt es zu regnen und hört nicht mehr auf: kaum ein Gewehr funktioniert noch. Die meisten Beobachter reisen deshalb vorzeitig ab; Friedrich der Große aber trotzt dem Wetter, zieht auch keinen Mantel über und sitzt sechs Stunden lang mit nassem Rücken im Sattel. Am Abend wird der Erschöpfte in einem Bauernhaus untergebracht. Er ist schwer erkältet und erholt sich nicht mehr vollständig.

Elf Monate später schickt Friedrichs Schwester Philippine Charlotte den berühmten Hannoveraner Arzt Johann Georg Ritter von Zimmermann nach Potsdam. Er verordnet dem König Diät und Medizin. Eigensinnig besteht der vierundsiebzig Jahre alte Patient darauf, mit seinem Grauschimmel Condé im Schloßpark von Sanssouci auszureiten. Danach muß er wegen eines Schwächeanfalls vom Pferd gehoben und zu Bett gebracht werden. Als er sich wieder erholt hat, ißt er ein scharf gewürztes Steak und eine dampfende Schüssel Polenta.

Aufgrund der sich verschlimmernden Wassersucht bekommt er schließlich im Liegen keine Luft mehr und verbringt deshalb – wie Maria Theresia vor sechs Jahren – die Nächte in einem Lehnstuhl. Doch zwischen ein paar Stunden Schlaf, zwischen Husten- und Erstickungsanfällen studiert er nach wie vor die Berichte der Beamten, liest die Post und erteilt seine Anweisungen. Wenn möglich, tragen ihn zwei

Lakaien in einem Sessel auf die Terrasse in die wärmende Sonne. Sein schmerzendes Bein wird auf einen Schemel gelegt; schief sitzend hört er sich Berichte an, gibt Anweisungen, diktiert – und krault seine Windspiele.

Am 15. August 1786 erwacht Friedrich erst gegen Mittag. Gleich ruft er nach einem Sekretär und beginnt zu diktieren, aber der Schreiber hat Mühe, die leise Stimme zu verstehen.

Am nächsten Tag kommt der König nur hin und wieder zu sich. Sein Gesicht ist vom Fieber gerötet. Am späten Abend trinkt er etwas Saft und meint: „Das wird gut sein – wir sind über den Berg."[9] Seinem Diener sagt er, daß er um vier Uhr aufstehen wolle.

Kurz nach Mitternacht wird er von einem Hustenanfall geschüttelt. Sein Kammerhusar setzt sich zu ihm und lehnt ihn gegen seine Schulter, um ihm das Atmen zu erleichtern. Friedrich flüstert: „So ist es gut."

Am 17. August 1786 um 2.20 Uhr stellt der Arzt den Tod fest.

Potjomkin

Potjomkinsche Dörfer?

Am 18. Januar 1787 erhellen Hunderte von Fackeln den Schloßhof von Zarskoje Selo. Vierzehn gewaltige Reiseschlitten mit aufgefrischter Bemalung und restaurierter Goldverzierung werden mit neuen Pelzen, Kissen und Decken ausgestattet, einhundertzwanzig Transportschlitten und vierzig auf Kufen montierte Wagen mit Kisten, Truhen, Fässern und Säcken beladen. Katharina die Große sitzt in einem von acht Pferden gezogenen Schlitten wie in einem Salon mit Ofen und Leuchter, Tisch und Sessel.

Im fünfundzwanzigsten Jahr ihrer Regierung bricht die Zarin zu ihrer größten Inspektionsreise auf. Niemand hat sie davon abhalten können: „Von allen Seiten versicherte man mir, daß mich auf der Fahrt nichts als Hindernisse und Unannehmlichkeiten erwarteten. Man wollte mich mit den Anstrengungen der Reise, der Dürre der Wüste und dem krankmachenden Klima schrecken. Aber all diese Leute kannten mich schlecht. Sie wissen nicht, daß mich solcher Widerstand nur entschlossener macht und daß jede Schwierigkeit, die sie mir vorlegen, mir als neuer Ansporn dient."[1]

Befriedigt sie mit der Reise nur ihre Eitelkeit? Nein, sie möchte Potjomkins Feinden vorführen, was er in den eroberten Gebieten geleistet hat, sie will ihre Macht demonstrieren, das Osmanische Reich herausfordern und Österreichs Unterstützung gegen die Türken gewinnen, um ihr „griechisches Projekt" zu verwirklichen: die Eroberung Konstantinopels und christliche Wiederherstellung des byzantinischen Reichs. Nicht von ungefähr heißt ihr zweitältester Enkel Konstantin. (Das siebenjährige Kind kann die Zarin wegen eines Hautausschlags allerdings nicht begleiten.)

An jeder Poststation stehen vierhundert ausgeruhte Pferde bereit. Nachts markieren Holzfeuer den Weg.

Die bald achtundfünfzig Jahre alte Zarin fühlt sich gesund und unterhält sich gut gelaunt mit ihren Gästen, zum Beispiel mit den Gesandten Johann Ludwig Graf von Cobenzl, Louis Philippe Comte de Ségur und Sir Alleyn Fitz-Herbert.

Nach einer 1200 Kilometer langen Fahrt trifft die Kolonne am 20. Februar in Kiew ein.

In der ukrainischen Metropole schließt sich Karl Joseph Fürst von Ligne der Reisegruppe an. Der stilvolle, hochgebildete österreichische Diplomat, der mit Friedrich dem Großen und Johann Wolfgang von Goethe korrespondiert, den Kaiser und die Zarin berät, beflügelt mit seinem Esprit auch die anderen Mitglieder der Gesellschaft.

Potjomkin kommt aus Taurien. Er residiert in einem Kloster, und während er dort stundenlang mit Mönchen disputiert oder mit Beamten konferiert, läßt er zur Unterhaltung der anderen prachtvolle Bälle und Bankette, Konzerte und Feuerwerke veranstalten.

Nach gut zwei Monaten verkünden Kanonenschüsse, daß das Eis auf dem Dnjepr aufbricht und der Fluß wieder schiffbar ist. Achtzig Galeeren begleiten sieben von Potjomkin eigens gebaute schwimmende Paläste den Dnjepr hinab. „Es war eine Art fahrender Diplomatenkongreß, Scherz und Ernst vereinigend, ein Feuerwerk zur Erheiterung und zugleich eine drohende Gewitterwolke, die den bevorstehenden Sturm ankündigte, den eine sich liebenswürdig gebende Fürstin, die allgewaltige Kaiserin von Rußland, dabei war zu entfachen."[2]

König Stanislaus II. Poniatowski überquert südlich von Kiew die Grenze Polens, um sich nach dreißig Jahren für ein paar Stunden mit seiner ehemaligen Geliebten zu treffen.

Weiter flußabwärts steigt Kaiser Joseph II. zu.

Am Ufer sehen die Reisenden weidende Herden, säende Bauern, propere Dörfer und exerzierende Truppen in tadellosen Uniformen. Auch die Bauern haben ihre besten Kleider anziehen müssen. Den Hausbesitzern befahl Potjomkin, die Dächer auszubessern und die Fassaden neu zu streichen. Für verwahrloste Häuser, die nicht mehr hergerichtet werden konnten, ließ man sich etwas Besonderes einfallen: Davor werden frisch abgesägte Bäume in den Boden gesteckt und zu

Baumgruppen zusammengestellt – wobei man darauf achtet, daß das Laub nicht bereits welkt, wenn die Schiffe vorbeikommen. Potjomkins Gegner behaupten, er habe Kulissen aufgestellt – „Potjomkinsche Dörfer" errichtet – und Bauern und Viehherden nach dem Passieren der Reisegesellschaft rasch ein Stück stromabwärts transportiert, um sie ein weiteres Mal zeigen zu können. Urheber der Legende ist vielleicht der französische Gesandte Louis Philippe Comte de Ségur, der im Gespräch mit Joseph II. behauptet: „Hier hat alles mehr äußeren Glanz als wirklichen Wert. Man bemüht sich hier, alles zu schmücken, zu verschönern, alles momentan für die Augen der Kaiserin zu beleben; aber wenn Katharina einmal wieder abgereist ist, wird auch all diese Herrlichkeit aus diesen riesigen Gebieten verschwinden, sein [Potjomkins] Theatercoup ist zu Ende, der Vorhang hat sich gesenkt."[3]

Aber man sollte weder der Zarin noch ihren Begleitern unterstellen, daß sie sich irreführen lassen: Die „Potjomkinschen Dörfer" sind eine Erfindung mißgünstiger Kleingeister. „Potjomkin ist zwar kein Zauberer, aber er ist ein großartiger Regisseur, und die Inszenierung von Katharinas Reise in die Krim ist die größte Regieleistung aller Jahrhunderte, sie ist einzigartig, überwältigend ..."[4]

Zu Ehren der Zarin und als südliches Pendant zu St. Petersburg baut Potjomkin die Stadt Jekaterinoslaw[5]. Katharina und Joseph legen am 20. Mai 1787 den Grundstein einer Kathedrale, die gigantischer werden soll als die Peterskirche in Rom. Illusionslos schreibt der Kaiser an Feldmarschall Franz Moritz Graf von Lacy: „Die Kaiserin hat den ersten Stein zu einer neuen Kirche gelegt, ich – den letzten."[6]

An dem Tor, durch das die Reisegesellschaft Cherson an der Dnjepr-Mündung verläßt, hat Potjomkin eine griechische Inschrift anbringen lassen: „Dies ist der Weg nach Byzanz."[7]

Aber zunächst führt er die Gesellschaft zur Krim.

In der neugegründeten Hafenstadt Sewastopol verkündet Potjomkin während eines Banketts, seine Flotte sei bereit zum Angriff auf die zwei Tagesreisen entfernte türkische Hauptstadt. Auf sein Kommando werden die Fenster aufgerissen, die

Gäste erblicken die Schwarzmeerflotte, Kanonen donnern, und die Matrosen rufen: „Lang lebe die Kaiserin des Pontos Euxeinos[8]!"

Joseph II. berichtet aus Sewastopol: „Die Kaiserin vergeht vor Lust, mit den Türken einen Krieg anzufangen."[9] Doch er hat zunächst andere Sorgen: Er eilt nach Wien zurück, weil ein Aufstand in den österreichischen Niederlanden bekämpft werden muß.

Das „griechische Projekt"

Der Sultan fühlt sich bedroht, aber er wartet, bis die Zarin aus dem Schwarzmeergebiet abgereist ist. Dann verlangt er über den russischen Gesandten in Konstantinopel ultimativ die Freigabe der Krim. Als Rußland dieses Ansinnen zurückweist, läßt er den Diplomaten festnehmen und eröffnet so den Krieg.

Die türkische Hauptarmee überschreitet die Donau und marschiert in die Ukraine ein.

Weil Österreich aufgrund des Geheimvertrags von 1781 verpflichtet ist, Rußland im Fall eines Angriffs beizustehen, erklärt Joseph II. im Februar 1788 dem Osmanischen Reich den Krieg und attackiert die Türken auf dem Balkan, während Potjomkin die türkische Schwarzmeerfestung Otschakow belagert.

Karl Joseph Fürst von Ligne meldet sich zur russischen Armee. Als er im Lager Potjomkins eintrifft, hat dieser noch nichts vorbereitet, um Otschakow zu stürmen. Potjomkin ist wieder einmal mutlos; wahrscheinlich lähmt ihn die Angst vor der drohenden Niederlage. Katharina bestürmt ihn, endlich etwas zu unternehmen. General Alexander Suwarow ermahnt seinen Feldherrn Potjomkin: „Durch bloßes Anschauen nimmt man keine Festung."[10] Der Zarin fällt es immer schwerer, Potjomkin gegen seine Widersacher zu verteidigen. Aufgrund der psychischen Belastung leidet sie unter Kopfschmerzen, Koliken und Schlafstörungen.

Sie schickt sich an, wieder eine Ostseeflotte in die Ägäis zu entsenden. Aber am 2. Juli 1788 überschreitet der schwedische

König Gustav III. die Grenze: Katharina die Große benötigt nun ihre Flotte, um St. Petersburg zu schützen.

Potjomkin bittet sie, ihn aus seinem Amt zu entlassen und rät ihr, die eroberten Gebiete wieder den Türken zu überlassen.

Aber im Dezember überwindet er unvermittelt seine Lethargie: Ohne ausreichenden Artilleriebeschuß stürmt er mit seinen Truppen über die feindlichen Wälle Otschakows. 20000 Russen fallen bei dem Angriff. Die Überlebenden rächen sich dafür mit einem Blutbad in der eroberten Festung.

Werden Katharina die Große und Joseph II. das Osmanische Reich zerschlagen können?

Um das zu verhindern, schließt der preußische König Friedrich Wilhelm II. am 31. Januar 1790 einen Bündnisvertrag mit dem Sultan und verpflichtet sich, im folgenden Jahr in den Krieg einzugreifen.

Am 20. Februar stirbt Kaiser Joseph II. Sein Nachfolger Leopold II. wirft das Ruder herum: Er arrangiert sich im Juli mit Preußen und der Türkei.

In dieser Situation muß sich Rußland aus dem Zweifrontenkrieg befreien. Tatsächlich kommt durch das Zusammenspiel russischer Agenten mit der schwedischen Adelsopposition gegen König Gustav III. am 14. August 1790 ein schwedisch-russischer Friedensvertrag zustande, der die Ausgangslage wieder herstellt. Katharina atmet auf: „Die eine Pfote haben wir glücklich aus dem Schmutz gezogen. Wenn es uns bald gelingt, auch die andere herauszuziehen, so können wir Halleluja singen."[11]

Am 11. August 1791 stimmt das erschöpfte Osmanische Reich einem Waffenstillstand zu. Ein Friedensvertrag folgt am 9. Januar 1792.

Das „griechische Projekt" hat Katharina die Große zwar nicht verwirklichen können, aber die Türken bestätigen die russischen Eroberungen auf der Krim und an der Küste des Schwarzen Meeres zwischen Bug und Dnjestr.

Die Zarin hat nun beide Hände frei für ihr weiteres Vorgehen in Polen.

Das Leporello der Zarin

Als Potjomkin 1777 erfährt, daß Pjotr Zawadowsky gegen ihn konspiriert, eilt er nach St. Petersburg. Der Liebhaber der Zarin kommt ihm auf der Treppe entgegen; wütend stößt ihn Potjomkin zur Seite und beschimpft Katharina, bis sie Pjotr Zawadowsky fortschickt.

Nachfolger wird der tollkühne Husarenmajor Simon Soritsch, der sich nach einigen Monaten mit Potjomkin überwirft und deshalb im Juni 1778 von Iwan Rimskij-Korsakow abgelöst wird, einem fünfundzwanzigjährigen Dandy, der seine Anzüge mit Diamanten verziert.

Angeblich werden die von Potjomkin ausgesuchten Liebhaber zuerst vom Leibarzt der Zarin untersucht und von Praskowja Alexandrowna Gräfin Bruce begutachtet, die – wie die Zarin – 1779 ihren fünfzigsten Geburtstag feiert.

Obwohl jeder Höfling von Katharinas Amouren weiß, darf zumindest in ihrer Gegenwart keine anzügliche Bemerkung fallen, sie gibt sich prüde und meint bedauernd: „Hätte ich einen Gatten gehabt, den ich hätte lieben können, wäre ich ihm mein Leben lang treu geblieben, denn ich habe keine Neigung zur Ausschweifung."[12]

Rimskij-Korsakows Nachfolger Alexej Lanskoi ist ein schöner, junger Hauptmann der berittenen Garde, kein Haudegen, sondern ein gebildeter Kunst- und Literaturfreund. Er stirbt nach vier Jahren in Katharinas Armen. Monatelang trauert sie um ihn.

Nach einer kurzen Episode mit Alexej Jermolow wird im Sommer 1786 der hochgewachsene Gardeoffizier Alexej Dmitrjew Mamonow Katharinas Günstling. Er ist nicht einmal halb so alt wie sie und im Gegensatz zu dem einfühlsamen Alexej Lanskoi ein schlauer, arroganter Egozentriker, der sich bald über seine „Gefangenschaft" beklagt. Als Katharina nach drei Jahren erfährt, daß er eine ihrer Ehrendamen geschwängert hat, fühlt sie sich so gedemütigt, daß sie tagelang niemand sehen will. Dann ruft sie die beiden, gibt weinend ihren Segen zur Hochzeit und beschenkt das Paar.

1789, während Potjomkin gegen die Türken kämpft und

Staatsporträt Katharinas II. mit Zarinnenkrone
Anonyme Kopie nach einem Gemälde

deshalb keinen neuen Liebhaber aussuchen kann, holt sich die Zarin den zwanzig Jahre alten Leutnant der Reitergarde Platon Subow ins Bett. „Das Kind" nennt ihn die Sechzigjährige. Doch Platon Subow ist ebenso ehrgeizig wie intrigant; mit Geschenken gibt er sich nicht zufrieden: Er verlangt Macht und führt bald eine eigene Kanzlei. Böse Zungen behaupten, „sein Hochmut werde nur durch die Erbärmlichkeit seiner Schmeichler übertroffen"[13].

Potjomkins prunkvoller Abschied

Im Frühjahr 1791 kehrt Fürst Grigori Alexandrowitsch Potjomkin nach St. Petersburg zurück.

Katharina die Große feiert ihn als Helden. Aber er kann sie nicht überreden, den schmerzenden Zahn zu entfernen. (Subow bedeutet übersetzt: der vom Zahn.)

Um ihren zweiundsechzigsten Geburtstag am 2. Mai zu feiern, lädt Potjomkin dreitausend Gäste zu einem Maskenball in seinem Taurischen Palast ein. Alle Kerzen in St. Petersburg läßt er aufkaufen und zusätzliche aus Moskau kommen. Diener in nagelneuen Livreen helfen den Ankommenden aus den Kutschen. Die Zarin erscheint im Gewand einer russischen Bojarin[14]. Potjomkin empfängt sie in scharlachroten Seidenhosen, mit einem Umhang aus schwarzer Spitze und einem Federbusch, der so mit Diamanten überladen ist, daß ein Adjutant ihn wegen des Gewichts hinter dem Fürsten herträgt. Potjomkin führt Katharina die Große zu einem Thron, während ein Orchester mit dreihundert Musikern spielt und vierundzwanzig Paare eine Quadrille tanzen.

Im Speisesaal sind sechs Tischreihen mit je fünfhundert Silbertellern und Kristallkelchen gedeckt. Ein erstauntes Raunen geht durch die Gesellschaft, als ein künstlicher Elefant durch die Räume gezogen wird, auf dessen Rücken ein Lakai sitzt und trommelnd anzeigt, daß aufgetragen ist.

Nach Mitternacht verabschiedet sich die Zarin, und während sie den Raum verläßt, ertönt ein für sie komponierter Choral.

Wenig später reist Potjomkin wieder nach Süden, wo Fürst Nikolai Repnin bereits Waffenstillstandsverhandlungen mit den Türken führt.

In Jassy am Pruth erkrankt Potjomkin. Obwohl ihm die Ärzte Diät verordnen, ißt er weiterhin Gänsebraten und trinkt Wein und Likör. Als seine mit einem Polen verheiratete Nichte und langjährige Geliebte Saschenka Branicka davon erfährt, eilt sie nach Jassy: Sie ist bei ihm, als er am 16. Oktober 1791 stirbt.

Die letzten Lebensjahre der Zarin

Angst vor einem Buch

Private Druckereien gab es in Rußland lange Zeit nicht; über Druckereien verfügten nur die Regierung, das Militär, die Kirche, die Universität und die Akademie der Wissenschaften. Erst im Januar 1783 hebt die Zarin diese Einschränkung auf: Jeder darf jetzt eine Druckerei betreiben; er muß sie nur anmelden, und zwar bei der örtlichen Polizei, die dann auch die Druckfahnen zensiert.

Der Oberpolizeimeister von St. Petersburg erteilt im Juli 1789 sein Plazet für den Roman „Die Reise von Petersburg nach Moskau", von dem der Autor Alexander Nikolajewitsch Radischtschew ein knappes Jahr später 650 Exemplare im Selbstverlag veröffentlicht.

In dem Buch prangert ein fiktiver Briefeschreiber auf der an fünfundzwanzig Poststationen unterbrochenen Reise ebensoviele gesellschaftliche Mißstände an, allen voran Korruption und Leibeigenschaft.

Im Juli 1790 stößt Katharina die Große auf ein Exemplar des Briefromans. Anders als der Polizeimeister blättert sie es nicht nur durch, sondern sie liest es von Anfang bis Ende und notiert ihre Kommentare am Rand. Sie läßt Radischtschew festnehmen.

Obwohl er keinen Umsturz plante, sondern den Lesern nur die Augen öffnen wollte, wird er am 4. August 1790 zum Tod verurteilt, allerdings zwei Wochen später zu zehn Jahren Verbannung begnadigt.

Die Zarin, die 1765 einen Aufsatzwettbewerb über die Leibeigenschaft anregte und in Westeuropa als „Leuchtfeuer der Aufklärung in einem stagnierenden, zurückgebliebenen Land"[1] gepriesen wird, unterdrückt sozialkritische Äußerungen, weil sie befürchtet, Rußland könne sich an der „französischen Pest" infizieren.

Die Französische Revolution

Katharina die Große mißbilligt, daß Marie Antoinette und der parasitär gewordene Adel in Versailles ein pompöses Hofleben veranstalten, während der französische Staat unter einer immensen Schuldenlast ächzt und das Volk kaum noch das Brot bezahlen kann. Sorgenvoll beobachtet sie die Entwicklung, denn sie befürchtet einen Aufstand und als dessen Folge eine Anarchie, die von Frankreich auch auf andere Staaten übergreifen könnte.

Um durch zusätzliche Steuern mehr Gelder in die leeren Staatskassen Frankreichs zu pumpen, werden 1789 nach einhundertfünfundsiebzig Jahren erstmals wieder die Generalstände einberufen, also Delegierte des Klerus, der Aristokratie und des „Dritten Standes", dem 24,5 der 25 Millionen Franzosen angehören: Bankiers, Händler, Kaufleute und Fabrikanten, Bauern, Handwerker und Transportarbeiter, Ärzte und Lehrer, Advokaten, Künstler und Schriftsteller.

Mit einem Festakt eröffnet König Ludwig XVI. am 5. Mai 1789 die Versammlung in einem Palais unweit des Schlosses von Versailles. Manche weinen vor Freude und Hoffnung.

Die 621 selbstbewußten Delegierten des Dritten Standes verlangen sogleich eine Änderung des überkommenen Abstimmungsverfahrens: „Was ist der Dritte Stand? Alles. Was ist er bis jetzt gewesen? Nichts. Was verlangt er? Etwas zu werden."[2] Als sich die Vertreter des Dritten Standes mit dieser Forderung nicht durchsetzen können, konstituieren sie sich kurzerhand am 17. Juni als Nationalversammlung und beanspruchen, auch ohne die Stände der Kleriker und Aristokraten die französische Nation zu repräsentieren. Damit lösen sie zugleich die Souveränität des Staats von der Person des Monarchen und entkleiden dessen Amt von seinem sakralen Charakter. Der König läßt den Sitzungssaal schließen. Daraufhin versammeln sich die Abgeordneten im nahegelegenen Ballhaus und schwören dort, sich nicht mehr zu trennen, „bis die Verfassung errichtet und auf festen Grundlagen dauerhaft gestaltet"[3] ist.

Die fiebrige Erregung greift auch auf die Hauptstadt über:

Am 14. Juli erstürmen tausend mit erbeuteten Musketen bewaffnete Pariser Bürger in einem dreistündigen blutigen Kampf die Bastille, das Staatsgefängnis, ein Symbol der Willkürherrschaft.

Ein amerikanischer Diplomat schreibt angewidert in sein Tagebuch: „Ein Menschenhaufen zeigt triumphierend Kopf und Körper von Monsieur Foulon, der Kopf auf einer Pike, der Körper nackt hinterhergeschleift ... Foulons Verbrechen war es, einen Ministersitz angenommen zu haben. ... Mein Gott! Was für ein Volk!"[4]

Als die Bauern von den Vorgängen in Paris und Versailles hören, verbrennen sie das Getreide auf den Feldern, plündern die Schlösser der Gutsherren und verfolgen diese mit Sensen, Heugabeln und Dreschflegeln.

Das Ancien Régime bricht zusammen.

„Freiheit, Gleichheit, Brüderlichkeit", heißt nun das Motto.

Die Nationalversammlung schafft die Leibeigenschaft, die Gerichtsbarkeit der Gutsherren, die Privilegien und Titel des Adels ab, verstaatlicht den Kirchenbesitz und proklamiert nach dem Vorbild der amerikanischen Unabhängigkeitserklärung am 26. August die Menschen- und Bürgerrechte. Seit dem Mittelalter waren Ämter und Würden den Söhnen aristokratischer Geschlechter vorbehalten; aber von jetzt an gilt die Ahnenreihe nichts mehr, sondern es kommt auf die persönliche Qualifikation an. Das ist zumindest die Vision.

In Pariser Bäckereien raufen Hausfrauen um Brotlaibe. Marktweiber ziehen am 5. Oktober 1789 trotz des Regens nach Versailles, Tausende schließen sich ihnen an und protestieren: „Versailles schlemmt. Paris hungert!" Eine junge Abgeordnete der Demonstranten wird zum König geführt, aber als sie vor ihm kniet, kann sie nur noch „Brot!" flüstern, dann fällt sie vor Hunger und Aufregung in Ohnmacht. Am nächsten Morgen drängt sich das aufgebrachte Volk durch ein offenes Tor. Endlich zeigen sich Ludwig XVI. und Marie Antoinette auf einem Balkon. Ein Mann legt seine Muskete an, aber Umstehende schlagen sie ihm aus der Hand. Gegen Mittag formiert sich ein Zug: vornweg die Nationalgarde[5] und die königliche Garde, dann eine Kutsche mit Ludwig XVI., seiner Schwester

Elisabeth, Marie Antoinette, dem vierjährigen Dauphin und dessen Schwester, etliche mit Mehlsäcken beladene Karren und dahinter die johlende Menge, die den König gezwungen hat, nach Paris zu übersiedeln.

Von dort aus flieht die Familie des Königs eindreiviertel Jahre später. Doch in Sainte-Menehould östlich von Châlons-sur-Marne erkennt der Sohn des Postmeisters den König trotz seiner bürgerlichen Kleidung: Als die schwere Kutsche in Varennes-en-Argonne bei Verdun auf Ersatzpferde wartet, läutet der Küster die Sturmglocke, während sich die Bauern um das Fahrzeug drängen und es aufhalten, bis Einheiten der Nationalgarde eingetroffen sind, die Ludwig XVI. und seine Angehörigen wieder nach Paris zurückbringen. Dort schauen die Straßenpassanten schweigend zu, wie die Karosse mit der Königsfamilie an ihnen vorbeirollt; die Männer nehmen nicht einmal ihre Mützen ab.

Nach einer blutigen Straßenschlacht zwischen republikanischen und royalistischen Revolutionären wird am 3. September 1791 die erste schriftliche Verfassung Frankreichs verabschiedet und der König darauf vereidigt. An die Stelle der revolutionären Nationalversammlung tritt ein auf zwei Jahre vom reichsten Fünftel der Bevölkerung gewähltes Parlament.

Aber diese Verfassung wird nach weniger als einem Jahr von der nächsten Revolutionswoge fortgespült: Am 10. August 1792 stürmen die Pariser Bürger die königliche Residenz in den Tuilerien, töten tausend Schweizer Gardisten und sperren die Familie des Königs ein; Anfang September werden 1300 Menschen ermordet, und am 21. September schafft die neue Volksvertretung – der „Nationalkonvent" – die Monarchie ab: Frankreich ist jetzt eine Republik. Ludwig XVI. schreibt: „Die Undankbaren, die mich entthront haben, werden nicht auf halbem Weg stehen bleiben. Sie müßten zu sehr erröten, ihr Opfer fortwährend vor Augen zu haben."[6]

Tatsächlich fahren die Revolutionäre den „Bürger Ludwig Capet" nach einem Schauprozeß am 21. Januar 1793 in einer Kutsche zu einem Podest auf der Place de la Révolution (der heutigen Place de la Concorde). Er tritt an den Rand der Plattform, um eine Ansprache zu halten: „Franzosen, ich sterbe unschuldig. Vom Schaffot und dem Erscheinen vor Gott nahe, spreche ich zu Euch. Ich vergebe meinen Feinden. Ich hoffe, daß Frankreich ..."[7] Ein Trommelwirbel übertönt die Worte. Er wird auf die Guillotine gezerrt. Als der Henker den bluttriefenden Kopf an den Haaren hochhebt, durchbrechen die Vordersten der johlenden Menge den Cordon der Soldaten, stürmen auf das Podium und tauchen ihre Halstücher in das Blut des Hingerichteten.

Marie Antoinette wird am 16. Oktober geköpft – zweieinhalb Wochen vor ihrem achtunddreißigsten Geburtstag.

Frühmorgens hat sie noch auf ein Blatt Papier geschrieben: „Mein Gott, erbarme Dich meiner! Meine Augen haben keine Tränen mehr, um Euch zu beweinen, meine armen Kinder; adieu, adieu! Marie Antoinette". (Ihr dritter und einziger noch lebender Sohn Louis Charles vegetiert in einem fensterlosen Kerker, bis er am 8. Juni 1795 im Alter von zehn Jahren zugrundegeht.)

Die radikale Partei der Jakobiner[8] hat die Revolution immer mehr zu ihrer Sache gemacht und andere politische Kräfte im Nationalkonvent zurückgedrängt. Von den beiden Flügeln dieser Partei – den Girondisten[9] und der Bergpartei[10] – setzt sich schließlich der extremere durch: die Bergpartei. Sie beherrscht auch den vom Nationalkonvent als Regierung eingesetzten „Wohlfahrtsausschuß".

Nachdem der kompromißlose, narzißtische Bergparteiführer Maximilien de Robespierre seine Rivalen Jacques René Hébert, Georges Jacques Danton und Camille Desmoulins hat hinrichten lassen, regiert er wie ein Diktator. In knapp sieben Wochen werden 1376 Menschen geköpft. Aber die Schreckensherrschaft eint seine Gegner: Am 28. Juli 1794 endet auch Robespierre unter dem Fallbeil: Die Revolution frißt ihre Kinder.

Aufgrund der vom Nationalkonvent verabschiedeten dritten französischen Verfassung wird die Regierung im Oktober 1795 von einem fünfköpfigen Direktorium übernommen – das nach vier Jahren von Napoleon beseitigt wird.

Polen wird von der Landkarte gewischt

Während Rußland durch den Zweifrontenkrieg gegen Schweden und das Osmanische Reich in Anspruch genommen war, verabschiedeten die Delegierten des polnischen Reichstags am 3. Mai 1791 – vier Monate vor den französischen Revolutionären! – die erste schriftliche Verfassung Europas, die Verfassung einer konstitutionellen Erbmonarchie, die sich an den Idealen der Französischen Revolution von 1789 orientierte: „... für wichtiger als Glück und Leben halten wir die politische Existenz Polens, die Unabhängigkeit von ausländischen Mächten und die Freiheit der Bürger ..."[11]

Katharina die Große will das Rad der Geschichte zurückdrehen und verhindern, daß revolutionäre Ideen in ihrem Einflußbereich verbreitet werden. Als der russisch-türkische Krieg beendet ist, aber das revolutionäre Frankreich gegen Preußen und Österreich Krieg führt, nützt sie die günstige Gelegenheit, um das Feuer in Polen auszutreten: Nach bewährtem Muster rufen konservative polnische Magnaten Rußland zu Hilfe. Wieder rücken russische Truppen in Polen ein. König Stanislaus II. Poniatowski kapituliert; die Verfassung wird annulliert.

König Friedrich Wilhelm II. von Preußen möchte bei einer weiteren Zerschlagung Polens nicht leer ausgehen und setzt deshalb ebenfalls Truppen in Marsch: Am 23. Januar 1793 wird Polen zum zweiten Mal zerstückelt: Rußland nimmt sich das östliche Drittel des Landes, Preußen erhält Danzig und die westlichen Gebiete bis kurz vor Warschau.

Am 24. März 1794 schwört der achtundvierzigjährige General Tadeusz Kosciuszko auf dem Marktplatz von Krakau, notfalls bis zum Tod für die Wiederherstellung eines unabhängigen Polens zu kämpfen. Aristokraten, Bürger, Bauern und Armee-Einheiten schließen sich ihm an.

Als ehemaliger Adjutant George Washingtons und General im amerikanischen Unabhängigkeitskrieg verfügt Kosciuszko über militärische Erfahrung, aber im Zweifrontenkrieg gegen Rußland und Preußen hat er keine Chance. Im Oktober stürzt er während einer Schlacht schwerverwundet vom Pferd und wird von den Russen gefangengenommen.

11 000 seiner Anhänger werden nach Sibirien verbannt.
Am 3. Januar 1795 verständigen sich Rußland und Österreich über die Einzelheiten der dritten und diesmal vollständigen Aufteilung Polens. Als Preußen am 24. Oktober den Abmachungen zustimmt und König Stanislaus II. Poniatowski abdankt, müssen neue Landkarten ohne den polnischen Staat gezeichnet werden.

Geplatzte Verlobung

König Gustav III. von Schweden wird am 29. März 1792 bei einem Maskenball in der Stockholmer Oper von einem ehemaligen Offizier seiner Leibgarde erschossen. Sein dreizehnjähriger Sohn folgt ihm auf den Thron. Mit ihm möchte Katharina die Große ihre Enkelin Alexandra Pawlowna verheiraten.
Zweieinhalb Monate, bevor König Gustav IV. Adolf am 1. November 1796 volljährig wird, folgen er und sein Vormund, Herzog Karl von Södermanland, mit einem Gefolge von hundert Leuten der Einladung nach St. Petersburg.
Katharina die Große gibt für ihre Gäste jeden Abend einen Ball und beobachtet mit Vergnügen, wie der ernste und zurückhaltende schwedische König angeregt mit ihrer Enkelin plaudert und verstohlen ihre Hand drückt.
Strittig ist noch die Frage der Konfession: Die Schweden erwarten von der dreizehnjährigen Braut, daß sie den lutherischen Glauben annimmt. Platon Subow leitet die Verhandlungen. Gustav Adolf verspricht schließlich, daß Alexandra ihren orthodoxen Glauben im privaten Bereich weiter praktizieren dürfe. Daraufhin läßt Katharina die Verlobungsfeier vorbereiten.
Am 19. September versammeln sich im Thronsaal die Höflinge; die Zarin erscheint im Brokatkleid mit einer kleinen Krone auf dem Kopf und führt die Braut herein.
Stundenlang warten sie. Dann kommt statt des Bräutigams Platon Subow und flüstert der Zarin etwas ins Ohr. Ihr Gesicht rötet sich, sie starrt vor sich hin und trinkt zittrig ein Glas

Wasser. Der versammelten Gesellschaft teilt sie mit, der schwedische König fühle sich plötzlich unwohl, die Verlobung müsse deshalb verschoben werden.

Tatsächlich verhandelte Subow noch mit Gustav IV. Adolf, als sich die Verlobungsgäste bereits im Thronsaal versammelten. Der Schwede weigerte sich, einen Vertrag über die Religionsfrage zu schließen. Am Ende warf er das vorbereitete Papier zu Boden und verließ wütend den Raum.

Die Zarin stirbt

Durch den Schock bei der geplatzten Verlobung erlitt die Siebenundsechzigjährige offenbar einen leichten Schlag. Wochenlang lebt sie nur von Zwieback, Wein und Kaffee; sie magert ab, kann nachts nicht schlafen, nickt aber am Tag über ihren Papieren ein.

Am 17. November 1796 steht Katharina die Große wie gewohnt früh auf, schlüpft in einen seidenen Morgenmantel, trinkt Kaffee, liest Berichte und diktiert ein paar Briefe. Dann zieht sie sich noch einmal zurück.

Als lange Zeit nichts aus ihrem Schlafgemach zu hören ist, öffnet eine Kammerfrau vorsichtig die Tür. Katharina liegt am Boden, mit angezogenen Beinen und Schaum vor dem Mund. Die Bedienstete schreit. Mehrere Männer tragen die bewußtlose, röchelnde Zarin in den Vorraum und legen sie auf eine Matratze. Ein herbeigeeilter Arzt läßt sie zur Ader. Für einen Augenblick öffnet sie die Augen, lallt aber nur Unverständliches. Der Metropolit gibt ihr die Letzte Ölung.

Platon Subows Bruder Nikolai springt aufs Pferd, um den Zarewitsch Paul zu verständigen, der sich eine halbe Tagesreise entfernt auf seinem Gut in Gatschina aufhält. Paul fürchtet zunächst, man wolle ihn verhaften. Am Abend trifft er in Zarskoje Selo ein.

Bald darauf verkündet Alexander Graf Samoilow den im Vorzimmer Versammelten: „Meine Herren, die Kaiserin ist tot, und ihr Sohn, Seine Majestät Paul Petrowitsch, hat geruht, den Thron Rußlands zu besteigen."

Nachwort

Mit dem Tod Katharinas der Großen endete eine Epoche, die den Bogen spannte vom Absolutismus zur Französischen Revolution.

„Der Staat, das bin ich!" Es ist zwar eine Legende, daß der französische König Ludwig XIV. diesen Satz ausgerufen hat. Aber es ist richtig, daß er an seine göttliche Berufung glaubte und auf Erden keine andere Autorität akzeptierte. Der „Sonnenkönig" verkörperte den Staat.

Ein paar Jahrzehnte später lehnte sich Ludwig XVI. vergeblich gegen seine Entmachtung auf: Nicht mehr der Monarch personifizierte den Staat, sondern der „Dritte Stand" bildete jetzt die Nation. Die radikalen Führer der Französischen Revolution zerrten Tausende von politischen und persönlichen Gegnern auf die Guillotine, darunter den König und die Königin – bis Napoleon auf den Trümmern der Revolution eine neue Diktatur errichtete. Was aber bis heute überdauert hat, ist die Proklamation der Menschenrechte vom 26. August 1789: „Frei und gleich an Rechten werden die Menschen geboren und bleiben es ..."[1]

Die bedeutendsten Herrscher zwischen dem Absolutismus und der Französischen Revolution waren ohne Zweifel Friedrich der Große, Maria Theresia und Katharina die Große: drei grundverschiedene Charaktere in drei grundverschiedenen Staaten.

Die katholischen Habsburger stellten von 1438 bis 1740 alle Kaiser des Heiligen Römischen Reiches Deutscher Nation. Dieses Imperium existierte allerdings vom Westfälischen Krieg (1618–1648) bis zur endgültigen Zerschlagung durch Napoleon mehr in der Tradition als in der Wirklichkeit, und Maria Theresias Enkel Franz mußte sich 1806 damit abfinden, daß er als „österreichischer Kaiser" nur noch in den österreichischen Herzogtümern und den Königreichen Böhmen und Ungarn regierte.

Die protestantischen Hohenzollern dagegen schufen erst im 17. und 18. Jahrhundert aus den bis dahin unbedeutenden Territorien Preußen und Brandenburg einen mächtigen Militärstaat, der von Anfang an mit Österreich rivalisierte und 1871 das Deutsche Reich gründete.

Die Romanow-Zaren schoben die russischen Grenzen im 17. Jahrhundert bis an den Pazifik und zur Bering-Straße vor. Peter der Große und Katharina die Große expandierten im Westen und öffneten das rückständige asiatische Riesenreich europäischen Einflüssen. Rußland löste Schweden als nordische Vormacht ab und griff in die Auseinandersetzungen der Briten, Franzosen, Preußen und Österreicher ein.

Während Maria Theresia eine unbeschwerte Kindheit verbrachte, prügelte der „Soldatenkönig" seinen Sohn Friedrich, weil dieser sich für Musik und französische Philosophie begeisterte, und auf Befehl seines Vaters mußte der Kronprinz zusehen, wie ein Freund geköpft wurde, der ihm bei seinem gescheiterten Fluchtversuch hatte helfen wollen. 1740 folgten Friedrich und Maria Theresia ihren verstorbenen Vätern auf den Thron. Obwohl der junge preußische König philosophische Tischgespräche liebte und Schlachtenlärm verabscheute, raubte er Maria Theresia Schlesien – und löste damit eine Reihe von europäischen Kriegen aus, die Preußen beinahe vernichtet hätten. Von den jahrelangen Kriegen zermürbt, vereinsamte der „Alte Fritz", bis ihm nur noch die Gesellschaft seiner Hunde blieb.

Die lebensfrohe Wienerin Maria Theresia gewann dagegen mit ihrem warmherzigen Charme die Zuneigung der Menschen. Zärtlich liebte sie ihren Gemahl und ihre sechzehn Kinder – was sie aber nicht daran hinderte, Franz Stephan in den Hintergrund zu drängen und ihren Kindern unglückliche Vernunftehen aufzuzwingen. Während ihr preußischer Gegenspieler die Herrscherrolle auf den Zufall der Geburt zurückführte, glaubte die strenge Katholikin an den göttlichen Auftrag der Monarchen. In der Kunst suchte die barocke Königin allenfalls die Unterhaltung, und abstrakte Gedankenspiele lagen ihr schon gar nicht. Sie verließ sich lieber auf ihren gesunden Menschenverstand, mit dem sie ihren Staat führte und sich gegen ihre Feinde behauptete. Wenn es dabei um den Kampf gegen den verhaßten Preußenkönig ging, handelte sie stur und rechthaberisch. Auch als militante Moralistin fürchtete sie hinter Toleranz und Aufklärung das Chaos. Im Vergleich mit Katharina wirkte Maria Theresia hausbacken. Verständlich, daß sich die beiden Frauen nicht leiden konnten.

Katharina die Große kam – nicht zuletzt auf Betreiben Friedrichs – als sechzehnjährige deutsche Prinzessin nach Rußland. Wäre sie nicht stark genug gewesen, hätten die Schikanen ihres psychopathischen Gemahls sie in den siebzehn Jahren Ehe zerbrochen. Aber Katharina hielt mit eisernem Willen an ihrem ehrgeizigen Ziel fest, setzte sich gegen alle Intrigen in der ihr völlig fremden Umgebung durch und putschte sich an die Macht. Dieser herrschsüchtigen „Karrierefrau" traute man den Mord an ihrem Gemahl zu. Das hinderte die französischen Philosophen nicht daran, sie als aufgeklärte Monarchin zu preisen. Zur Selbstaufgabe gegenüber einem Mann taugten weder Maria Theresia noch Katharina. Starke Muttergefühle konnte die Zarin schon deshalb nicht entwickeln, weil man ihr die Kinder gleich nach der Geburt weggenommen hatte. Mit immer jüngeren Männern befriedigte sie ihre Triebe, obwohl sie außerhalb ihres Schlafzimmers eher prüde wirkte und niemand wagte, in ihrem Beisein zweideutige Anspielungen zu machen.

Friedrich der Große, Maria Theresia und Katharina die Große wollten zwar uneingeschränkte Alleinherrscher sein, aber keine Despoten, denn sie hielten es für ihre Aufgabe, dem Staat zu dienen. Sie erfüllten gewissenhaft die Pflichten, die sie sich selbst auferlegt hatten, auch wenn sie dabei ihre persönlichen Vorlieben der Staatsräson unterordnen mußten. Obwohl ihre Reformen weit hinter ihren Idealen zurückblieben, entwickelten sie ihre Staaten ein gutes Stück weiter: Mit der Zentralisierung der Verwaltung, der Zurückdrängung der feudalen Strukturen und der Förderung des gerade erst entstehenden Mittelstands bereiteten sie den modernen Staat vor. Sie kümmerten sich um ihre Untertanen – doch was zu tun war, entschieden sie allein: „Alles für das Volk, nichts durch das Volk."

Anhang

Dank

Den Buchtitel hat sich meine wichtigste Testleserin und Beraterin in Stilfragen ausgedacht: meine Frau Irene. Gemeinsam haben wir Satz für Satz geprüft und alternative Formulierungen diskutiert, bis wir zufrieden waren. Erneut hat meine Frau dafür Verständnis gezeigt, daß mir ein Jahr lang kaum etwas anderes durch den Kopf ging, als meine berufliche Arbeit und das Schreiben eines Buches.

Heidi Krinner-Jancsik lektorierte das Manuskript, half mit wichtigen Anregungen und sorgte – wie schon bei „Eigen-*Sinnige* Frauen. Zehn Porträts" – für eine angenehme Zusammenarbeit bei der Entstehung und Veröffentlichung des vorliegenden Buches.

Dafür möchte ich mich herzlich bedanken.

Kelkheim am Taunus, Januar 2000   Dieter Wunderlich

http://members.tripod.de/Dieter Wunderlich/index.html

Zeittafel

Jahr	Ereignis	Seite
1712	Friedrich der Große geboren	21
1713	König Friedrich Wilhelm I. folgt seinem verstorbenen Vater Friedrich I. auf den preußischen Thron	15
	Pragmatische Sanktion	28 f
1717	Maria Theresia geboren	29
	Prinz Eugen erobert Belgrad	45
1718	Alexej Petrowitsch stirbt im Kerker	54
1722	Aufgrund eines Berichts von Lady Mary Wortley Montagu wird in England die Pockenschutzimpfung eingeführt	190
1723	König Friedrich Wilhelm I. richtet das Generaldirektorium in Preußen ein	65
	Nach dem Tod seines Bruders Clemens kommt Franz Stephan von Lothringen nach Wien	40
1725	Peter der Große stirbt: Nachfolgerin Zarin Katharina I.	54
1727	Zar Peter II. folgt der verstorbenen Zarin Katharina I. auf den Thron	54
	Karl Friedrich von Holstein-Gottorf und Anna Petrowna ziehen von St. Petersburg nach Kiel	51
	Christian August von Anhalt-Zerbst vermählt sich mit Johanna Elisabeth von Holstein-Gottorf	47
1728	König Friedrich Wilhelm I. und Kronprinz Friedrich besuchen August den Starken in Dresden	22 f
	Karl Peter Ulrich von Holstein-Gottorf, der spätere Zar Peter III., geboren	51
1729	Franz Stephan beerbt seinen verstorbenen Vater Herzog Leopold von Lothringen	41
	Sophie Auguste Friederike von Anhalt-Zerbst, die spätere Zarin Katharina die Große, geboren	47
1730	Fluchtversuch des preußischen Kronprinzen Friedrich	33
	Hermann von Katte wird hingerichtet	34 f
	Friedrichs Schwester Wilhelmine wird mit dem Erbprinzen – dem späteren Markgrafen – Friedrich von Bayreuth verheiratet	
1732	Kronprinz Friedrich verlobt sich mit Elisabeth Christine von Braunschweig-Bevern	38
	Die ersten Salzburger Emigranten kommen nach Berlin	20
1733	Tod Augusts des Starken löst Polnischen Thronfolgekrieg aus	42
	Kronprinz Friedrich wird mit Elisabeth Christine von Braunschweig-Bevern verheiratet	39
1736	Maria Theresia und Franz Stephan vermählen sich	43
	Friedrich schreibt erstmals an Voltaire	60
1737	Großherzog Gian Gastone von Toskana stirbt und wird von Franz Stephan beerbt	45

1738	Ende des Polnischen Erbfolgekriegs	42
	König Friedrich Wilhelm I. ernennt Samuel von Cocceji zum Justizminister und beauftragt ihn, ein einheitliches Landrecht auszuarbeiten	183
	Maria Theresia und Franz Stephan reisen in die Toskana	45
1739	Sophie Auguste Friederike von Anhalt-Zerbst begegnet erstmals Karl Peter Ulrich von Holstein-Gottorf	51
	Friedrich schreibt den „Antimachiavell"	60
1740	König Friedrich Wilhelm I. stirbt; auf den Thron folgt ihm sein Sohn Friedrich II.	62
	Preußisches Departement für Gewerbe, Handel und Verkehr	180
	Erste Begegnung Friedrichs II. mit Voltaire	65
	Kaiser Karl VI. stirbt; seine Tochter Maria Theresia beerbt ihn	66
	Zar Iwan VI., ein zwei Monate altes Kind, folgt der verstorbenen Zarin Anna auf den russischen Thron	54
	Beginn des Ersten Schlesischen Krieges	72 ff
1741	Maria Theresia wird von ihrem Sohn Joseph entbunden	115
	Preußischer Sieg bei Mollwitz	75 f
	Maria Theresia wird in Preßburg zur ungarischen Königin gekrönt	78 f
	Beginn des österreichisch-bayerischen Erbfolgekrieges; der Wiener Hof flieht nach Preßburg	76, 80
	Maria Theresia spricht vor dem ungarischen Reichstag	80
	Geheimkonvention von Klein-Schnellendorf	76 f
	Franzosen, Bayern und Sachsen erobern Prag	72
	Zarin Elisabeth putscht sich an die Macht	55
	Karl Albrecht wird in Prag zum böhmischen König gekrönt	72
1742	Karl Albrecht wird in Frankfurt am Main zum deutschen Kaiser Karl VII. gewählt und gekrönt	80 f
	Karl Peter Ulrich von Holstein-Gottorf kommt nach Rußland	56
	Preußischer Sieg bei Chotusitz	81
	Berliner Friede zwischen Preußen und Österreich	81 f
1743	Maria Theresia wird in Prag zur böhmischen Königin gekrönt	83
	Karl Peter Ulrich von Holstein-Gottorf muß auf die schwedische Thronfolge verzichten; Adolf Friedrich von Holstein-Gottorf wird zum schwedischen Thronerben gewählt	50, 56
1744	Johanna Elisabeth reist mit ihrer Tochter Sophie nach Rußland	86 ff
	Sophie Auguste Friederike von Zerbst erkrankt schwer	90
	Sophie Auguste Friederike von Zerbst tritt zum orthodoxen Glauben über und erhält den Namen Katharina Alexejewna	92
	Großfürst Peter und Katharina verloben sich	93
	Beginn des Zweiten Schlesischen Krieges	96
1745	Österreich, England, Holland, Polen und Sachsen verbünden sich in Warschau gegen Preußen	97
	Kaiser Karl VII. stirbt; Nachfolger als bayerischer Kurfürst: sein Sohn Maximilian III. Joseph	97

	Grundsteinlegung für Sanssouci	104 f
	Bayrisch-österreichischer Sonderfrieden von Füssen	97 f
	Preußischer Sieg bei Hohenfriedberg	98
	Britisch-preußischer Separatfrieden	98
	Antoine Pesne malt „La Barbarina"	110
	Großfürst Peter vermählt sich mit Katharina	95
	Preußischer Sieg bei Soor	98 f
	Franz I. Stephan wird in Frankfurt am Main zum Kaiser gewählt und gekrönt	99 f
	Katharinas Mutter Johanna Elisabeth muß Rußland verlassen	120
	Sächsische Niederlage bei Kesselsdorf	102
	Friede von Dresden	102 f
	Der Wiener Hof richtet sich erstmals in Schönbrunn ein	114
1747	Katharinas Vater stirbt	122
	Der preußische Hof richtet sich erstmals in Sanssouci ein	105
	Johann Sebastian Bach in Sanssouci	104
	Samuel von Cocceji wird preußischer Großkanzler	183
	Bauarbeiten zur Trockenlegung des Oderbruchs beginnen	181
1748	Die Geheime Kommission in Wien wird über die Reformideen des Grafen Haugwitz unterrichtet	178 f
	Montesquieu: „Vom Geist der Gesetze"	184
	Klopstock: Veröffentlichung der ersten drei Gesänge des „Messias"	196
1749	Kaunitz schlägt eine Neuorientierung der österreichischen Außenpolitik vor und tritt für ein Bündnis mit Frankreich ein	127 f
	Österreichische Verfassungsreform (Directorium in publicis et cameralibus)	177
1750	Voltaire kommt nach Potsdam	107
	Kaunitz geht als österreichischer Gesandter nach Versailles	128
1751	Diderot gibt den ersten Band der „Encyclopédie ou Dictionnaire raisonné des sciences, des arts et des métiers" heraus	188
	Adolf Friedrich von Holstein-Gottorf wird schwedischer König	50, 86
1752	Großfürstin Katharina begegnet Sergej Saltykow	123
	Großfürstin Katharina erleidet eine erste Fehlgeburt	124
	Politisches Testament Friedrichs II.	185
1753	Voltaire verläßt Potsdam	108 f
	Kaunitz übernimmt das neugeschaffene Amt des Hof- und Staatskanzlers in Wien	129
1754	Großfürstin Katharina wird von ihrem Sohn Paul entbunden	124
1755	Großfürstin Katharina begegnet Stanislaus August Poniatowski	126
	Großfürst Peter ruft holsteinische Soldaten nach Oranienbaum	121
1756	Westminsterkonvention	129
	Französisch-österreichischer Neutralitäts- und Verteidigungspakt: Renversement des Alliances	129

	Mit dem preußischen Einmarsch in Sachsen beginnt der Siebenjährige Krieg	130
	Preußischer Sieg bei Lobositz	132
	Sachsen kapituliert	132
	Maria Theresia wird von ihrem 16. Kind entbunden	114
1757	Rußland schließt sich der österreichisch-französischen Allianz an	133
	Französisch-österreichisches Offensivbündnis	129
	Preußische Niederlage bei Kolin	133
	Schlacht bei Plassey	144
	Friedrichs Mutter Sophie Dorothea stirbt	133
	Russischer Sieg bei Groß-Jägersdorf	134
	Zarin Elisabeth erleidet einen Schlaganfall	136
	Österreichische Husaren in Berlin	134
	Preußischer Sieg bei Roßbach	134
	Preußischer Sieg bei Leuthen	135
	Großfürstin Katharina wird von ihrer Tochter Anna entbunden	126
1758	Verhaftung des russischen Großkanzlers Alexej Petrowitsch Bestushew-Rjumin	138
	Kronprinz August Wilhelm stirbt; sein Sohn Friedrich Wilhelm übernimmt die Rolle des preußischen Thronfolgers	143
	Stanislaus August Poniatowski muß Rußland verlassen	126
	Preußischer Sieg bei Zorndorf	143, 154
	Österreichischer Sieg bei Hochkirch	143 f
	Friedrichs Schwester Wilhelmine stirbt	144
1759	Katharinas Tochter Anna stirbt	154
	Preußische Niederlage bei Kunersdorf	145
	Engländer erobern Quebec	145
	Preußische Niederlage bei Maxen	146
1760	Friedrich II. beschießt Dresden	147
	Preußischer Sieg bei Liegnitz	148
	Erzherzog Joseph wird mit Isabella von Parma verheiratet	117
	Der französische Gouverneur von Kanada übergibt die Provinz den Engländern	145
	Russen und Österreicher erobern Berlin	148
	Preußischer Sieg bei Torgau	148
	Großfürstin Katharina begegnet Grigori Grigorjewitsch Orlow	154
1761	Österreicher erstürmen die Festung Schweidnitz	149
	Die Festung Kolberg ergibt sich den Russen	150
	Das Wiener Generaldirektorium wird in drei Behörden aufgeteilt	177
1762	Zarin Elisabeth stirbt; Nachfolger: Zar Peter III.	151
	Russisches Manifest über die „Freiheit des Adels"	153
	Katharina wird von ihrem Sohn Alexej entbunden	154
	Separatfriede und Bündnis zwischen Rußland und Preußen	152
	Eklat beim Bankett zur Feier der russisch-preußischen Allianz	155
	Katharina II. stürzt Zar Peter III.	158 ff

	Peter III. wird ermordet	163
	Krönung der Zarin Katharina II.	165
	Uraufführung der Reformoper „Orpheus und Eurydike"	187
	Wolfgang Amadeus Mozart in Wien	112
1763	Die Friedensverträge von Paris und Hubertusburg beenden den Siebenjährigen Krieg	168
	Tod Augusts III.	205
	Isabella von Parma stirbt	118
1764	Zarin Katharina II. verstaatlicht die Kirchengüter und löst die Hälfte der Klöster auf	171
	Joseph II. wird zum Römischen König gewählt und gekrönt	197
	Russisch-preußisches Verteidigungsbündnis	206
	Baubeginn der „Ermitage" in St. Petersburg	188
	Der ehemalige Zar Iwan VI. wird ermordet	166 f
	Stanislaus II. Poniatowski wird polnischer König	205
1765	Joseph II. wird mit der Wittelsbacher Prinzessin Josepha verheiratet	198
	Erzherzog Leopold wird mit der spanischen Prinzessin Maria Ludovica verheiratet	199
	Kaiser Franz I. Stephan stirbt; Nachfolger: Joseph II.	199 f
1766	Zarin Katharina II. beruft die „Große Kommission" ein und verfaßt die „Große Instruktion"	184 f
1767	Josepha, die Gemahlin Kaiser Josephs II., stirbt	203
	Lessing: „Minna von Barnhelm"	196
	Konföderation von Radom	206
1768	Konföderation von Bar	207
	Geburt des späteren Kaisers Franz II.	115
	Das Osmanische Reich erklärt Rußland den Krieg (1768–1774)	207
	Katharina die Große führt die Pockenschutzimpfung in Rußland ein	190 f
1769	Österreich besetzt die Zips	210
	„Codex Theresianus"	183
	Friedrich II. und Joseph II. treffen sich in Neiße	208 f
1770	„Constitutio criminalis Theresiana"	183
	Maria Theresias Tochter Marie Antoinette wird mit Ludwig XVI. verheiratet	223 f
	Vernichtung der türkischen Flotte in der Bucht von Tscheschme	207
	Friedrich II. und Joseph II. treffen sich in Mährisch-Neustadt	208
	Prinz Heinrich kommt nach St. Petersburg	209
1771	Die Pest in Rußland	191
	Erzherzog Ferdinand vermählt sich mit Maria Beatrice von Este	112
1772	Erste Teilung Polens	211 f
	Katharina II. trennt sich von Grigori Orlow	216
	Beginn des Pugatschow-Aufstands	213 f
1773	Goethe: „Götz von Berlichingen"	196
	Katharinas Sohn Paul wird mit Prinzessin Wilhelmine von Hessen-Darmstadt verheiratet, die den orthodoxen Namen Natalia Alexejewna angenommen hat	219

	Denis Diderot und Friedrich Melchior Baron von Grimm kommen nach St. Petersburg	188 f
1774	Potjomkin wird der Geliebte Katharinas II.	216 f
	König Ludwig XVI. folgt seinem verstorbenen Großvater Ludwig XV. auf den französischen Thron	224
	Der Frieden von Kücük Kaynarci beendet den dritten russisch-türkischen Krieg (1768–1774)	215, 218
	Entscheidende Niederlage Pugatschows bei Tscherny Jar	215
	Österreichische Schulordnung	189
1775	Hinrichtung Pugatschows	215
	Katharina II. reorganisiert die Gouvernements	177
1776	Pjotr Zawadowsky löst Potjomkin als Geliebter Katharinas ab	218
	Katharinas Schwiegertochter Natalia stirbt im Kindbett	219
	Katharinas Sohn Paul reist nach Preußen	219 f
	Amerikanische Unabhängigkeitserklärung	246
	Katharinas Sohn Paul wird mit Sophie Dorothea von Württemberg verheiratet, die den orthodoxen Namen Maria Feodorowna angenommen hat	220
1777	Katharinas Enkel Alexander wird geboren	220
	Mit Kurfürst Maximilian III. Joseph stirbt der bayerische Zweig der Wittelsbacher aus; Erbe: der pfälzische Kurfürst Karl Theodor	221
1778	Friedrich II. greift in den Fall des Müllers Arnold ein	194 f
	Potjomkin gründet an der Dnjeprmündung die Festung Cherson	218
	Beginn des Bayrischen Erbfolgekriegs („Kartoffelkrieg")	221 f
1779	Katharinas Enkel Konstantin wird geboren	220
	Der Frieden von Teschen beendet den Bayerischen Erbfolgekrieg	223
	Lessing: „Nathan der Weise"	196
1780	Friedrich II.: „De la Littérature Allemande"	195 f
	Kaiser Joseph II. und Zarin Katharina II. treffen sich in Mogiljow	226 f
	Der preußische Kronprinz Friedrich Wilhelm kommt nach St. Petersburg	227
	Maria Theresia stirbt	228 f
1781	Russisch-österreichisches Verteidigungsbündnis	227
1783	Katharina II. erlaubt die Einrichtung von Druckereien	244
	Rußland annektiert die Krim	218
1786	Russisches „Statut für die Volksschulen"	190
	Friedrich der Große stirbt	234
1787	Beginn der Schwarzmeer-Reise Katharinas II.	235 ff
	Das Osmanische Reich erklärt Rußland den Krieg (1787–1792)	238
1788	Joseph II. erklärt dem Osmanischen Reich den Krieg	238
	Schweden beginnt einen Krieg gegen Rußland	238 f
	Potjomkin stürmt die türkische Festung Otschakow	239
1789	Platon Subow wird Katharinas Günstling	241 f
	Der Dritte Stand in Frankreich konstituiert sich als Nationalversammlung: Beginn der Französischen Revolution	245
	Der Sturm auf die Bastille	246

	Die Erklärung der Menschenrechte durch die französische Nationalversammlung	246, 252
1790	Preußisch-türkischer Bündnisvertrag	239
	Kaiser Joseph II. stirbt; Nachfolger: Leopold II.	239
	Der Frieden von Värälä beendet den schwedisch-russischen Krieg	239
1791	Polnische Verfassung	249
	Potjomkin verabschiedet sich endgültig von Katharina II.	242 f
	Flucht der französischen Königsfamilie	247
	Erste französische Verfassung	247
	Potjomkin stirbt	243
1792	Der Frieden von Jassy beendet den vierten russisch-türkischen Krieg (1787–1792)	239
	König Gustav III. von Schweden wird ermordet	250
1793	Zweite Teilung Polens	249
	Ludwig XVI. und Marie Antoinette werden hingerichtet	247 f
1794	Kosciuszko-Aufstand	249
	Das Allgemeine Preußische Landrecht tritt in Kraft	183
	Maximilien de Robespierre wird hingerichtet	248
1795	Französische Direktorialverfassung	248
	Dritte Teilung Polens	250
1796	Edward Jenner führt die erste Pockenschutzimpfung mit Kuhpockenlymphe durch	190
	Geplatzte Verlobung des schwedischen Königs Gustav IV. Adolf mit Katharinas Enkelin Alexandra Pawlowna	250 f
	Katharina die Große stirbt	251

Literaturverzeichnis

Hellmut Andics: Die Frauen der Habsburger. München 1999
Karl Otmar von Aretin: Friedrich der Große. Größe und Grenzen des Preußenkönigs. Bilder und Gegenbilder. Freiburg / Basel / Wien 1985
Alfred Ritter von Arneth: Geschichte Maria Theresias. 10 Bände. Wien 1863–1879. Reprint: Osnabrück 1971
Alfred Ritter von Arneth (Hg.): Briefe der Kaiserin Maria Theresia an ihre Kinder und Freunde. Wien 1881. Reprint (4 Bände): Osnabrück 1978
Rudolf Augstein: Preußens Friedrich und die Deutschen. Frankfurt am Main 1968
Günter Barudio: Das Zeitalter des Absolutismus und der Aufklärung. 1648–1779. In: Fischer Weltgeschichte. Band 25. Frankfurt am Main 1981
Gert von Bassewitz und Alexander Rost: Auf Friedrichs des Großen Spuren. Eine Bildreise. Hamburg 1996
Hans Bentzien: Ich, Friedrich II. Das Leben des großen Preußenkönigs. Berlin 1991[2]
Louis Bergeron, François Furet und Reinhart Koselleck: Das Zeitalter der europäischen Revolution. 1780–1848. In: Fischer Weltgeschichte. Band 26. Frankfurt am Main 1980[12]
Peter Berglar: Maria Theresia. Reinbek 1998[5]
Olivier Bernier: Ludwig XV. Zürich / Köln 1986
Olivier Bernier: Ludwig XIV. Eine Biographie. München 1993
Erhard Bethke (Hg.): Friedrich der Große. Herrscher zwischen Tradition und Fortschritt. Gütersloh 1985
Paul F. Bockius: Friedrich der Große. Mann des Jahres 1757. „Es war die Persönlichkeit des großen Königs, die auf alle Gemüter wirkte." (Goethe, Dichtung und Wahrheit). Frankfurt am Main 1998
Hartmut Boockmann, Heinz Schilling, Hagen Schulze und Michael Stürmer: Mitten in Europa. Deutsche Geschichte von den Anfängen bis zur Gegenwart. München 1999
Max Braubach: Vom Westfälischen Frieden bis zur Französischen Revolution. In: Herbert Grundmann (Hg.), Gebhardt. Handbuch der deutschen Geschichte. Band 10. München 1980[4]
Peter Burke: Ludwig XIV. Die Inszenierung des Sonnenkönigs. Frankfurt am Main 1995
Heinz Burneleit (Hg.): Friedrich der Große. Aus seinen Werken und Briefen. Würzburg 1962
Raymond Cartier: Peter der Große. München 1963
Paul Christoph (Hg.): Maria Theresia. Geheimer Briefwechsel mit Marie Antoinette. Frankfurt am Main / Berlin 1991
Robert Coughlan: Frauen auf dem Zarenthron. Elisabeth und Katharina. Berlin / Darmstadt / Wien 1980
Edward Crankshaw: Maria Theresia. Die mütterliche Majestät. München / Zürich / Wien 1970
Vincent Cronin: Der Sonnenkönig. Stuttgart 1965
Vincent Cronin: Katharina die Große. Biographie. München 1998[4]
Edwin Dillmann: Maria Theresia. München 2000

Hans Dollinger: Friedrich II. von Preußen. Sein Bild im Wandel von zwei Jahrhunderten. München 1986
Erich Donnert: Rußland im Zeitalter der Aufklärung. Wien / Köln / Graz 1984
Erich Donnert: Katharina die Große und ihre Zeit. Rußland im Zeitalter der Aufklärung. Leipzig 1996
Erich Donnert: Katharina II., die Große (1729 - 1796). Kaiserin des Russischen Reiches. Regensburg 1998
Günter Dorn und Joachim Engelmann: Die Schlachten Friedrichs des Großen. Führung, Verlauf, Gefechts-Szenen, Gliederungen, Karten. Augsburg 1986
Christopher Duffy: Friedrich der Große. Ein Soldatenleben. Augsburg 1996
Will und Ariel Durant: Kulturgeschichte der Menschheit. Band 13: Vom Aberglauben zur Wissenschaft. Köln 1985
Will und Ariel Durant: Kulturgeschichte der Menschheit. Band 14: Das Zeitalter Voltaires. Köln 1985
Will und Ariel Durant: Kulturgeschichte der Menschheit. Band 15: Europa und der Osten im Zeitalter der Aufklärung. Köln 1985
Will und Ariel Durant: Kulturgeschichte der Menschheit. Band 16: Am Vorabend der Französischen Revolution. Köln 1985
Will und Ariel Durant: Kulturgeschichte der Menschheit. Band 17: Die Französische Revolution und der Aufstieg Napoleons. Köln 1985
Carolly Erickson: Katharina die Große. Eine deutsche Prinzessin auf dem Zarenthron. Reinbek 1998
Karin Feuerstein-Prasser: Die preußischen Königinnen. Regensburg 2000
Gotthard Feustel: Wahre Geschichten aus Sanssouci. Taucha 1991
Humbert Fink: Joseph II. Kaiser, König und Reformer. Eine Biographie. Düsseldorf / Wien / New York 1993
Hedwig Fleischhacker: Mit Feder und Zepter. Katharina II. als Autorin. Stuttgart 1978
Jan von Flocken: Katharina II. Zarin von Rußland. Augsburg 1998
Emilio Franzina: Friedrich der Große. Eine Biographie. Klagenfurt 1987
Michael Freund: Deutsche Geschichte. Von den Anfängen bis zur Gegenwart. München 1981
Friedrich der Große: Das politische Testament von 1752. Stuttgart 1987
Friedrich der Große: Der Antimachiavell oder: Untersuchung von Machiavellis „Fürst" (bearbeitet von Voltaire). Leipzig 1991
Friedrich der Große: Geschichte meiner Zeit. München o. J.
Gertrud Fussenegger: Maria Theresia. München 1995[2]
Pierre Gaxotte: Friedrich der Große. Frankfurt am Main / Berlin 1986
Rudolf Gehrke: Anekdoten von Friedrich dem Großen. Leipzig 1996
Imanuel Geiss: Geschichte griffbereit. 6 Bände. Reinbek 1979–1983
Otto R. Gervais: Die Frauen um Friedrich den Großen. Versuch einer Deutung des Liebeslebens Friedrichs II. Salzburg 1996
Carsten Goehrke, Manfred Hellmann, Richard Lorenz und Peter Scheibert: Rußland. Fischer Weltgeschichte. Band 31. Frankfurt am Main 1981[8]
Johann Wolfgang von Goethe: Aus meinem Leben. Dichtung und Wahrheit. Erster Teil. München 1967[2]
Edmond und Jules de Goncourt: Madame Pompadour. Ein Lebensbild. Düsseldorf / Zürich 1998
George Peabody Gooch: Friedrich der Große. Preußens legendärer König. Göttingen 1951 / München 1992[10]

Karl Gutkas: Kaiser Joseph II. Eine Biographie. Wien 1989
Sebastian Haffner: Preußen ohne Legende. Hamburg 1979³
Caroline Hanken: Vom König geküßt. Das Leben der großen Mätressen. Darmstadt 1996
Bodo Harenberg (Hg.): Chronik der Deutschen. Dortmund 1983
Bodo Harenberg (Hg.): Chronik der Menschheit. Dortmund 1984
Peter Claus Hartmann: Karl Albrecht – Karl VII. Glücklicher Kurfürst. Unglücklicher Kaiser. Regensburg 1985
Joan Haslip: Politik und Leidenschaft. Katharina II. von Rußland. Stuttgart 1978
Oswald Hauser (Hg.): Friedrich der Große in seiner Zeit. In: Neue Forschungen zur Brandenburg-Preußischen Geschichte. Band 8. Köln / Wien 1987
Max Hein: Friedrich der Große. Ein Bild seines Lebens und Schaffens. Berlin 1924[4]. Reprint: Braunschweig 1998
Franz Herre: Maria Theresia. Die große Habsburgerin. Köln 1994
Douglas R. Hofstadter: Gödel, Escher, Bach: ein Endloses Geflochtenes Band. München 1991
Georg Holmsten: Friedrich II. Reinbek 1997[11]
Eckhard Hübner, Jan Kusber und Peter Nitsche (Hg.): Rußland zur Zeit Katharinas II. Absolutismus, Aufklärung, Pragmatismus. Köln / Weimar / Wien 1998
Ludwig Hüttl: Der Große Kurfürst. Friedrich Wilhelm v. Brandenburg. München 1984
Detlef Jena: Die Zarinnen Rußlands (1547–1918). Regensburg / Graz 1999
Hans Jessen (Hg.): Friedrich der Große und Maria Theresia in Augenzeugenberichten. Berlin / Darmstadt / Wien 1965
Hans Jessen: Katharina II. von Rußland in Augenzeugenberichten. München 1978
Andreas Kappeler: Russische Geschichte. München 1997
Katharina II.: Memoiren. Hg.: Annelies Graßhoff. 2 Bände. München 1990³
Gina Kaus: Katharina die Große. Biographie. Frankfurt am Main / Berlin 1994³
Hermann Kinder und Werner Hilgemann: dtv-Atlas zur Weltgeschichte. Karten und chronologischer Abriß. München 1975[10/11]
Jochen Klepper: Der Vater. Roman des Soldatenkönigs. In: Walter Jens & Marcel Reich-Ranicki (Hg.), Bibliothek des 20. Jahrhunderts. Stuttgart / München o. J.
Adolph Kohut: Friedrich der Große als Humorist. Leipzig 1908. Reprint: Braunschweig 1998
Helmut Kopetzky: Katharina die Große. Eine Deutsche auf dem Zarenthron. Bergisch-Gladbach 1988
Walter Koschatzky (Hg.): Maria Theresia und ihre Zeit. Zur 200. Wiederkehr des Todestages. Ausstellung vom 13. Mai bis 26. Oktober 1980 im Schloß Schönbrunn. Salzburg / Wien 1980
Reinhold Koser: Geschichte Friedrichs des Großen. 4 Bände. Reprint: Stuttgart / Berlin 1963
Christian Graf von Krockow: Fahrten durch die Mark Brandenburg. Wege in unsere Geschichte. Stuttgart 1991
Christian Graf von Krockow: Preußen. Eine Bilanz. Stuttgart 1992
Christian Graf von Krockow: Friedrich der Große. Ein Lebensbild. München 1998[5]

Christian Graf von Krockow: Die preußischen Brüder. Prinz Heinrich und Friedrich der Große. Ein Doppelporträt. München 1998
Franz Kugler: Friedrich der Große. (Illustrationen: Adolph von Menzel) Hamburg 1959
Annette Kuhn (Hg.): Die Chronik der Frauen. Dortmund 1992
Johannes Kunisch: Preußen im Zeitalter Friedrichs des Großen. Vortrag am 15. September 1986 im Industrie-Club e. V., Düsseldorf
Rolf Kutschera: Maria Theresia und ihre Kaisersöhne. Ein Beitrag zum Habsburgerjahr 1990. Thaur bei Innsbruck 1990
Else R. Landon: In der Gunst der Kaiserin. Karrieren unter Maria Theresia. Wien 1997
Ann Tizia Leitich: Maria Theresia. Eine Biographie. Wien 1995
Thea Leitner: Die Männer im Schatten. An der Seite berühmter Herrscherinnen. München 1998
Hans Leuschner: Friedrich der Große. Zeit – Person – Wirkung. Gütersloh 1986
Peter Lill: Friedrich der Große – anekdotisch vorgestellt. Esslingen 1970
Isabel de Madariaga: Katharina die Große. Das Leben der russischen Kaiserin. München 1997[2]
Hans Magenschab: Josef II.: Revolutionär von Gottes Gnaden. Graz / Wien / Köln 1989[4]
Golo Mann (Hg.): Propyläen Weltgeschichte. Band 8: Das neunzehnte Jahrhundert. Berlin / Frankfurt am Main 1986
Thomas Mann: Friedrich und die große Koalition. Ein Abriß für den Tag und die Stunde. Stuttgart 1990
Robert K. Massie: Peter der Große. Sein Leben und seine Zeit. Frankfurt am Main 1991
Lorenz Mikoletzky: Kaiser Joseph II. Herrscher zwischen den Zeiten. Göttingen / Zürich 1990[2]
Nancy Mitford: Friedrich der Große. München 1974
Nancy Mitford: Madame de Pompadour. Geliebte des Königs. München 1991[4]
Ingrid Mittenzwei: Friedrich II. von Preußen. Eine Biographie. Köln 1986[4]
Hans-Joachim Neumann: Friedrich Wilhelm I. Leben und Leiden des Soldatenkönigs. Berlin 1993
Reinhold Neumann-Hoditz: Peter der Große. Reinbek 1996
Reinhold Neumann-Hoditz: Katharina die Große. Reinbek 1998[6]
Hans F. Nöhbauer: Die Chronik Bayerns. Dortmund 1987
Gerhard Oestreich: Verfassungsgeschichte vom Ende des Mittelalters bis zum Ende des alten Reiches. In: Herbert Grundmann (Hg.), Gebhardt. Handbuch der deutschen Geschichte. Band 11. München 1980[3]
Heinz Ohff: Preußens Könige. München / Zürich 1999
Zoé Oldenbourg: Katharina von Rußland. Deutsche Prinzessin auf dem Zarenthron. München 1969
Daria Olivier: Elisabeth von Rußland. Eine Biographie. München 1979
Saul K. Padover: Joseph II., ein Revolutionär auf dem Kaiserthron. Düsseldorf 1969
Charlotte Pangels: Friedrich der Große. Bruder, Freund und König. München 1998[4]
Felix R. Paturi: Chronik der Technik. Stuttgart / München 1989
Severin Perrig (Hg.): „Aus mütterlicher Wohlmeinung": Kaiserin Maria Theresia und ihre Kinder. Eine Korrespondenz. Weimar 1999

Georg Piltz (Hg.): Friedrich II. Wonach Er sich zu richten hat. Urteile und Verfügungen. Berlin 1995⁵
Hans Pleschinski (Hg.): Aus dem Briefwechsel Voltaire – Friedrich der Große. Darmstadt 1993
Heinrich Pleticha (Hg.): Deutsche Geschichte. Band 7: Dreißigjähriger Krieg und Absolutismus. 1618–1740. Gütersloh 1987
Heinrich Pleticha (Hg.): Deutsche Geschichte. Band 8: Aufklärung und Ende des Deutschen Reiches. 1740–1815. Gütersloh 1987
Walter Püschel (Hg.): Versetzt den Kerl zur Infanterie! Anekdoten von Friedrich II. Berlin 1997
Ludwig Reiners: Friedrich. Das Leben des Preußenkönigs. München 1986²
Peter Reinhold: Maria Theresia. Frankfurt 1977
Heinz Rieder: Maria Theresia. Schicksalsstunde Habsburgs. Gernsbach 1990
Heinz Rieder: Maria Theresia. Herrscherin und Mutter. München 1999
Detlef Rüster (Hg.): Dort bin ich ohne Sorgen. Krankheit und Sterben Friedrichs des Großen, aufgeschrieben von seinem Leibarzt Christian Gottlieb Selle. Berlin 1993
Claus Scharf: Katharina II., Deutschland und die Deutschen. Mainz 1996
Theodor Schieder: Friedrich der Große. Ein Königtum der Widersprüche. Berlin / Frankfurt am Main 1996
Alois Schmid: Franz I. Stephan von Habsburg-Lothringen (1745–1765), der unbekannte Kaiser. Eichstätter Hochschulreden. Regensburg 1991
Werner Schmidt: Friedrich I. Kurfürst von Brandenburg. König in Preußen. München 1996
Eberhard Schmitt: Einführung in die Geschichte der Französischen Revolution. München 1976
Heinz Schott: Die Chronik der Medizin. Augsburg 1997
Georg Schreiber: Franz I. Stephan. An der Seite einer großen Frau. Graz / Wien / Köln 1986
Hermann Schreiber: Die ungekrönte Geliebte. Liebe und Leben der großen Mätressen. München 1992
Hans Schumann (Hg.): Monsieur – Madame. Der Briefwechsel zwischen der Zarin und dem Philosophen. Zürich 1991
Bernd-Rüdiger Schwesig: Ludwig XIV. Reinbek 1998⁴
Tibor Simanyi: Madame de Pompadour. Eine Biographie. Düsseldorf 1979
Edith Simon: Friedrich der Große. Das Werden eines Königs. Tübingen 1963
Albert Soboul: Die Große Französische Revolution. Ein Abriß ihrer Geschichte (1789–1799). Frankfurt am Main 1973³
George Soloweychik: Potemkin. Soldat, Staatsmann, Liebhaber. Zürich 1951
Günther Stökl: Russische Geschichte. Von den Anfängen bis zur Gegenwart. Stuttgart 1990⁵
Claus Süßenberger: Abenteurer, Glücksritter und Maitressen. Virtuosen der Lebenskunst an europäischen Höfen. Frankfurt am Main 1996
Victor-Lucien Tapié: Maria Theresia. Die Kaiserin und ihr Reich. Graz / Wien / Köln 1989²
Richard Tarnas: Idee und Leidenschaft. Die Wege des westlichen Denkens. Hamburg 1997
Erika Thiel: Geschichte des Kostüms. Die europäische Mode von den Anfängen bis zur Gegenwart. Berlin 1997

Wilhelm Treue: Preußens großer König. Leben und Werk Friedrichs des Großen. Freiburg 1986
Wilhelm Treue: Wirtschaft, Gesellschaft und Technik vom 16. bis zum 18. Jahrhundert. In: Herbert Grundmann (Hg.), Gebhardt. Handbuch der deutschen Geschichte, Band 12. München 1980³
Veit Valentin: Geschichte der Deutschen. Stuttgart / Hamburg / München 1979
Henry Vallotton: Maria Theresia. Die Frau, die ein Weltreich regierte. Biographie. Frankfurt am Main / Berlin 1991
Henry Vallotton: Peter der Große. Rußlands Aufstieg zur Großmacht. München 1996
Carl Eduard Vehse: Friedrich der Große und sein Hof. Braunschweig 1998
Wolfgang Venohr: Fridericus Rex. Friedrich der Große – Porträt einer Doppelnatur. Bergisch Gladbach 1985
Wolfgang Venohr: Der Soldatenkönig. Revolutionär auf dem Thron. Frankfurt am Main / Berlin 1990
Wolfgang Venohr: Der große König. Friedrich II. im Siebenjährigen Krieg. Bergisch-Gladbach 1995
Friedrich Walter (Hg.): Maria Theresia. Briefe und Aktenstücke in Auswahl. In: Ausgewählte Quellen zur deutschen Geschichte der Neuzeit. Band 12. Darmstadt 1982²
Jürgen Walter: Wilhelmine von Bayreuth. Die Lieblingsschwester Friedrichs des Großen. Bergisch Gladbach 1983
Adam Wandruszka: Maria Theresia. Die große Kaiserin. Göttingen / Zürich / Frankfurt am Main 1980
Friedrich Weissensteiner: Die Töchter Maria Theresias. Wien 1994
Friedrich Weissensteiner: Liebeshimmel und Ehehöllen. Heiraten zwischen Habsburgern und Wittelsbachern. Regensburg / Graz 1999
Johannes Willms: Im Osten des Westens. Warum Polens Beitritt zur Nato ein epochales Datum ist. Süddeutsche Zeitung vom 12. März 1999
Ingelore M. Winter: Friedrich der Große und die Frauen. Esslingen 1985
Reinhard Wittram: Peter I., Czar und Kaiser. 2 Bände. Göttingen 1964
Dieter Wunderlich: EigenSinnige Frauen. 10 Porträts. Regensburg 1999
Renate Zedinger: Hochzeit im Brennpunkt der Mächte. Franz Stephan von Lothringen und Erzherzogin Maria Theresia. Wien / Köln / Weimar 1994
Eva Ziebura: Prinz Heinrich von Preußen. Berlin 1999
Jürgen Ziechmann (Hg.): Panorama der Fridericianischen Zeit. Friedrich der Große und seine Epoche. Ein Handbuch. Bremen 1985

Quellenangaben und Anmerkungen

Der russische Kalender ging im 18. Jahrhundert im Vergleich zum westeuropäischen um elf Tage nach. Die Angaben im vorliegenden Buch entsprechen der westeuropäischen Datierung.

Der Sohn des Soldatenkönigs

1 Venohr, Soldatenkönig. S. 338; Simon, S. 31; Cronin, Katharina. S. 13
2 Venohr, Fridericus Rex. S. 43
3 zit.: Cronin, Katharina. S. 14
4 Venohr, Fridericus Rex. S. 47
5 Haffner, S. 73
6 Friedrich Wilhelm I. am 28. Juli 1721; zit.: von Krockow, Friedrich. S. 19
7 Venohr, Soldatenkönig. S. 132
8 Anna Stuart, die Tochter des in der „Glorious Revolution" 1688 gestürzten englischen Königs Jakob II., trat dafür ein, daß die Krone nach ihrem Tod an ihre Verwandten in Hannover fallen sollte. So geschah es, als sie 1714 starb. – Die Personalunion bestand bis 1837.
9 Durant, Band 14. S. 204
10 Gooch (1951), S. 15
11 von Krockow, Preußen. S. 104
12 Venohr, Soldatenkönig. S. 15
13 von Krockow, Friedrich. S. 31
14 Durant, Band 14. S. 205
15 Friedrich der Große im Siebenjährigen Krieg zu Henri Alexandre de Catt; zit.: von Krockow, Friedrich. S. 33
16 Dietrich Stahl, Die Jagd. In: Ziechmann. S. 605
17 zit.: Venohr, Fridericus Rex. S. 62
18 zit.: Simon, S. 77
19 Dieses Zitat Friedrichs des Großen ist in den Memoiren seiner Schwester Wilhelmine nachzulesen.
20 zit.: von Krockow, Friedrich. S. 40f

Die Tochter Kaiser Karls VI.

1 zit.: Vallotton, Maria Theresia. S. 8
2 Friedrich der Große, Geschichte meiner Zeit. S. 18
3 Crankshaw, S. 25
4 Herre, S. 18
5 ebd., S. 23

Ein Vater-Sohn-Konflikt im Hause Hohenzollern

1 Frankfurter Rathaus
2 zit.: Venohr, Fridericus Rex. S. 69
3 ebd., S. 70
4 zit.: Simon, S. 113
5 zit.: Venohr, Soldatenkönig. S. 284f; Faksimile ebd., nach S. 192
6 Simon, S. 122
7 zitiert nach Friedrich Wilhelm von Grumbkows Bericht vom 15. August 1731, dem der Autor auch in der Darstellung des Ereignisses folgt. – Vgl.: Pangels, S. 82ff

8 Friedrich Wilhelm I., zit. nach: Holmsten, S. 22
9 Simon, S. 136
10 zit.: ebd., S. 24f
11 Brief Friedrich II. an Friedrich Wilhelm von Grumbkow, Herbst 1732; zit.: Feuerstein-Prasser, S. 151
12 zit.: Venohr, Fridericus Rex. S. 85f
13 zit.: Pangels, S. 100
14 Friedrich der Große in einem Brief vom 15. Juli 1746 an seinen Bruder August Wilhelm; zit.: Pangels, S. 184
15 zit.: Simon, S. 149
16 Feuerstein-Prasser, S. 153

Liebesheirat in Wien

1 zit.: Walter, S. 23. – Übersetzung des Postskriptums: Liebes Gesicht, ich bin Ihnen unendlich dankbar, daß Sie mir Nachricht von sich geben, denn ohne bin ich bekümmert wie ein armes Hündchen. Lieben Sie mich ein wenig, und verzeihen Sie, daß ich Ihnen nicht mehr schreibe, aber es ist zehn Uhr, und Herbeville [ein Bote] wartet auf meinen Brief. Adieu, Mäusl, ich umarme Sie von ganzem Herzen, gehaben Sie sich wohl, ich bin Ihre glücklichste Braut.
2 zit.: Winter, S. 65
3 zit.: Fussenegger, S. 46
4 zit.: Rieder (1990/1999), S. 25
5 Preßburg war von 1526 bis 1784 Haupt- und Krönungsstadt Ungarns.

Prinzessin Sophie von Anhalt-Zerbst

1 Oldenbourg, S. 9
2 Katharina die Große in ihren Memoiren; zit.: Donnert, Katharina II. S. 15
3 Katharina II., Memoiren. Band 2. S. 5
4 ebd., S. 6
5 Kaus, S. 14
6 nach: Fleischhacker, S. 13

Peter der Große und seine Nachfolger

1 Peter der Große verlangte von Aristokraten und Staatsdienern, daß sie auf die in Rußland üblichen Bärte verzichteten.
2 zit.: Vallotton, Peter der Große. S. 317f
3 zit.: ebd., S. 504
4 Peter der Große regierte zunächst mit seinem jüngeren Bruder Iwan V. (1682–1696) gemeinsam.
5 Cronin, Katharina. S. 40
6 zit.: Kaus, S. 60
7 Leitner, S. 113

Friedrich II. und Maria Theresia folgen ihren Vätern auf den Thron

1 Brief vom 3. Oktober 1736; zit.: Pangels, S. 132f und Feuerstein-Prasser, S. 157
2 Karl von Natzmer, zit.: Winter, S. 33
3 Baron Jakob Friedrich von Bielfeld im Herbst 1739; zit.: Holmsten, S. 30
4 Friedrich der Große; zit.: Margarete Schwind und Wolfgang Weismantel. Aufklärung in Deutschland. In: Pleticha, Band 8. S. 131
5 zit.: Pangels, S. 126
6 Friedrich der Große, Der Antimachiavell. Leipzig 1991, S. 8f
7 Diesen Ausspruch überlieferte der französische Gesandte Guy Louis Henri Marquis de Valory unter Berufung auf Prinz August Wilhelm. – Zit.: Augstein, S. 157

8 zit.: Simon, S. 181
9 Venohr, Soldatenkönig. S. 367
10 Simon, S. 182
11 zit.: Venohr, Fridericus Rex. S. 274
12 von Krockow, Friedrich. S. 57
13 Friedrich der Große, zit.: Margarete Schwind und Wolfgang Weismantel. Aufklärung in Deutschland. In: Pleticha, Band 8. S. 131
14 zit.: Durant, Band 14. S. 486
15 zit.: Herre, S. 103
16 Faksimile: Holmsten, S. 43
17 Die oberste Zentralverwaltungsbehörde schuf König Friedrich Wilhelm I., als er 1723 das preußische Generalfinanzdirektorium und das Generalkriegskommissariat zum „General-Ober-Finanz-Kriegs- und Domänendirektorium" zusammenschloß.
18 Friedrich der Große am 1. Juni 1740 zu vor Schloß Charlottenburg angetretenen Militäreinheiten.
19 zit.: Schieder, S. 129
20 zit.: Crankshaw, S. 58
21 Maria Theresia in ihrem Politischen Testament („Instructions-Puncta") von 1750/51; zit.: Walter, S. 66
22 zit.: Vallotton, Maria Theresia. S. 20
23 Hartmann, S. 166
24 Vallotton, Maria Theresia. S. 33. – Vergleiche einen entsprechenden Bericht des venezianischen Gesandten vom 20. Oktober 1740 (Herre, S. 46)
25 zit.: Holmsten, S. 52

Der Raub Schlesiens

1 Gespräch am 11. Dezember 1740; zit.: Venohr, Fridericus Rex. S. 36
2 zit.: ebd.
3 Friedrich der Große an Charles Jordan; zit.: Pangels, S. 164 (da steht allerdings „fünfhundertfünfzig Taler")
4 zit.: anonym, Beyträge zu den Anecdoten und Karakterzügen aus dem Leben Friedrichs des Zweiten. Band 3. Berlin 1788/89, S. 60 – hier: Duffy, S. 44
5 Maria Theresia am 19. November 1740 an den Gesandten in London, Graf von Ostein; zit.: Fussenegger, S. 85
6 zit.: Vallotton, Maria Theresia. S. 35
7 zit.: ebd.
8 zit.: Augstein, S. 65
9 zit.: von Krockow, Friedrich. S. 60/62
10 Friedrich der Große am 12. Dezember 1740 zu seinen Offizieren; zit.: Pangels, S. 165
11 zit.: Venohr, Fridericus Rex. S. 102
12 zit.: Holmsten, S. 56f
13 zit.: Vallotton, Maria Theresia. S. 36
14 zit.: Rieder (1999), S. 46f
15 zit.: Herre, S. 57
16 frei nach: Rieder (1990/1999), S. 48
17 zit.: Venohr, Fridericus Rex. S. 113
18 zit.: Rieder (1999), S. 56
19 zit.: Crankshaw, S. 109f

Krönungen im Krieg
1. zit.: Vallotton, Maria Theresia. S. 51
2. zit.: ebd., S. 53
3. zit.: Roland Vocke, Der Kampf um das schlesische Erbe und das Habsburger Reich. In: Pleticha, Band 8. S. 24
4. Weissensteiner, Liebeshimmel und Ehehöllen. S. 79
5. Genauer: die Grafschaft Glatz, Nieder- und Oberschlesien mit Ausnahme des Fürstentums Teschen, der Stadt Troppau und der Herrschaft Hennersdorf.
6. zit.: von Krockow, Friedrich. S. 70
7. zit.: Walter, S. 24
8. Fussenegger, S. 117

Eine deutsche Provinzprinzessin wird russische Großfürstin
1. Katharina II., Memoiren. Band 2. S. 353
2. ebd., S. 251
3. ebd., S. 353
4. zit.: Kaus, S. 35
5. Brief vom 2. November 1743; zit.: Donnert, Katharina II. S. 21f
6. zit.: Kaus, S. 36
7. Katharina II., Memoiren. Band 2. S. 254
8. zit.: Oldenbourg, S. 66
9. zit.: Kaus, S. 45
10. zit.: Cronin, Katharina. S. 51
11. Katharina II., Memoiren. Band 2. S. 50
12. zit.: ebd., S. 354
13. Olivier, S. 94
14. Katharina II., Memoiren. Band 1. S. 16
15. ebd., S. 17
16. ebd., S. 18
17. Donnert, Katharina II. S. 325
18. Katharina II., Memoiren. Band 2, S. 361
19. zit.: Neumann-Hoditz, S. 46

Der Zweite Schlesische Krieg
1. Herre, S. 261
2. Maria Theresia in einem Brief; zit.: Rieder (1999), S. 74
3. zit.: Augstein, S. 68
4. Charles Fürst Soubise; nach: Fussenegger, S. 212
5. zit.: Duffy, S. 111
6. Grafschaft Falkenstein. Franz Stephans Großherzogtum Toskana gehörte nicht zum Reich. In Österreich war er nur Mitregent Maria Theresias.
7. Fussenegger, S. 148
8. Anfang Oktober 1744 wurde Maria Anna durch einen Kaiserschnitt von einem toten Kind entbunden, und Mitte Dezember starb sie selbst.
9. knielanges weißes Gewand mit weiten Ärmeln und Purpurstreifen, bezeichnet nach dem vermutlichen Herkunftsland Dalmatien
10. Goethe, S. 183f
11. Haffner, S. 117
12. zit.: Georg Schreiber, S. 211ff
13. zit.: von Krockow, Friedrich. S. 73. – Joseph Goebbels zitiert diesen Satz in seiner Silvesteransprache 1939.
14. Friedrich II. im Gespräch mit dem französischen Diplomaten Claude Étienne Darget; zit.: Holmsten, S. 70
15. Voltaire sprach bereits im Juli 1742 von „Frédéric le Grand", aber erst nach

dem siegreichen Abschluß auch des Zweiten Schlesischen Kriegs setzte sich die Bezeichnung allgemein durch.
16 Friedrich der Große. Das politische Testament von 1752. S. 90
17 Friedrich der Große, Geschichte meiner Zeit. S. 409
18 Der Österreichische Erbfolgekrieg endete am 18. Oktober 1748 mit dem Frieden von Aachen.
19 zit.: Berglar, S. 46
20 zit.: Holmsten, S. 101

Sanssouci

1 Um die Lautstärke des Klavichords zu erhöhen, ohne seine Vorzüge aufzugeben, erfand der Italiener Bartolomeo Cristofori 1698 in Florenz das Hammerklavier (gravicembalo col piano e forte). Gottfried Silbermann erfuhr davon durch einen 1725 in Dresden erschienenen Artikel und begann im Jahr darauf, das Instrument nachzubauen und weiterzuentwickeln.
2 zit.: Hofstadter, S. 6
3 Voltaire 1760 an Friedrich den Großen; zit.: Augstein, S. 177
4 zit.: Durant, Band 14. S. 156
5 zit.: ebd., S. 227
6 zit.: Feuerstein-Prasser, S. 167
7 zit.: ebd., S. 177
8 Simon, S. 74
9 Winter, S. 143
10 zit.: Haffner, S. 73
11 zit.: Günter Birtsch, Friedrich der Große und die Aufklärung. In: Hauser, S. 32
12 zit.: Thomas Mann. S. 87
13 zit.: Venohr, Fridericus Rex. S. 132

Schönbrunn

1 zit.: Crankshaw, S. 286
2 Leopold Mozart an Lorenz Hagenauer; zit.: Herre, S. 177
3 Brief vom 12. Dezember 1771; zit. (in der französischen Originalsprache): Walter, S. 303
4 zit.: Herre, S. 162
5 Fink, S. 37f
6 Magenschab, S. 58
7 zit.: Fussenegger, S. 266
8 Otto Christoph Graf von Podewils 1747 an Friedrich den Großen; zit.: Vallotton, Maria Theresia S. 147f
9 zit.: Rieder (1990/1999), S. 163
10 zit.: Crankshaw, S. 289
11 Konnte der Bräutigam bei der Eheschließung nicht selbst anwesend sein, wurde er bei der Zeremonie von einem anderen Mann vertreten.
12 Fussenegger, S. 235
13 Traité sur les hommes
14 frei zit.: Vallotton, Maria Theresia. S. 159
15 zit.: ebd., S. 157f
16 zit.: Rieder (1999), S. 150
17 zit.: Weissensteiner, Liebeshimmel und Ehehöllen. S. 87

Psychoterror im Zarenhaus

1 zit.: Katharina II., Memoiren. Band 1. S. 254
2 zit.: Jena, S. 186
3 Cronin, Katharina. S. 74
4 Katharina II., Memoiren. Band 1. S. 37

5 zit.: Cronin, Katharina. S. 80
6 zit.: Oldenbourg, S. 136
7 zit.: ebd., S. 153
8 zit.: Donnert, Katharina II. S. 56
9 Katharina II., Memoiren. Band 1. S. 167
10 Cronin, Katharina. S. 104
11 Einige Biographen halten eine Phimose für die Ursache und glauben, Sergej Saltykow habe den betrunkenen Großfürsten überredet, sich einer entsprechenden Operation zu unterziehen. Andere Autoren verwerfen diese Darstellung als unbegründete Spekulation.
12 Im orthodoxen Ritus erfolgten Namensgebung und Taufe getrennt.
13 Katharina II., Memoiren. Band 1. S. 215
14 ebd., S. 239

Friedrich der Große beginnt erneut einen Krieg

1 nach: Gaxotte, S. 371
2 siehe: „Der Sohn des Soldatenkönigs", Fußnote 8
3 Crankshaw, S. 234
4 Freund, S. 285
5 Rieder (1990/1999), S. 118
6 zit.: Venohr, Fridericus Rex. S. 229
7 zit.: Rieder (1990/1999), S. 124f
8 zit.: Holmsten, S. 119
9 Friedrich der Große am 12. Januar 1757 an Albrecht Konrad Graf Finck von Finckenstein; zit.: Venohr, Fridericus Rex. S. 247
10 Brief an seine Schwester Amalie; zit.: von Krockow, Mark Brandenburg. S. 94f
11 Friedrich der Große zu Heinrich Alexander de Catt; zit.: Venohr, Fridericus Rex. S. 274
12 zit.: Duffy, S. 207
13 ebd., S. 221
14 Brief vom 9. Februar 1758; zit.: Venohr, Fridericus Rex. S. 271f

Katharina – eine Agentin?

1 Heute: Puschkin. – Im Katharinenpalast wird zur 300-Jahr-Feier St. Petersburgs im Jahr 2003 das verschollene Bernsteinzimmer rekonstruiert, das König Friedrich Wilhelm I. Peter dem Großen schenkte.
2 zit.: Kaus, S. 154
3 Katharina II., Memoiren. Band 1. S. 289
4 ebd., S. 290f
5 Kaus, S. 176
6 ebd., S. 169
7 ebd., S. 179
8 zit.: Coughlan, S. 166f
9 Die Darstellung der nächtlichen Unterredung folgt im wesentlichen den Memoiren Katharinas der Großen: Katharina II., Memoiren. Band 1. S. 311ff

Sieben Jahre Krieg

1 zit.: Piltz, S. 30f
2 zit.: Gooch (1992), S. 246
3 Aufzeichnung Henri Alexandre de Catts vom 14. Oktober 1758; zit.: Augstein, S. 69
4 Brief vom 21. Dezember 1758 an Prinzessin Maria Antonia von Sachsen; zit.: Berglar, S. 32
5 zit.: Duffy, S. 270f
6 zit.: Pangels, S. 257f

7 Brief vom 1. September 1759; zit.: Duffy, S. 274
8 zit.: Pangels, S. 251f
9 Brief vom 28. Mai 1759 an Jean Baptiste de Boyer, Marquis d'Argens; zit.: Venohr, Fridericus Rex. S. 288f
10 Brief vom 18. November 1760 aus Neustadt bei Meißen; zit.: von Krockow, Friedrich. S. 89
11 zit.: Duffy, S. 288 / S. 290
12 zit.: Piltz, S. 105
13 Venohr, Fridericus Rex. S. 306
14 Duffy, S. 308
15 zit.: Holmsten, S. 115f
16 Duffy, S. 335

Ein Psychopath auf dem Thron

1 Olivier, S. 356
2 Roland Vocke, Der Kampf um das schlesische Erbe und das Habsburger-Reich. In: Pleticha, Band 8. S. 47
3 zit.: Leitner, S. 138
4 zit.: Vallotton, Maria Theresia. S. 139f
5 ebd., S. 140
6 zit.: Donnert, Katharina II. S. 71
7 Kaus, S. 200
8 zit.: Oldenbourg, S. 240

Eine Zarin und zwei Zarenmorde

1 Kaus, S. 208
2 zit.: von Flocken, S. 101
3 Kaus, S. 236f
4 zit.: ebd., S. 241
5 versilberte oder vergoldete Quaste am Degen bzw. Säbel von Offizieren
6 Katharina II., Memoiren. Band 2. S. 310
7 zit.: Donnert, Katharina II. S. 76
8 Katharina II., Memoiren. Band 2. S. 312f
9 zit.: Fleischhacker, S. 41
10 Friedrich der Große am 28. Januar 1763 im Gespräch mit Louis Philippe Graf de Ségur, dem französischen Gesandten in Sankt Petersburg; zit.: Donnert, Katharina II. S. 80
11 zit.: Kaus, S. 306

Atem schöpfen, Kraft sammeln

1 zit.: Rieder (1999), S. 140
2 zit.: Kaus, S. 261
3 Holmsten, S. 133
4 Feuerstein-Prasser, S. 175
5 zit.: von Krockow. Preußen. S. 16
6 Cronin, Katharina. S. 250
7 ebd., S. 247
8 ebd., S. 211
9 zit.: Donnert, Katharina II. S. 98
10 Kaus, S. 393
11 zit.: de Madariaga, S. 356
12 Kaus, S. 320

Tradition und Neuerung

1 Katharina die Große 1764 an Fürst Alexander Alexejewitsch Wjasemski; zit.: Jena, S. 200f

2 zit.: de Madariaga, S. 360
3 zit.: Donnert, Katharina II. S. 283
4 zit.: Piltz, S. 74
5 Vallotton, Maria Theresia. S. 233
6 Katharina die Große 1784 in einem Brief an Friedrich Melchior Baron von Grimm; zit.: Kaus, S. 393f
7 Fussenegger, S. 154
8 Wandruszka, Die europäische Staatenwelt im 18. Jahrhundert. In: Golo Mann, Band 7. S. 431
9 vgl.: Gogols Satire „Die toten Seelen" (1842)
10 zit.: Donnert, Katharina II. S. 222
11 Friedrich der Große 1768; zit.: Holmsten, S. 40f
12 Anwerbung und Ansiedlung von Einwanderern
13 zit.: Schieder, S. 336
14 zit.: Cronin, Katharina. S. 281f
15 zit.: Herre, S. 93
16 Die Große Kommission setzte sich zusammen aus 208 Delegierten der Städte, 161 Aristokraten, 79 freien Bauern, 54 Kosaken, 34 Repräsentanten nichtrussischer Völker, 28 Regierungsvertretern und dem Metropoliten von Nowgorod.
17 zit.: Donnert, Katharina II. S. 114
18 zit.: Jena, S. 202
19 zit.: Durant, Band 15. S. 519
20 zit.: Simon, S. 223. – vgl. das berühmte Zitat: „hier muß ein jeder nach seiner Fasson selich werden" (Seite 64)
21 Maria Theresia in einem Brief an Joseph II.: zit.: Crankshaw, S. 343
22 Katharina die Große in einem Schreiben an Voltaire vom 10. Juli 1766, wobei sie eine Passage aus der Großen Instruktion abschreibt; zit.: Donnert, Katharina II. S. 112
23 zit.: Berglar, S. 66
24 Durant, Band 15. S. 397
25 zit.: Vallotton, Maria Theresia. S. 250
26 Eines der bedeutendsten Werke der Aufklärung: Encyclopédie ou Dictionnaire raisonné des sciences, des arts et des métiers; 28 Bände erschienen von 1751 bis 1772, und bis 1781 folgten sieben Ergänzungs- und Registerbände.
27 zit.: Durant, Band 15. S. 515
28 Voltaire am 18. Mai 1767; zit.: Durant, Band 15. S. 514
29 zit.: Oldenbourg, S. 363
30 zit.: Herre, S. 307

Ansichten Friedrichs des Großen

1 Randnotiz, zit.: Piltz, S. 38
2 zit.: Haffner, S. 75
3 Das Zitat stammt von dem preußischen Generalfeldmarschall Hermann von Boyen (1771–1848).
4 zit.: Duffy, S. 351f
5 Augstein, S. 132
6 Politisches Testament 1768; zit.: Gooch (1992), S. 303
7 Friedrich der Große, Geschichte meiner Zeit; zit.: Durant, Band 16. S. 54
8 zit.: Augstein, S. 59
9 Friedrich der Große. Das politische Testament von 1752. S. 47
10 zit.: Durant, Band 16. S. 17
11 zit.: von Krockow, Friedrich. S. 141
12 zit.: Venohr, Fridericus Rex. S. 175
13 zit.: Durant, Band 14. S. 212

14 Friedrich der Große. Das politische Testament von 1752. S. 5
15 zit.: Venohr, Fridericus Rex. S. 362
16 von Krockow, Friedrich. S. 126
17 zit.: Venohr, Fridericus Rex. S. 257
18 Über die deutsche Literatur
19 zit.: Jessen, Friedrich der Große und Maria Theresia. S. 470f
20 zit.: Mittenzwei, S. 220

Maria Theresia und Joseph II.

1 Goethe, S. 185f
2 zit.: Weissensteiner, Liebeshimmel und Ehehöllen. S. 87
3 zit.: Vallotton, Maria Theresia. S. 164
4 zit.: Crankshaw, S. 300
5 zit.: Weissensteiner, Liebeshimmel und Ehehöllen. S. 96
6 zit.: Vallotton, Maria Theresia. S. 164f
7 zit.: Georg Schreiber, S. 312 (aus dem Französischen übersetzt)
8 Crankshaw (Titel)
9 Maria Theresia am 2. Juni 1775 an Marie Antoinette; zit.: Christoph, S. 147
10 Brief vom 14. September 1766; zit.: Walter, S. 227
11 Magenschab, S. 71
12 zit.: Herre, S. 288
13 Brief aus dem Jahr 1773; zit.: Crankshaw, S. 341
14 zit.: Rieder (1999), S. 212
15 Brief vom 7. August 1769 an Rosalia Gräfin Edling; zit.: Walter, S. 248

Die Aufteilung Polens

1 zit.: Donnert, Katharina II. S. 128
2 de Madariaga, S. 80
3 zit.: Oldenbourg, S. 279
4 zit.: Donnert, Katharina II. S. 130
5 zit.: Gooch (1992), S. 76
6 zit.: Donnert, Katharina II. S. 131
7 Die damals polnische Stadt Bar liegt heute in der Ukraine, 60 km südwestlich von Winniza.
8 zit.: von Flocken, S. 166
9 Voltaire am 15. November 1768 in einem Brief an Katharina die Große; zit.: Donnert, Katharina II. S. 141
10 zit.: Neumann-Hoditz, S. 102
11 zit.: Donnert, Katharina II. S. 150
12 zit.: Vallotton, Maria Theresia. S. 258
13 zit.: Berglar, S. 114
14 zit.: Vallotton, Maria Theresia. S. 262f
15 zit.: Gooch (1992), S. 266f
16 Gaxotte, S. 426
17 Lehnsgüter des polnischen Königs
18 zit.: Fussenegger, S. 283f
19 zit.: Vallotton, Maria Theresia. S. 265
20 zit.: ebd., S. 267
21 zit.: Willms (Süddeutsche Zeitung)
22 Denkschrift von Anfang Februar 1772; zit. Walter, S. 307
23 zit.: Crankshaw, S. 322f
24 zit.: Venohr, Fridericus Rex. S. 352
25 Brief vom 17. September 1772; zit.: Walter, S. 322
26 zit.: ebd., S. 404

Katharina die Große
1 zit.: Erickson, S. 350
2 zit.: Kaus, S. 376

Maria Theresias Lebensabend
1 zit.: Vallotton, Maria Theresia. S. 277
2 zit.: Berglar, S. 117
3 zit.: Vallotton, Maria Theresia. S. 278
4 zit.: ebd., S. 282
5 zit.: ebd.
6 Maria Theresia am 2. Juli 1778 an Erzherzog Ferdinand; zit.: Walter, S. 449
7 zit. ebd., S. 451f
8 zit.: Vallotton, Maria Theresia. S. 284
9 zit.: Rieder (1999), S. 208
10 zit.: Vallotton, Maria Theresia. S. 278
11 ebd., S. 214
12 Brief an Florimund Graf Mercy d'Argenteau; zit.: Berglar, S. 110
13 Maria Theresia am 21. April 1770 in „Verhaltungsvorschrift – jeden Monat zu lesen"; zit.: Christoph, S. 16
14 zit.: Fussenegger, S. 294f
15 zit.: Rieder (1999), S. 186f
16 Erickson, S. 378f
17 Brief vom 3. März 1780 an Florimund Graf Mercy d'Argenteau; zit.: Walter, S. 513f
18 Schreiben vom 15. Februar 1780; zit.: Vallotton, Maria Theresia. S. 288f
19 Schreiben vom 29. Februar 1780 an Franz Moritz Graf von Lacy; zit.: ebd., S. 289
20 Friedrich der Große am 3. August 1780 an Katharina die Große; zit.: Donnert, Katharina II. S. 234
21 Schreiben vom 17. September 1780; zit.: ebd., S. 235
22 zit.: Walter, S. 519
23 Auch die weitere Darstellung folgt im wesentlichen Crankshaw (S. 383f), Vallotton (Maria Theresia, S. 307f) und dem Bericht von Maria Theresias Tochter Maria Anna (zit.: Dillmann, S. 150f).
24 zit.: Holmsten, S. 152

Der „Alte Fritz"
1 zit.: Burneleit, S. 101
2 Thomas Mann, S. 23/86
3 zit.: von Aretin, S. 138
4 Haffner, S. 74
5 Maria Theresia am 14. September 1766 in einem Brief an Joseph II.; zit.: Rieder (1990/1999), S. 190
6 Thomas Mann, S. 84
7 zit.: Gooch (1992), S. 71
8 Friedrich der Große am 21. August 1784; zit.: Jessen, Friedrich der Große und Maria Theresia. S. 477
9 Winter, S. 248

Potjomkin
1 zit.: Erickson, S. 390
2 Donnert, Katharina II. S. 240
3 zit.: von Flocken, S. 281
4 Kaus, S. 369
5 Die russische Übersetzung des Namens Katharina lautet: Jekaterina. Seit 1926 heißt die Stadt Dnjepropetrowsk.

6 zit.: Kaus, S. 374
7 Cronin, Katharina. S. 307 – „Byzanz" ist der antike Name Konstantinopels (heute: Istanbul).
8 altgriechischer Name des Schwarzen Meeres
9 zit.: Jena, S. 209
10 von Flocken, S. 288
11 Brief an Potjomkin; zit.: Kaus, S. 384
12 zit.: Donnert, Katharina II. S. 321
13 von Flocken, S. 324
14 Bojaren: hoher russischer Adel

Die letzten Lebensjahre der Zarin

1 Erickson, S. 372
2 Abbé Emmanuel Joseph Sieyès in der Flugschrift „Qu'est-ce que le Tiers État?" im Januar 1789; zit.: Soboul, S. 99
3 zit.: ebd., S. 108
4 Tagebucheintragung vom 22. Juli 1789; zit.: Harenberg (Hg.), Chronik der Menschheit. S. 608
5 Marie Joseph Motier, Marquis de Lafayette, der sich trotz seiner adeligen Herkunft den Revolutionären anschloß, stellte am 15. Juli 1789 eine eigene Streitmacht zum Schutz der Nation auf, die „Nationalgarde".
6 König Ludwig XVI. im Dezember 1792 an Chrétien Guillaume Lamoigne de Malesherbes; zit.: Harenberg, Chronik der Menschheit. S. 622
7 zit.: Durant, Band 17. S. 71
8 benannt nach ihrem Versammlungsort, dem Dominikanerkloster St. Jakob in Paris
9 benannt nach dem Département Gironde, aus dem die Wortführer der Partei stammten
10 so benannt, weil die Abgeordneten im französischen Konvent auf den obersten Rängen saßen
11 aus der Präambel der polnischen Verfassung vom 3. Mai 1791

Nachwort

1 Déclaration des droits de l'homme et du citoyen vom 26. August 1789; zit.: Golo Mann, Band 8. S. 51; Faksimile: Durant, Band 17. Vor S. 33

Personenregister

Adolf Friedrich von Holstein-Gottorf 50f, 86, 209
Alembert, Jean le Rond d' 188, 194, 229
Alexander I., Zar 220
Alexandra Pawlowna 250
Alexej Grigorjewitsch 154
Alexej Petrowitsch 54
Alfieri, Vittorio 192
Algarotti, Francesco 65
Anhalt-Dessau, Leopold von 16f, 19, 102
Anna (Katharinas Tochter) 126, 154
Anna Iwanowna, Zarin 54, 142
Anna Leopoldowna 54f, 165
Anna Petrowna 47, 51, 54, 85f
Anna Stuart 18
Antoinette Amalie 38
Anton Ulrich von Braunschweig-Wolfenbüttel-Bevern 165
Apraxin, Stepan Fjodorowitsch 134, 138f, 142
August der Starke 22f, 42, 62, 110
August III. 42, 130, 205
August Wilhelm von Braunschweig-Lüneburg 47
August Wilhelm (Bruder Friedrichs des Großen) 34, 76, 109, 143

Bach, Johann Sebastian 104
Bartenstein, Johann Christoph von 42
Bestushew-Rjumin, Alexej Petrowitsch 55, 85, 92, 94, 120, 136, 138f, 156, 171
Bezkoi, Iwan Iwanowitsch 190
Biron, Ernst Johann 54
Botta, Marquese de 70ff
Bruce, Praskowja Alexandrowna 240
Brümmer, Otto Friedrich von 51, 56f, 84

Calzabigi, Ranieri de 187
Camas, Sophie Caroline Gräfin de 147
Campanini, Barbara 110
Cardel, Elisabeth 48
Carriera, Rosalba Giovanna 30
Casanova, Giovanni Giacomo 192
Catt, Henri Alexandre de 144, 149
Christian August von Anhalt-Zerbst 46f, 50, 84, 86f, 122

Christian August von Holstein-Gottorf 47, 153
Clive, Robert 144
Cobenzl, Johann Ludwig von 227, 236
Cocceji, Samuel von 110, 183

Danton, Georges Jacques 248
Daschkowa, Katharina Romanowna. 156f, 162
Daun, Leopold Joseph Maria von 148f, 182
Desmoulins, Camille 248
Diderot, Denis 175, 188f
Dimsdale, Thomas 190f
Duhan de Jandun, Jacques Egide 22

Elisabeth, Zarin 47, 55ff, 85, 88ff, 120ff, 129, 133, 136, 139ff, 151f, 159, 165, 173, 181
Elisabeth Charlotte von Orléans 41f
Elisabeth Christine, Kaiserin 27, 29, 96
Elisabeth Christine, preußische Königin 37ff, 58, 64, 87, 109, 169
Elisabeth Sophie Maria von Braunschweig-Wolfenbüttel 49
Erichsen, Vigilius 161
Eugen, Prinz 43, 45

Felbiger, Ignaz von 189
Ferdinand Albrecht II. 38
Ferdinand I. 26
Ferdinand, Erzherzog 112, 211
Finck von Finckenstein, Albrecht Konrad 21
Finck von Finckenstein, Karl Wilhelm 145
Finck, August von 146
Fischer von Erlach, Johann Bernhard 113
Fleury, André Hercule de 82
Franz I. Stephan 40ff, 66, 68, 71ff, 79, 96, 99ff, 112ff, 134, 199f, 253
Franz II. 115, 252
Friederike Luise 31
Friedrich I. 14f, 21
Friedrich August von Anhalt-Zerbst 48
Friedrich Wilhelm I. 13ff, 31ff, 46,

58, 61f, 106, 109, 179, 181, 183, 253
Friedrich Wilhelm II. 143, 227, 239, 249
Friedrich Wilhelm, Kurfürst 14, 181
Fuchs, Charlotte Gräfin 30, 43
Fux, Johann Joseph 28

Geoffrin, Marie-Thérèse 173, 188f
Georg I. 18
Georg II. 31, 98, 149
Gluck, Christoph Willibald 187
Goethe, Johann Wolfgang von 101, 187, 196f, 230, 236
Goltz, Bernhard Wilhelm von der 153
Grimm, Friedrich Melchior Baron von 188
Grumbkow, Friedrich Wilhelm von 13f, 18
Gummesbach, Carl 33
Gustav III. 238f, 250
Gustav IV. Adolf 250f
Gyllenborg, Henning Adolf von 50, 94, 188

Hanbury-Williams, Charles 126, 137
Haugwitz, Friedrich Wilhelm von 178f
Hébert, Jacques René 248
Heinrich (Bruder Friedrichs des Großen) 34, 50, 133, 137, 209f, 220
Hobbes, Thomas 59f

Isabella von Parma 117f, 197
Iwan V. 54, 159, 166
Iwan VI. 54, 72, 162, 165ff

Jankowitsch, Theodor 190
Jenner, Edward 190
Jermolow, Alexej 240
Johann August von Anhalt-Zerbst 50
Johanna Elisabeth 46ff, 84ff
Jordan, Charles Etienne 72
Joseph I. 26f, 29, 68
Joseph II. 114ff, 180, 182, 185f, 190, 197ff, 208ff, 221ff, 225ff, 231, 236ff
Josepha (Gemahlin Josephs II.) 198f, 203

Kalckstein, Christoph Wilhelm von 21, 71
Karl II. 26
Karl III. 114, 199
Karl V. 26
Karl VI. 21, 26ff, 41ff, 65f, 72, 113

Karl VII. 68, 76, 80ff, 97, 198
Karl XII. 51
Karl Albrecht, Kurfürst: siehe Karl VII.
Karl Friedrich von Holstein-Gottorf 47, 51, 54, 85, 119, 122
Karl Peter Ulrich von Holstein-Gottorf: siehe Peter III.
Karl Theodor 221
Karl von Lothringen 45, 81, 83, 96
Karoline von Hessen-Darmstadt 219
Katharina I. 54
Katte, Hans Hermann von 31, 34f, 253
Kaunitz-Rietberg, Wenzel Anton von 127ff, 187, 203, 208, 210f, 221, 229
Keith, George 146
Khevenhüller-Metsch, Ludwig Andreas von 186
Kinsky, Philipp Joseph Graf 77
Klemens August 80f
Klopstock, Friedrich Gottlieb 196
Knobelsdorff, Georg Wenzeslaus von 62, 105
Konstantin (Enkel Katharinas) 220, 235
Kosciuszko, Tadeusz 249

Lacy, Franz Moritz von 148, 237
Lanskoi, Alexej 240
Leopold I. 26, 28, 177
Leopold II. 114f, 199, 239
Leopold von Lothringen 41
Lessing, Gotthold Ephraim 187, 196
Lestocq, Johann Hermann 55, 92
Leszczynski, Stanislaus 42
Ligne, Karl Joseph von 219, 236, 238
Ludwig XIV. 26, 252
Ludwig XV. 42, 82, 102, 128f, 225
Ludwig XVI. 223ff, 245ff, 252
Luise Ulrike 34, 109, 209

Machiavelli, Niccolò 60
Mamonow, Alexej Dmitrjew 240
Mann, Thomas 230, 232
Maria Amalie (Schwester Maria Theresias) 29
Maria Anna 29, 43, 96, 100
Maria Antonia: siehe Marie Antoinette
Maria Beatrice von Este 112, 228
Maria Christine 118, 199, 203, 228
Maria Feodorowna 220
Maria Josepha (Tochter Josephs I.) 29, 42, 132
Marie Antoinette 112, 224ff, 245ff

Maupertuis, Pierre-Louis Moreau de 65, 108
Maximilian II., Kaiser 113
Maximilian III. 97f, 198, 221
Menschikow, Alexander Danilowitsch. 54
Mirabeau, Gabriel Honoré de 192
Mirowitsch, Wassili Jakowlewitsch 166f
Montagu, Mary Wortley 187, 190
Montesquieu 122, 175, 184
Mozart, Wolfgang Amadeus 112f
Münnich, Burkhard Christoph 55, 160, 164, 171

Napoleon 252
Naryschkin, Lew 123, 125f, 138
Natalia Alexejewna 219
Neipperg, Wilhelm Reinhard von 75ff

Orlow, Alexej Grigorjewitsch 154, 157f, 161, 163f, 170, 208
Orlow, Grigori Grigorjewitsch 154, 157f, 162f, 170, 191, 216
Ostermann, Heinrich Johann Friedrich von 55

Pacassi, Niccolò 113
Panin, Nikita Iwanowitsch 157, 159, 175f, 205
Passek, Peter Bogdanowitsch. 158
Paul I. 124f, 151, 155, 157, 159, 191, 219f, 251
Peter der Große 21, 47, 51ff, 159, 173
Peter II. 54
Peter III. 51f, 56f, 88, 92ff, 119ff, 139ff, 151ff, 168, 171, 173, 213, 216, 219f
Philipp II. 26
Philipp V. 27
Philippine Charlotte 38f, 233
Pitt, William (der Ältere) 145, 149
Podewils, Heinrich Graf von 72, 97
Podewils, Otto Christoph von 102
Pompadour, Madame 128f, 134
Poniatowski, Stanislaus August 126, 138, 205f, 211, 236, 249f
Pöppelmann, Matthäus Daniel 23
Potjomkin, Grigori Alexandrowitsch 161, 216ff, 235ff
Pugatschow, Jemeljan Iwanowitsch 213ff

Radischtschew, Alexander Nikolajewitsch 244
Rasumowski, Alexej 55, 170f
Rimskij-Korsakow, Iwan 240
Robespierre, Maximilien de 248
Rochow, Friedrich Wilhelm von 33
Rousseau, Jean-Jacques 111

Saltykow, Sergej 123, 125, 155
Schuwalow (Gebrüder) 56, 136ff, 140, 152f, 157
Schwerin, Kurt Christoph von 75
Schwerin, Wilhelm Friedrich Graf von 154
Seckendorff, Friedrich Heinrich von 18, 43
Ségur, Louis Philippe Comte de 236f
Shakespeare, William 196
Sophie Auguste Friederike von Anhalt-Zerbst = Katharina die Große
Sophie Dorothea 18, 34, 37, 61, 132f
Soritsch, Simon 240
Stählin, Jacob von 122
Stanislaus II.: siehe Poniatowski
Starhemberg, Georg Adam von 129
Subow, Platon 242, 251

Teodorski, Simeon 90, 92
Thugut, Franz Freiherr von 222f
Trubezkoi, Nikita 138, 151
Tschoglokow (Ehepaar) 120, 123, 136, 140

Voltaire 60, 62, 65, 69f, 73, 106ff, 122, 184f, 188f, 207f

Wagenseil, Georg Christoph 30
Washington, George 249
Wassiltschikow, Alexej 216
Wilhelm Christian Friedrich von Anhalt-Zerbst 48, 50
Wilhelmine (Schwester Friedrichs des Großen) 21, 23, 25, 34, 37ff, 41, 59, 110f, 130, 135, 143f
Wolden, Gerhard von 36
Wolf, Christian von 64
Woronzow, Michail Illarionowitsch 139, 152, 157, 160, 170f
Woronzowa, Elisabeth Romanowna 139, 155ff, 161, 171
Wreech, Luise Eleonore von 37, 110

Zawadowsky, Pjotr 218, 240
Zimmermann, Johann Georg von 233

Bildnachweis

Bildarchiv Preußischer Kulturbesitz, Berlin: S. 17, 32, 44, 63, 67, 91, 99, 107, 131, 153, 198, 201 u. 241

Die Abbildungen S. 53, 172 u. 217 wurden entnommen aus: Prunkvolles Zarenreich. Eine Dynastie blickt nach Westen 1613–1917, hrsg. von Gisela Reineking von Bock (= Ausstellungskatalog Museum für Angewandte Kunst Köln 1996). – S. 142 nach: Erich Donnert, Katharina die Große, Kaiserin des Russischen Reiches. Regensburg 1998.

„Mein wichtigstes Werk ist mein Leben"

Simone de Beauvoir

„...eine der außergewöhnlichen Frauen aus sechs Jahrhunderten, die hier sehr einfühlsam und sprachlich überzeugend porträtiert werden. *Johanna von Orléans, Maria Ward, Maria Sibylla Merian, Madame Pompadour, Rahel Varnhagen, Marie Curie, Coco Chanel, Frida Kahlo, Ulrike Meinhof* gehören noch dazu. Alles Frauen, die ihr eigenes Leben leben wollten, auch gegen Widerstände. Informationen und Interpretationen, die sich erfreulich gut lesen, die rund und stimmig sind – ein gelungenes Buch..."
Berliner Morgenpost

Dieter Wunderlich
Eigen*Sinnige* Frauen
10 Porträts
2. Auflage, 256 Seiten, 10 s/w-Abbildungen, Hardcover
DM 36,- / sFr 34.- /öS 263,-
ISBN 3-7917-1642-5

Verlag Friedrich Pustet
D–93008 Regensburg
www.pustetverlag.de

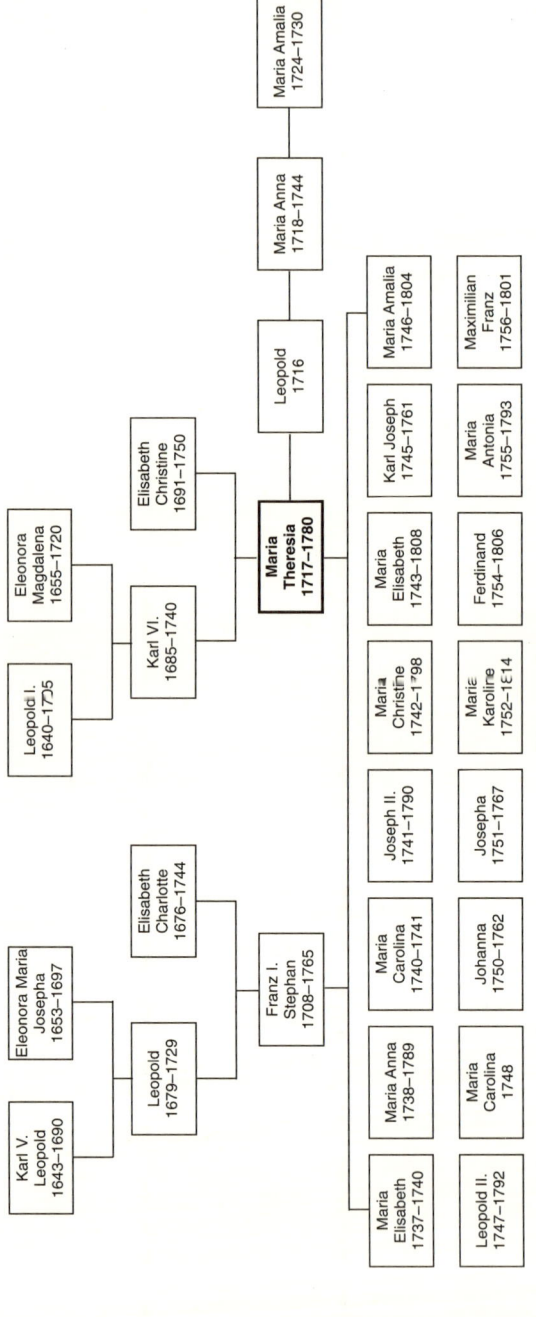